Activities Manual

Pura vida
Beginning Spanish

Adolfo Carrillo Cabello
Valdosta State University

Tasha N. Lewis
Loyola University Maryland

Marcus D. Welsh
Pacific University of Oregon

Norma López-Burton
University of California, Davis

Laura Marqués Pascual
University of California, Santa Barbara

Cristina Pardo Ballester
Iowa State University

WILEY

VICE PRESIDENT AND PUBLISHER	Laurie Rosatone
SPONSORING EDITOR	Elena Herrero
ASSOCIATE EDITOR	Maruja Malavé
PROJECT EDITOR	Jennifer Brady
EDITORIAL PROGRAM ASSISTANT	Alejandra Barciela
EDITORIAL OPERATIONS MANAGER	Melissa Edwards
DIRECTOR, MARKETING COMMUNICATIONS	Jeffrey Rucker
MARKET SPECIALIST	Glenn A. Wilson
MARKETING MANAGER	Kimberly Kanakes
SENIOR PRODUCT DESIGNER	Thomas Kulesa
SENIOR PRODUCTION EDITOR	William A. Murray
MEDIA SPECIALIST	Anita Castro
PHOTO RESEARCH	Felicia Ruocco
SENIOR DESIGNER	Thomas Nery
COVER DESIGNER	Thomas Nery
COVER PHOTO CREDITS	Smartphone: © edel/Shutterstock
	Smartphone inset photo: Kimberly Morris
	Tablet: © A-R-T/Shutterstock
	Tablet inset photo: Christina Samson
	Camera: © Aeolos/iStockphoto
	Camera inset photo: Norma López-Burton

This book was set in 10/12 Sabon LT Std Font by PreMediaGlobal.

Founded in 1807, John Wiley & Sons, Inc. has been a valued source of knowledge and understanding for more than 200 years, helping people around the world meet their needs and fulfill their aspirations. Our company is built on a foundation of principles that include responsibility to the communities we serve and where we live and work. In 2008, we launched a Corporate Citizenship Initiative, a global effort to address the environmental, social, economic, and ethical challenges we face in our business. Among the issues we are addressing are carbon impact, paper specifications and procurement, ethical conduct within our business and among our vendors, and community and charitable support. For more information, please visit our website: www.wiley.com/go/citizenship.

Evaluation copies are provided to qualified academics and professionals for review purposes only, for use in their courses during the next academic year. These copies are licensed and may not be sold or transferred to a third party. Upon completion of the review period, please return the evaluation copy to Wiley. Return instructions and a free of charge return shipping label are available at: www.wiley.com/go/returnlabel. If you have chosen to adopt this textbook for use in your course, please accept this book as your complimentary desk copy. Outside of the United States, please contact your local representative.

ISBN: 978-1-118-51474-0

Printed in the United States of America

10 9 8 7 6 5 4 3 2 1

Contents

Capítulo Preliminar ¡A conocerse! **1**

   ¡Bienvenidos a Pura vida! 1
   Palabra por palabra 2
   Hablando de gramática I 3
   Palabra por palabra 6
   Hablando de gramática II 8
   Entérate 10
   Así es la vida 10
   En resumidas cuentas 11

Capítulo 1 **La sala de clases** **13**

   Presentación personal 14
   Sección 1: ¿De dónde eres? **14**
     Palabra por palabra 14
     Hablando de gramática I & II 18
   Sección 2: En clase **22**
     Palabra por palabra 22
     Hablando de gramática I & II 25
   ¿Cómo es…? 28
   Entérate 28
   En tus propias palabras 32
   Así es la vida 32
   En resumidas cuentas 33

Capítulo 2 **Día a día** **35**

   Presentación personal 35
   Sección 1: La rutina diaria **36**
     Palabra por palabra 36
     Hablando de gramática I & II 38
   Sección 2: De compras **40**
     Palabra por palabra 40
     Hablando de gramática I & II 42
   ¿Cómo es…? 45
   Entérate 46
   En tus propias palabras 49
   Así es la vida 50
   En resumidas cuentas 50

Capítulo 3 **La vida doméstica** **51**

   Presentación personal 51
   Sección 1: En familia **52**
     Palabra por palabra 52
     Hablando de gramática I & II 54

Sección 2: En casa   **58**
    Palabra por palabra   58
    Hablando de gramática I & II   61
¿Cómo es…?   64
Entérate   65
En tus propias palabras   68
Así es la vida   69
En resumidas cuentas   69

Capítulo 4   **El trabajo y la ciudad**   **71**
Presentación personal   71
Sección 1: ¡A trabajar!   **72**
    Palabra por palabra   72
    Hablando de gramática I & II   74
Sección 2: La ciudad   **77**
    Palabra por palabra   77
    Hablando de gramática I & II   81
¿Cómo es…?   86
Entérate   87
En tus propias palabras   91
Así es la vida   91
En resumidas cuentas   92

Capítulo 5   **La vida social**   **93**
Presentación personal   93
Sección 1: Música y ¡a bailar!   **94**
    Palabra por palabra   94
    Hablando de gramática I & II   95
Sección 2: Celebraciones   **98**
    Palabra por palabra   98
    Hablando de gramática I & II   100
¿Cómo es…?   105
Entérate   105
En tus propias palabras   109
Así es la vida   110
En resumidas cuentas   110

Capítulo 6   **Un viaje al pasado**   **111**
Presentación personal   111
Sección 1: Lecciones de historia   **112**
    Palabra por palabra   112
    Hablando de gramática I & II   115
Sección 2: Arte de ayer y de hoy   **118**
    Palabra por palabra   118
    Hablando de gramática I & II   122
¿Cómo es…?   128
Entérate   128
En tus propias palabras   132
Así es la vida   133
En resumidas cuentas   134

Capítulo 7   **Los restaurantes y las comidas**   **135**

Presentación personal   135
Sección 1: ¿Qué comemos?   **136**
  Palabra por palabra   136
  Hablando de gramática I & II   139
Sección 2: A la mesa   **142**
  Palabra por palabra   142
  Hablando de gramática I & II   145
¿Cómo es...?   150
Entérate   150
En tus propias palabras   154
Así es la vida   155
En resumidas cuentas   156

Capítulo 8   **El mundo del entretenimiento**   **157**

Presentación personal   157
Sección 1: Los juegos y los deportes   **158**
  Palabra por palabra   158
  Hablando de gramática I & II   161
Sección 2: El cine y la televisión   **164**
  Palabra por palabra   164
  Hablando de gramática I & II   166
¿Cómo es...?   171
Entérate   172
En tus propias palabras   176
Así es la vida   177
En resumidas cuentas   177

Capítulo 9   **Nuestro planeta**   **179**

Presentación personal   179
Sección 1: La geografía y el clima   **180**
  Palabra por palabra   180
  Hablando de gramática I & II   183
Sección 2: Los animales y el medio ambiente   **187**
  Palabra por palabra   187
  Hablando de gramática I & II   189
¿Cómo es...?   194
Entérate   194
En tus propias palabras   200
Así es la vida   201
En resumidas cuentas   202

Capítulo 10   **La salud y el bienestar**   **203**

Presentación personal   203
Sección 1: La salud y la enfermedad   **204**
  Palabra por palabra   204
  Hablando de gramática I & II   209
Sección 2: Medicina y estilos de vida   **212**
  Palabra por palabra   212
  Hablando de gramática I & II   216

⌒ ¿Cómo es...?		219
Entérate		220
En tus propias palabras		225
Así es la vida		226
En resumidas cuentas		226

Capítulo 11   **Un mundo global**   **227**

⌒ Presentación personal	227
Sección 1: Redes	**228**
Palabra por palabra	228
Hablando de gramática I & II	231
Sección 2: De vacaciones	**233**
Palabra por palabra	233
Hablando de gramática I & II	236
⌒ ¿Cómo es...?	240
Entérate	241
En tus propias palabras	246
Así es la vida	247
En resumidas cuentas	247

Capítulo 12   **Los hispanos en Estados Unidos**   **249**

⌒ Presentación personal	249
Sección 1: La inmigración	**250**
Palabra por palabra	250
Hablando de gramática I & II	252
Sección 2: La comunidad hispana	**255**
Palabra por palabra	255
Hablando de gramática I & II	259
⌒ ¿Cómo es...?	262
Entérate	263
En tus propias palabras	269
Así es la vida	270
En resumidas cuentas	270

Preface

The *Activities Manual,* both printed upon request and online through *WileyPlus,* provides the much-needed, outside-the-classroom practice of listening, reading, writing, speaking, and cultural knowledge. The *Activities Manual* supports the vocabulary, communicative structures, and cultural information presented in *Pura vida.*

Activities are contextualized to the target countries and are based as much as possible on real, true-to-life events. All exercises also provide practice of vocabulary and grammatical structures relevant to the chapter and focus on reinforcing and increasing the noticing of particular constructions. Vocabulary and grammar exercises are presented sequentially, with production activities following recognition activities. The contextualized reading and writing sections are specifically structured to elicit self-motivation among students. In particular, these sections cater to having students choose a topic of interest to them, encouraging students to take learning into their own hands.

One of the overarching main goals of the *Activities Manual* is to consistently recycle what students know (i.e., vocabulary, culture, grammar) in all of the exercises. It is believed that the more the material is recycled, the more likely it is going to be acquired for long-term use. Taking this one step further, the *Activities Manual* mimics the structure of recycled grammatical points from the main textbook. If a grammar point is specifically recycled in the textbook (indicated by a recycling icon), the *Activities Manual* also provides extra practice (also indicated by a recycling icon) by presenting the grammatical point in a new context. Specifically recycled material is treated as material that students should know, thus the recycled material is included in the learning objectives at the end of the chapter.

Country-specific readings have been carefully researched and have been written utilizing authentic language, while showcasing vocabulary and grammatical structures from the chapter. Visual representations accompany most readings to aide with comprehension. Post-reading questions not only draw students' attention to the content of the readings, but also to grammatical structures from the chapter. Likewise, the writing prompts elicit students' use of what they have learned in the chapter while reflecting on the topics discussed in the readings.

The chapters are organized in the following way:

- Presentación: This listening exercise introduces the country and cultural topics of the chapter, forecasting contents and the topics covered in the chapter, while also recycling grammar structures reviewed in the previous chapter.

- Sección 1 and Sección 2
  - o Palabra por palabra: Written and audio exercises (recognition and production-type activities) to practice vocabulary.
  - o Hablando de gramática: Written and audio exercises (recognition and production-type activities) to practice grammar.

- ¿Cómo es...?: Intended to increase cross-cultural awareness, this section provides aural practice that incorporates cultural knowledge related to the country of focus (e.g., celebrations, social norms, communication exchanges) and factual information (e.g., geography, weather, currency). Vocabulary and communicative structures from the chapter are integrated into ¿Cómo es...?

- Entérate: A choice of readings depending on the interests of students. Areas of interest include Sports/ Avocations, Society/Religion, History/Politics, Science/Technology, and Pop culture/Art, all based on cultural topics related to the countries of focus. Readings utilize the vocabulary and communicative structures presented in the chapter.

- **En tus propias palabras**: A choice of writing topics based on the interests of students. Areas of interest include Sports/Avocations, Society/Religion, History/Politics, Science/Technology, and Pop culture/Art. Questions are related to the topics presented in **Entérate**. Writing prompts have been designed to elicit the use of communicative structures and/or vocabulary learned in the chapter.

- **Así es la vida**: Activities that engage students in using the grammar and/or vocabulary from the chapter through jokes, songs, word games, or other interesting information related to the country or topic of focus.

- **En resumidas cuentas**: A review of vocabulary and grammar topics covered in order to prepare for an exam.

Nombre _____ Fecha _____

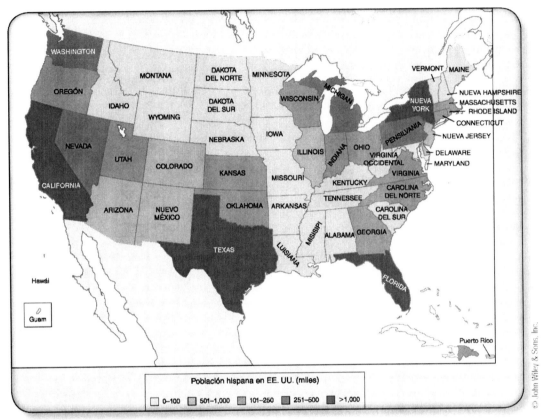

▲ *Población hispana en Estados Unidos*

¡Bienvenidos a Pura vida!

 Listen to Marco and answer the questions that follow.

1. How many last names does Marco have?
   a) One
   b) Two
   c) Three

2. When Marco spells out his last name, the sound *eñe* corresponds to which letter?
   a) n
   b) ñ
   c) ll

3. Marco wants you to call him . . .
   a) Marco.
   b) Marco González.
   c) amigo.

4. Marco wants to know . . .
   a) how to spell your name.
   b) how you are.
   c) both: a and b.

Palabra por palabra

CP-01 Los saludos y las despedidas You are talking with new friends from your Spanish class. Write an appropriate response to the following questions and statements.

1. Hola, ¿cómo estás?

   _____

2. Buenos días.

   _____

3. Mucho gusto.

   _____

4. Adiós.

   _____

5. Ahí nos vemos.

   _____

CP-02 Las presentaciones en clase La señorita Silva is presenting a new student to her Spanish class. Place the following conversation in logical order from 1–5.

_____ 1. **Clase:**   Mucho gusto Carmela.

_____ 2. **Srta. Silva:** ¡Hola clase! ¿Cómo estamos?

_____ 3. **Srta. Silva:** ¡Fenomenal! Clase, les presento a la nueva estudiante Carmela.

_____ 4. **Clase:**   Bien, gracias. ¿Y usted?

_____ 5. **Carmela:** Igualmente.

CP-03 Presentaciones Amalia is practicing greetings and farewells in Spanish. Listen to some personal introductions, greetings, and farewells. Then, match them with the options provided.

MODELO:

> You hear: ¿Qué tal, Marco? ¿Cómo estás?
> You select: Bastante bien, gracias.

1. a) Buenos días, Luis.
   b) Mucho gusto.
   c) Buen día.

2. a) ¿Qué tal?
   b) Mucho gusto, doctora Sánchez.
   c) Mucho gusto, Sánchez.

3. a) ¡Pero, mira quién está aquí!
   b) Pues, ahí no más.
   c) Pues, mucho gusto.

4. a) Muy buenas.
   b) ¡Fenomenal!
   c) ¡Pura vida!

5. a) Encantado.
   b) Hasta pronto.
   c) Hasta mañana.

CP-04 ¿Cómo estás? Jorge wants to help you practice how to respond to some greetings in Spanish. You will hear several prompts. Respond to each prompt by writing a logical expression. If you hear a question, write an answer, and if you hear an answer, write the question that matches it.

MODELO:

> You hear: ¡Bastante bien!
> You write: *¿Cómo estás?*

1. _____
2. _____
3. _____
4. _____
5. _____

Hablando de gramática I: • Use of *tú* and *usted* (*Ud.*) • The Spanish alphabet

CP-05 Varias conversaciones You notice various conversations in Spanish now that you are taking a Spanish class. Read the following forms of address and decide if they are formal (*usted*) or informal (*tú*) addresses.

	Formal	Informal
1. Dr. López, ¿cómo está usted hoy?	☐	☐
2. ¿Cómo se llama usted señor?	☐	☐
3. Papá, ¿cómo estás?	☐	☐
4. ¿Qué me cuentas Ana?	☐	☐
5. ¿Qué tal amigo?	☐	☐
6. Profesora Díaz, le presento a mi mamá.	☐	☐

CP-06 Preguntas The following people are responding to your questions and statements. Write a formal question or an appropriate statement (using *usted*) or an informal question or appropriate statement (using *tú*) based on their answers.

1. Tú: _____

   Sra. Rivera: Señora Rivera.

2. Tú: _____

   Manuel: ¡Pura vida!

3. Tú: _____

   José: Gusto en conocerte Ana.

4. Tú: _____

   Prof. Vargas: Encantado profesor Álvarez.

CP-07 El alfabeto Your Spanish teacher is testing your knowledge of the alphabet and some words you have just learned. First, use the pronunciation guide to help you correctly spell each word and write it on the long line. Then write the corresponding letter of each object from the picture on the short line.

1. _____ ce-a-ele-ce-u-ele-a-de-o-ere-a   _____

2. _____ be-o-ele-i latina (con acento)-ge-ere-a-efe-o   _____

3. _____ pe-u-pe-i latina-te-ere-e   _____

4. _____ eme-o-ce-hache-i latina-ele-a   _____

5. _____ ele-a (con acento)-pe-i latina-zeta   _____

6. _____ pe-i latina-zeta-a-ere-ere-a   _____

7. _____ ese-e-eñe-o-ere-i latina-te-a   _____

CP-08 Así se escribe Professor Silva is correcting her students' homework. Help her out by rewriting these commonly misspelled words and phrases.

1. viente   _____

2. veinteuno   _____

3. kince   _____

4. quatro   _____

5. dose   _____

6. phenomenal   _____

7. gusto en conoserte   _____

8. ¿Qué ubo?   _____

9. adióz   _____

10. ¿Qué me cuentaz?   _____

CP-09 ¿Formal o informal? Fernando is learning the formal and informal forms of address in Spanish. Help Fernando by providing an appropriate response to each statement. You will hear some greetings and farewells. After listening to each one, indicate if the statement is formal (F) or informal (IN). Then, write a logical response for each statement. Pay attention to the use of formal (*usted*) or informal (*tú*) forms.

MODELO:

You hear: ¿Cómo estás, Vicente?
You write: IN, *Estoy bien, gracias.*

1. F   IN   _____

2. F   IN   _____

3. F   IN   _____

4. F   IN   _____

5. F   IN   _____

CP-10 ¿Cómo se escribe? Fernando is practicing spelling some Spanish words. Listen to Fernando and select the word you hear him spell.

1. a) pizarra
   b) pizara
   c) pisara

2. a) meca
   b) masa
   c) mesa

3. a) vote
   b) bote
   c) bota

4. a) pupetre
   b) pupitra
   c) pupitre

5. a) jaraje
   b) garaje
   c) garage

Palabra por palabra

CP-11 Las expresiones de la clase Professor Silva is giving commands to her students. Which drawing can you associate with each command? Write the corresponding letter. Please refer to the page that follows the inside front cover in your textbook for help with these expressions.

_____ 1. Escuchen.

a.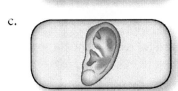

_____ 2. Pasen la tarea hacia el frente.

b.

_____ 3. Siéntense.

c.

_____ 4. Abran el libro.

d.

_____ 5. Ve a la pizarra.

e.

Now various students are talking to Professor Silva. Which drawings can you associate with each question or statement? Write the corresponding letter.

_____ 6. ¿Puedo ir al baño?

f.

_____ 7. ¿Cómo se escribe?

g.

_____ 8. Repita, por favor.

h.

_____ 9. No entiendo.

i.

_____ 10. Más despacio.

j.

© John Wiley & Sons, Inc.

CP-12 Crucigrama: ¿Cuántos hay en la clase? Professor Silva has an odd number of things in her classroom. Read each description and spell out the number of each item to complete the crossword puzzle.

Horizontales

2. Hay 1 lápiz.

5. Hay 26 mochilas en la clase.

7. Hay 23 papeles.

8. Hay 14 fotografías en la clase.

9. Hay 5 baños.

10. Hay 15 diccionarios en la clase.

11. Hay 30 bolígrafos.

12. Hay 13 pizarras.

14. Hay 4 pupitres.

Verticales

1. Hay 11 cuadernos (*notebooks*) en la clase.

3. Hay 29 estudiantes en la clase.

4. Hay 17 ventanas.

6. Hay 8 calculadoras.

7. Hay 20 libros interesantes.

13. No hay mapas en la clase.

CP-13 La clase de español Professor Silva is giving commands to her Spanish class. Listen to the commands and then select the English equivalent from the list. You will hear each command twice. Please refer to the page that follows the inside front cover in your textbook for help with these expressions.

1. a) I don't understand.
   b) I don't know.
   c) I have a question.

2. a) Could you repeat, please?
   b) Could you say that again, please?
   c) May I go to the bathroom?

3. a) What did you say?
   b) How do you say?
   c) How do you spell...?

4. a) Quiet, please.
   b) Pay attention, class.
   c) More slowly, please.

5. a) Close your books.
   b) Open your book to page...
   c) Go to the chalkboard.

CP-14 Los números de contraseña Jorge is trying to decide on some numbers to use for his pin number for his ATM card. You will hear some numbers Jorge has in mind. After you hear the numbers, write them out. Remember, the numbers will be no greater than thirty. Don't forget to write the accent marks when needed!

MODELO:

You hear: 12
You write: *doce*

1. _____
2. _____
3. _____
4. _____
5. _____

Hablando de gramática II: • Identifying gender and number

CP-15 Femenino vs. masculino Imagine you are studying for a test in your Spanish class. Try to figure out the gender of each item below without looking in your book. Identify the following words as feminine (F) or masculine (M).

_____ 1. mano

_____ 2. casa

_____ 3. problemas

_____ 4. calculadoras

_____ 5. universo

_____ 6. autos

_____ 7. mapas

_____ 8. cine

_____ 9. universidad

_____ 10. textos

_____ 11. actividad

_____ 12. lecciones

_____ 13. papel

_____ 14. moto

_____ 15. fiestas

_____ 16. foto

_____ 17. sistema

_____ 18. planeta

CP-16 ¡Hay muchas cosas! Professor Silva is going through the classroom storage closet at the beginning of the school year. Based on the pictures below, help her make a list of items that she finds. Write complete sentences with the verb *hay*, and be sure to include the appropriate indefinite article (*un/una/unos/unas*).

▲ *Modelo*　　▲ *#1*　　▲ *#2*　　▲ *#3*　　▲ *#4*　　▲ *#5*

© John Wiley & Sons, Inc.

MODELO:

Hay unos papeles.

1. _____
2. _____
3. _____
4. _____
5. _____

CP-17 ¿Qué es, masculino o femenino? Professor Silva wants you to practice identifying the gender of nouns. Practice by deciding on the gender of each noun and then selecting **Masculino** if the noun is masculine, or **Femenino**, if it is feminine.

1. Masculino
   Femenino

2. Masculino
   Femenino

3. Masculino
   Femenino

4. Masculino
   Femenino

5. Masculino
   Femenino

6. Masculino
   Femenino

7. Masculino
   Femenino

8. Masculino
   Femenino

9. Masculino
   Femenino

10. Masculino
    Femenino

CP-18 Los objetos de la clase Professor Silva is making a list of class materials that she needs to buy. For every item of which she has fewer than ten, write the name of that object on her shopping list below. Be sure to write each object in the plural with the corresponding indefinite article (*unos/unas*).

MODELO:

You hear:　Hay dos lápices
You write:　*unos lápices*

1. _____
2. _____
3. _____
4. _____
5. _____

Entérate

Professor Silva is in her class. Read about what la Srta. Silva is doing in her class then answer the questions that follow.

¡Buenas tardes clase! Soy la Srta. Silva y soy la profesora de español. ¡Hoy estoy fenomenal! A ver… Atención, clase. Cierren los libros y saquen una hoja de papel. Escuchen y escriban este dictado: "Hay un profesor en la clase y hay 25 estudiantes en la clase. En la mochila hay tres libros, unos papeles, un lápiz, dos bolígrafos y una calculadora. En el salón de clase hay una pizarra y unos pupitres". Bien. Pasen la tarea hacia el frente.

1. ¿Cómo se llama la profesora de español?

_____

2. ¿Cómo está la profesora?

_____

3. ¿Cuántos (*how many*) estudiantes hay en la clase? Escribe el número con letras.

_____

4. ¿Qué hay en el salón de clase?

_____

Así es la vida

As you know from the **Capítulo Preliminar** there are some U.S. states with Spanish names. Did you know that all or portions of several current U.S. states and territories used to be part of Mexico or Spain? After doing some research about their history, circle **M** for Mexico or **S** for Spain for the eleven states/territories indicated below.

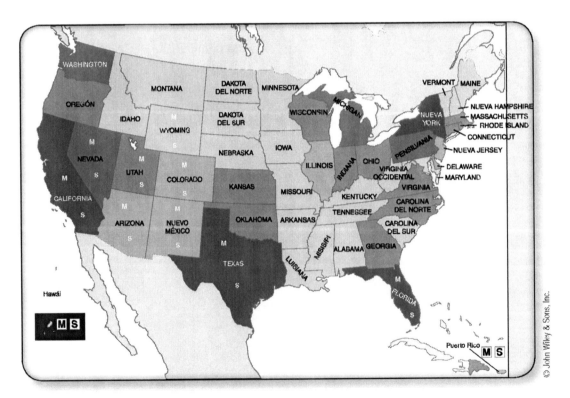

En resumidas cuentas

Read the following list from **Capítulo Preliminar** and make sure that you are able to:

- [ ] Greet people.
- [ ] Say goodbye.
- [ ] Introduce someone.
- [ ] Spell in Spanish.
- [ ] Understand the difference between formal and informal forms of address.
- [ ] Count from 1 to 30.
- [ ] Understand that words have gender in Spanish.

La sala de clases

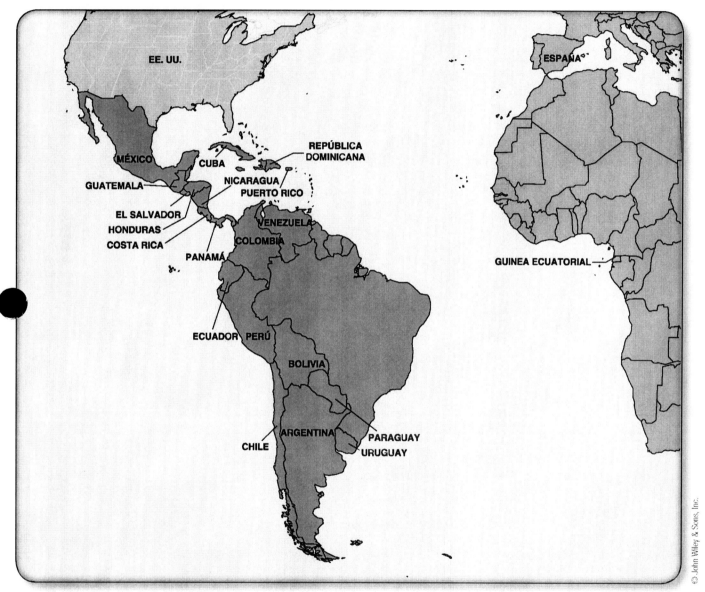

▲ *Estados Unidos y países hispanohablantes.*

Presentación personal

 ¡Yo hablo español! Consuelo and some of her friends will introduce themselves to you. Listen to their introductions, and then select the correct option that completes the sentence.

▲ *Consuelo*

Photo Courtesy of Consuelo Cervantes

1. Consuelo es de...
   a) México.
   b) Argentina.
   c) España.

2. Manolo es...
   a) español.
   b) española.
   c) España.

3. Viviana es...
   a) impaciente y entusiasta.
   b) paciente y entusiasta.
   c) impaciente y sentimental.

4. Alejandra es...
   a) guatemalteca.
   b) de Guatemala.
   c) ambas, a y b

5. ... es de Colombia.
   a) Manolo
   b) Juan
   c) José

SECCIÓN 1: ¿De dónde eres?

Palabra por palabra

1.1-01 ¿Cómo son? All Hispanics do not look the same. Choose the description that best suits the following people.

1.
   a. un muchacho de pelo lacio
   b. un muchacho de pelo rizado
   c. un muchacho de pelo rubio

2.
   a. una mujer de pelo corto
   b. una mujer de pelo largo
   c. una mujer de pelo lacio

© John Wiley & Sons, Inc.

3.

   a. una mujer morena

   b. una mujer trigueña

   c. una mujer blanca

4.

   a. una muchacha de pelo largo

   b. una muchacha de pelo rubio

   c. una muchacha de pelo rizado

5.

   a. un muchacho de pelo corto

   b. un muchacho de pelo rizado

   c. ambas, a y b

© John Wiley & Sons, Inc.

1.1-02 Opuestos The following descriptions of well-known people from all over the Hispanic world are incorrect and should say the opposite. Rewrite each sentence with the correct description.

MODELO:

Salma Hayek es antipática.
Salma Hayek es __simpática__.

1. Rafael Nadal es introvertido.

_____

2. Shakira es alta.

_____

3. Rigoberta Menchú es impaciente.

_____

4. El papa Francisco es tacaño.

_____

5. Sonia Sotomayor es tonta.

_____

6. Javier Bardem es pesimista.

_____

1.1-03 El mundo hispanohablante Look at the map of the Hispanic world and choose the correct country that is indicated.

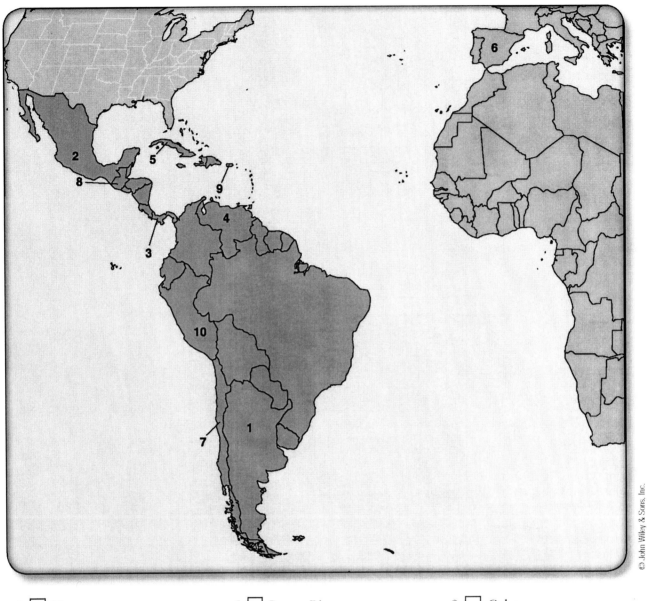

1. ☐ Uruguay
   ☐ Paraguay
   ☐ Argentina

2. ☐ México
   ☐ España
   ☐ Estados Unidos

3. ☐ Costa Rica
   ☐ Panamá
   ☐ Bolivia

4. ☐ Venezuela
   ☐ Perú
   ☐ Costa Rica

5. ☐ Puerto Rico
   ☐ República Dominicana
   ☐ Cuba

6. ☐ España
   ☐ Guinea Ecuatorial
   ☐ México

7. ☐ Ecuador
   ☐ Chile
   ☐ Argentina

8. ☐ Guatemala
   ☐ Costa Rica
   ☐ El Salvador

9. ☐ Cuba
   ☐ República Dominicana
   ☐ Puerto Rico

10. ☐ Paraguay
    ☐ Venezuela
    ☐ Perú

1.1-04 ¿Cuál es su nacionalidad? The following people are from the Hispanic countries indicated. Write their nationality.

MODELO:

Rubén Darío es de Nicaragua.
Rubén Darío es *nicaragüense*.

1. Cristina Peri Rossi es de Uruguay.

   Cristina Peri Rossi es _____.

2. Miguel Cabrera es de Venezuela.

   Miguel Cabrera es _____.

3. Penélope Cruz es de España.

   Penélope Cruz es _____.

4. Carlos Hernández es de El Salvador.

   Carlos Hernández es _____.

5. Óscar Arias Sánchez es de Costa Rica.

   Óscar Arias Sánchez es _____.

6. Benicio del Toro es de Puerto Rico.

   Benicio del Toro es _____.

7. Sofía Vergara es de Colombia.

   Sofía Vergara es _____.

 1.1-05 Los gemelos diferentes Melissa has a twin brother. They look very different but they are very much alike personality wise. Listen to Melissa describe herself and Carlos, her twin brother (*hermano gemelo*). Select all of the descriptions that apply to the people listed below.

1. Melissa es
   a) sociable.
   b) entusiasta.
   c) pesimista.
   d) sentimental.

2. Carlos es
   a) sociable.
   b) testarudo.
   c) cuidadoso.
   d) pesimista.

3. Melissa y Carlos son
   a) responsables.
   b) pesimistas.
   c) tacaños.
   d) cuidadosos.

1.1-06 Son diferentes Melissa is confused about the characteristics of some celebrities. Listen to her descriptions, and change the information to make it accurate.

MODELO:

You hear: El presidente Obama es rubio y conservador.
You write: *El presidente Obama es moreno y liberal.*

1. _____
2. _____
3. _____
4. _____
5. _____

1.1-07 ¿De dónde son? Melissa is uncertain about the adjectives of nationality of some countries. Listen to Melissa and decide if the adjectives of nationality are **Correcto** (C) or **Incorrecto** (I).

1. C   I   3. C   I   5. C   I

2. C   I   4. C   I

1.1-08 Las personalidades hispanas Listen to Melissa describe different famous Hispanics. After you listen to each description, write their nationality based on the information provided by Melissa.

MODELO:

You hear: Frida Kahlo, la pintora, es de México.
You write: Es *mexicana.*

1. Es _____.
2. Es _____.
3. Es _____.
4. Es _____.
5. Es _____.

Hablando de gramática I & II: • The verb *ser* and subject pronouns • Adjective agreement and position

1.1-09 Los compañeros de Melissa Melissa is describing the people in her life. Choose the correct subject pronoun for each sentence.

1. _____ es un muchacho de pelo negro.

    Yo   Ella   Él

2. _____ somos unas personas organizadas.

    Yo   Nosotros   Ellos

3. _____ soy una muchacha de pelo largo y rubio.

    Yo   Ella   Tú

4. _____ son unas mujeres trigueñas.

    Ellas   Ellos   Nosotras

5. _____ sois unos hombres divertidos.

    Tú   Vosotros   Ellos

6. _____ eres boliviano.

    Él   Yo   Tú

1.1-10 En la clase de la señora Aponte Professor Aponte is describing the students in her class. Complete what she says with the appropriate form of the verb *ser*.

Hay muchos estudiantes en mi clase este semestre y ellos _____1 personas muy diferentes. Melissa _____2 una estudiante inteligente y organizada. Dos muchachos, David y Daniel, _____3 chistosos y divertidos. Johnny _____4 muy similar a mí; nosotros _____5 muy serios con el trabajo. Generalmente, yo _____6 una persona paciente y creativa. Mi clase _____7 interesante y todos los estudiantes _____8 muy listos. Y tú, ¿cómo _____9 en clase?

1.1-11 ¿Masculino o femenino, singular o plural? Help Melissa decide if the adjectives mentioned below are masculine or feminine, and singular or plural.

	masculino	femenino	singular	plural
1. cuatro estudiantes extrovertidos	☐	☐	☐	☐
2. una mujer tacaña	☐	☐	☐	☐
3. un hombre romántico	☐	☐	☐	☐
4. unas personas alegres	☐	☐	☐	☐
5. dos muchachas modestas	☐	☐	☐	☐
6. un presidente liberal	☐	☐	☐	☐
7. unos profesores entusiastas	☐	☐	☐	☐
8. una amiga responsable	☐	☐	☐	☐
9. un actor pesimista	☐	☐	☐	☐
10. una escritora nicaragüense	☐	☐	☐	☐

1.1-12 Melissa y sus amigos Melissa is describing her friends. Use the adjectives in parentheses to describe her friends. Be careful with gender and number agreement!

Me llamo Melissa y mis amigos son muy diferentes. Mi mejor amiga se llama Claudia. Ella es

_____₁ (mexicano), de pelo _____₂ (corto) y _____₃ (rizado).

Claudia es una muchacha _____₄ (divertido), _____₅ (alegre) y

_____₆ (atractivo). Nosotras somos similares porque somos _____₇ (simpático)

y _____₈ (popular). Mi amigo Miguel es _____₉ (moreno) y

él es _____₁₀ (dominicano). Él es _____₁₁ (independiente) e

_____₁₂ (idealista), pero _____₁₃ (testarudo). Claudia y Miguel también son

similares; ellos son _____₁₄ (expresivo) y _____₁₅ (responsable). Todos nosotros

somos muy _____₁₆ (entusiasta).

1.1-13 ¿Qué forma de *ser*? Melissa is having trouble remembering all the forms of the verb *ser*. Help Melissa review the forms by writing the name or pronoun in the space that matches the form of *ser* you hear.

Verónica	María y yo	Yo	Vosotros	Ellos

1. _____

2. _____

3. _____

4. _____

5. _____

1.1-14 Los amigos de Melissa Melissa is making new friends in her Spanish class. She phones her friend Consuelo to tell her about her new friends. Listen to Melissa and decide if she uses the correct form of *ser* or not. If she does not, select **Incorrecto** and provide the correct form of *ser*. Select **Correcto** if the form is correct.

MODELO:

You hear: Luis son simpático.
You write: Incorrecto, *es*.

1. Correcto Incorrecto _____

2. Correcto Incorrecto _____

3. Correcto Incorrecto _____

4. Correcto Incorrecto _____

5. Correcto Incorrecto _____

1.1-15 Las descripciones Professor Aponte is rehearsing a lecture for her class about famous people from Hispanic countries. Listen to Professor Aponte and select the correct response based on the information provided.

1. Cristina Kirchner...
   a) es una artista argentina.
   b) es una política argentina.
   c) es una atleta argentina.

2. Sammy Sosa...
   a) es dominicano.
   b) es dominicana.
   c) es republicano.

3. Shakira...
   a) es famosa por su música española.
   b) es famosa por su música y es colombiana.
   c) no es famosa por su música colombiana.

4. Jennifer López...
   a) es de México.
   b) es de los Estados Unidos.
   c) es de un país hispano.

1.1-16 La clase de la profesora Aponte Professor Aponte is trying to remember the names of her students. Look at the picture of her class and decide if the descriptions of the students are true, **Cierto**, or false, **Falso**. If false, write a description with the correct information.

MODELO:

You hear: Sara es alta y con pelo rizado y negro.
You write: Falso, *pelo rubio*

Sara

Sara   Susana   James   Marco   Kayla

1.   Cierto   Falso _____

2.   Cierto   Falso _____

3.   Cierto   Falso _____

4.   Cierto   Falso _____

SECCIÓN 2: En clase

Palabra por palabra

1.2-01 Los meses y las estaciones Professor Aponte's class is studying the differences between opposite seasons in the Northern and Southern hemispheres. Based on these differences, help her students indicate the appropriate season for each month listed.

	Canadá	Chile
1. enero	_____	_____
2. febrero	_____	_____
3. abril	_____	_____
4. mayo	_____	_____
5. julio	_____	_____
6. agosto	_____	_____
7. octubre	_____	_____
8. noviembre	_____	_____

1.2-02 ¿Cuál falta? Help Professor Aponte's students complete each sequence with the missing day of the week or month.

1. lunes, _____, miércoles

2. enero, febrero, _____

3. mayo, _____, julio

4. _____, jueves, viernes

5. sábado, _____, lunes

6. julio, _____, septiembre

7. _____, octubre, noviembre

8. viernes, _____, domingo

9. diciembre, _____, febrero

10. octubre, noviembre, _____

1.2-03 ¡Una rutina variada! One of Professor Aponte's students is writing about the activities she likes to do on the different days of the week, but she doesn't remember how to say all of the days or the activities in Spanish. Follow the model to help her write about her interests in Spanish.

MODELO:

Los *domingos* me gusta *dormir*.

1. Los lunes me gusta _____.

2. Los _____ me gusta _____.

3. Los _____ me gusta _____.

4. Los _____ no me gusta hacer nada.

5. Los viernes me gusta _____.

6. Los _____ me gusta _____.

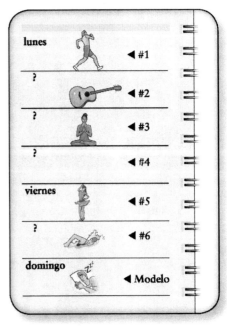

1.2-04 Las asignaturas y la gente famosa Throughout her year in Argentina at the Universidad de Buenos Aires, Regina studies about many famous Latin Americans. Can you guess the classes in which she learns about these people? You may need to use the Internet to search for these names. Not all of the subject areas will be used.

el arte	el derecho	el diseño	la enfermería	la música	la literatura
	las ciencias políticas		la informática	los negocios	

1. _____ José Campeche (puertorriqueño), Remedios Varo (española-mexicana), Fernando Botero (colombiano)

2. _____ Violeta Parra (chilena), Ricardo Arjona (guatemalteco), Astor Piazzolla (argentino)

3. _____ Gabriel García Márquez (colombiano), Gabriela Mistral (chilena), Rubén Darío (nicaragüense)

4. _____ Carlos Slim Helú (mexicano), Estefany Marte (dominicana), André Esteves (brasileño)

5. _____ Cristina Fernández de Kirchner (argentina), Hugo Chávez (venezolano), Michelle Bachelet (chilena)

6. _____ Óscar de la Renta (dominicano), Carolina Herrera (venezolana), Nina García (colombiana)

1.2-05 ¡Muchas profesiones! A student at the Universidad de Buenos Aires is volunteering at an elementary school. He is teaching a class about different professions. Complete the activity he has prepared for his students. Do not include the definite article.

MODELO:

A los químicos les gusta estudiar *química*.

1. A los doctores les gusta estudiar _____.

2. A los ingenieros les gusta estudiar _____.

3. A los sociólogos les gusta estudiar _____.

4. A los políticos les gusta estudiar _____.

5. A la gente de negocios le gusta estudiar _____.

6. A los artistas les gusta estudiar _____.

7. A los matemáticos les gusta estudiar _____.

8. A los actores les gusta estudiar _____.

1.2-06 El tiempo libre Regina is planning her free time for the week. For each day that she has an activity planned, choose the corresponding activity that is most logically related. Not all activities will be used.

> bailar   leer   correr mucho   dormir   cantar   hacer ejercicio
> escuchar los problemas de mi amiga   esquiar

MODELO:

el domingo: escuchar música y *bailar*

1. el lunes: ir a las montañas y _____

2. el martes: ir al gimnasio y _____

3. el miércoles: jugar al tenis y _____

4. el jueves: hablar por teléfono y _____

5. el viernes: tocar la guitarra y _____

6. el sábado: salir con amigos y _____

7. el domingo: estudiar y _____

1.2-07 Las clases de Regina Listen to Regina tell you about her experiences while studying abroad in Argentina. Then, select the item that correctly completes the sentence based on the information provided.

1. La carrera de Regina es…
   a) ciencias sociales.
   b) trabajo social.
   c) ciencias políticas.

2. Regina toma una clase de…
   a) informática.
   b) economía.
   c) español.

3. La clase favorita de Regina es…
   a) historia.
   b) economía.
   c) español.

4. El profesor de historia es…
   a) desorganizado.
   b) entusiasta.
   c) responsable.

5. En Argentina hay clases en los meses de…
   a) julio y agosto.
   b) diciembre y enero.
   c) enero y febrero.

1.2-08 Un horario difícil Regina is trying to get used to her schedule at the Universidad de Buenos Aires. Help Regina figure out her schedule by writing the name of the courses in the corresponding spaces for the days of the week.

lunes	martes	miércoles	jueves	viernes	sábado	domingo

Hablando de gramática I & II: • *Gustar* + infinitive • Interrogative words

1.2-09 Una carta para una nueva amiga Your friend Amber is writing to her new Chilean penpal Gloria. Help her complete her letter. Then answer the questions about Amber's letter with complete sentences.

Hola Gloria,

¿Qué me cuentas? Me llamo Amber. Soy de Arizona, un estado de los Estados Unidos de América. Estudio español en la universidad. Mi profesora se llama Raquel Aponte. A **ella/le/me**₁ **ella/me/le**₂ gusta mucho hablar español con nosotros, los estudiantes. A mí **yo/me/te**₃ gusta hablar español también, pero es muy difícil. Todos los estudiantes en la clase son amistosos. No son vanidosos. ¡Genial! Mi amigo Abdul estudia español con la profesora Aponte también. A **él/ella/le**₄ **te/le/él**₅ gusta estudiar mucho. Yo no soy estudiosa. A **yo/ella/mí**₆ no **te/mí/me**₇ gusta nada estudiar. ¿Y a **tú/te/ti**₈? ¿**Tú/Te/Ti**₉ gusta estudiar? ¿Qué **le/ti/te**₁₀ gusta hacer en tu tiempo libre? ¡Que tengas un buen fin de semana!

Hasta pronto,
Amber

11. ¿Qué le gusta hacer a la profesora Aponte?

_____

12. ¿A quién le gusta estudiar?

_____

13. ¿Le gusta estudiar a Amber?

_____

1.2-10 ¿Qué dice Gloria? Gloria is planning to write Amber back and tell her what she and her friends like to do. Based on the drawing, write five complete sentences that Gloria may include in her letter. Include only one of the activities that each person likes to do.

MODELO:

A Luisa le gusta viajar.

1. _____
2. _____
3. _____
4. _____
5. _____

1.2-11 Una conversación por Internet Xavier, a student from the United States, is preparing to chat with Paula, a girl from Uruguay. Complete his list of questions with *Qué* or *Cuál*, depending on the context.

1. ¿_____ es tu apellido?

2. ¿_____ es tu libro favorito?

3. ¿_____ tipo de refresco te gusta más: Ginger Ale o Cola?

4. ¿_____ días tienes clase?

5. ¿_____ clase es tu favorita?

6. ¿_____ es tu dirección de correo electrónico?

1.2-12 Los compañeros de conversación You and Regina are Spanish conversation partners. She has just told you a little about her Spanish class and teacher at the Universidad de Buenos Aires, but there is much more you wish to know! Based on the information given, ask five logical follow-up questions using the question words provided.

Regina: "Mi profesor de español se llama Matías Núñez. Su apellido se escribe N-ú-ñ-e-z. Me gusta la clase de español, pero es un poco difícil. Hay un examen pronto".

1. cómo _____

2. cuándo _____

3. qué _____

4. dónde _____

5. por qué _____

1.2-13 Mi chico ideal Listen to Paula, a girl from Uruguay, talk about her ideal boyfriend. Pay attention to the description of what she likes to do and what she hopes her boyfriend likes to do. Select the item that correctly completes the sentence based on the information you hear.

1. A Paula…
   a) no le gusta mucho leer en su libro electrónico.
   b) no le gusta nada usar un libro electrónico.
   c) no le gusta tener un libro electrónico.

2. A su chico ideal…
   a) le gusta mucho ir al cine.
   b) le gusta correr mucho.
   c) no le gusta ir al cine.

3. A su chico ideal…
   a) le gusta cantar.
   b) le gusta correr.
   c) le gusta esquiar.

4. A Paula…
   a) le gusta hacer yoga en casa.
   b) le gusta mucho ser atlética.
   c) no le gustan las clases de yoga.

5. A su chico ideal…
   a) no le gusta dormir nada.
   b) no le gusta dormir.
   c) le gusta dormir mucho.

1.2-14 ¡No me gusta nada! Xavier is telling you about his likes and dislikes. You are the complete opposite of Xavier. Listen carefully to what Xavier likes to do. Respond to Xavier by saying what he likes to do, and then say that you don't like doing it at all.

MODELO:

You hear: No me gusta leer libros, pero me gusta mucho hablar por teléfono.
You write: *Te gusta mucho hablar por teléfono*, pero *a mí no me gusta nada hablar por teléfono.*

1. _____ , pero _____ .
2. _____ , pero _____ .
3. _____ , pero _____ .
4. _____ , pero _____ .
5. _____ , pero _____ .

1.2-15 Preguntas y más preguntas Paula is really interested in Xavier, and she would like to know more about him. You will hear Xavier answer some questions that Paula asked him, but the questions are missing. Select the question that Paula asked from the list below. Place a number next to the question in the order you hear the answers.

a. ¿Qué días es la clase de informática?   (   )
b. ¿Qué clases tomas este semestre?   (   )
c. ¿Te gusta mirar televisión?   (   )
d. ¿De dónde eres?   (   )
e. ¿Cómo es tu profesor de biología?   (   )
f. ¿Por qué estudias español?   (   )
g. ¿Cuál es tu clase favorita?   (   )

1.2-16 En la universidad Paula is studying abroad at your university. Listen to each statement made by Paula, and write a question that would elicit the information she provides.

MODELO:

You hear: Estudio cuatro asignaturas este semestre.
You write: *¿Cuántas asignaturas estudias este semestre?*

1. _____
2. _____
3. _____
4. _____
5. _____

¿Cómo es...?

 Gabriela, a student of Spanish who lives in the US, wants to impress her friends by telling them about different famous Hispanic celebrities. Listen to Gabriela describe some famous Hispanics and decide if the descriptions are accurate or not. If you are unsure about whether or not a statement is true or false, use the Internet to investigate. Select **Cierto** or **Falso** for each description. Then, as you hear the descriptions, catch any mistakes Gabriela makes when using the correct forms of the adjective (masculine or feminine). In the space provided, write the incorrect form that you hear and the correct forms of the adjectives.

MODELO:

You hear: Gloria Estefan es una artista cubana. Gloria es bajo y alegre.
You write: Cierto, *bajo – baja*

1. Rafael Nadal   Cierto   Falso   _____

2. Frida Kahlo   Cierto   Falso   _____

3. El papa Francisco   Cierto   Falso   _____

4. Salma Hayek   Cierto   Falso   _____

5. Ricky Martin   Cierto   Falso   _____

Entérate

In this section you should select the reading that most interests you. Select only **one** and answer the questions.

1. Sports / Avocations: El fútbol en los Estados Unidos

2. Society / Religion: Rigoberta Menchú

3. History / Politics: César Chávez

4. Science / Technology: Ellen Ochoa

5. Pop culture / Art: America Ferrera

1. Deportes: El fútbol en los Estados Unidos

El fútbol es el deporte más popular en Latinoamérica y en España. Históricamente, el fútbol no es un deporte muy popular en los Estados Unidos, aunque con el paso del tiempo es más y más popular cada día (*every day*). En años recientes, el equipo (*team*) nacional de los Estados Unidos, *US Men's National Soccer Team*, compite internacionalmente con mucho éxito (*success*). En 1993, se funda la liga profesional de fútbol: *Major League Soccer*. En 2013, ya tiene diecinueve equipos, dieciséis en los Estados Unidos y tres en Canadá. Hay muchos jugadores (*players*) latinoamericanos y algunos españoles en la *Major League Soccer*: el peruano Raúl "Superman" Fernández, el guatemalteco Carlos "El Pescadito" Ruiz, los hondureños Luis Fernando Suárez y Óscar Boniek García Ramírez, los argentinos Fabián Espíndola y Javier Morales, y los españoles Oriol Rosell y Rubén Bover, entre otros (*among others*).

1. ¿El fútbol es más popular en los Estados Unidos en el presente o en el pasado?

_____

2. ¿Cuándo se funda la liga profesional de fútbol en los Estados Unidos y Canadá?

_____

3. ¿Cuántos equipos de fútbol profesional estadounidenses hay? Escribe el número.

_____

4. ¿De dónde es Raúl Fernández?

_____

5. ¿De dónde son Luis Fernando Suárez y Óscar Boniek García Ramírez?

_____

2. Sociedad: Rigoberta Menchú

Rigoberta Menchú Tum es una indígena maya-quiché de Guatemala. Menchú nace (*is born*) en 1959 en el departamento Quiché de Guatemala. Ella habla maya quiché, español y otros idiomas mayas. De 1960 a 1996 Guatemala sufre una guerra civil (*civil war*) y en 1981 Menchú emigra a México para escapar del conflicto, en el que matan (*kill*) a sus padres y a su hermano, y el cual afecta negativamente a la gente indígena de Guatemala. En 1982, Menchú narra la historia de su familia, su gente y su país a la autora y antropóloga venezolana Elisabeth Burgos-Debray. En 1983, se publica el libro *Me llamo Rigoberta Menchú y así me nació la conciencia* (*I, Rigoberta Menchú, an Indian Woman in Guatemala*). En este libro Menchú describe las atrocidades cometidas por las fuerzas militares guatemaltecas durante la guerra civil y los retos (*challenges*) para la cultura maya en Guatemala. En 1992, Menchú gana (*wins*) el Premio Nobel de la Paz

ORLANDO SIERRA/AFP/Getty Images

(*Nobel Peace Prize*) por su trabajo (*work*) por la justicia social y los derechos (*rights*) de los indígenas. En 2007 y 2011 Menchú es candidata para la presidencia guatemalteca, pero no gana, y hoy día es una figura controversial.

1. ¿Cuál es la nacionalidad de Rigoberta Menchú?

_____

2. ¿Por qué emigra Rigoberta Menchú a México?

_____

3. ¿Cuál es el tema del libro *Me llamo Rigoberta Menchú y así me nació la conciencia*?

_____

4. ¿En qué año recibe Menchú el Premio Nobel de la Paz?

_____

5. ¿Por qué recibe Menchú el Premio Nobel de la Paz?

_____

3. Historia: César Chávez

¿Reconoces el lema (*slogan*) "Sí, se puede (*Yes we can*)"? Es el lema de la campaña presidencial de Barack Obama, pero no es un lema original del Presidente Obama. Primero es el lema del activista estadounidense César Estrada Chávez. Chávez nace en 1927 en Yuma, Arizona, de padres mexicanos, y muere en 1993. Cuando la familia de Chávez sufre problemas económicos durante la Gran Depresión de los Estados Unidos, viaja a California para trabajar (*to work*). Como adolescente, Chávez deja (*leaves*) la escuela y comienza a trabajar en la agricultura a tiempo completo. Chávez reconoce que las condiciones de los trabajadores no son buenas y en 1962 funda la *National Farm Workers Association* con Dolores Huerta, otra activista laboral. En 1965, esta organización se convierte en la Unión de Campesinos (*United Farm Workers of America*). Sus padres y líderes pacifistas como Mahatma Ghandi influyen en la importancia de la no-violencia para Chávez. El activista hispano impacta el movimiento laboral en los Estados Unidos de muchas formas y su nombre es conmemorado en muchos edificios, como el edificio César E. Chávez en el campus de la Universidad de Arizona, y calles, como César Chávez Boulevard en Portland, Oregón.

Decide if the statements are true, **Cierto** (C), or false, **Falso** (F). If the statement is false, rewrite the sentence to make it correct.

1. César Chávez es un activista laboral mexicano.

   C   F   _____

2. El Presidente Obama copia el lema "Sí, se puede" de Chávez.

   C   F   _____

3. Para Chávez es muy importante la resistencia pacífica.

   C   F   _____

4. Chávez estudia en la Universidad de Arizona.

   C   F   _____

5. Chávez funda César Chávez Boulevard en Portland, Oregón.

   C   F   _____

4. Ciencia: Ellen Ochoa

Ellen Ochoa es la primera mujer hispana astronauta en EE. UU. Ella nace el 10 de mayo de 1958 en Los Ángeles, California. En la universidad recibe un título (*bachelor's degree*) en ciencias con una especialización en física. En la universidad toma clases de física, química, matemáticas, cálculo, geometría, álgebra, trigonometría y estadística. Luego hace una maestría y un doctorado en ingeniería. En 1993, la doctora Ochoa viaja al espacio (*space*) con la NASA. En una de sus fotos más famosas, aparece como una mujer de pelo corto, castaño y crespo. En general es una mujer muy alegre. En su tiempo libre le gusta tocar la flauta (*flute*), jugar al vóleibol y montar en bicicleta. También es piloto privada. En 2013, la doctora Ochoa es la directora del *Johnson Space Center*.

1. ¿Cuándo es el cumpleaños de la doctora Ochoa?

_____

2. ¿Qué estudia la doctora Ochoa en la universidad?

_____

3. ¿Cómo es la doctora Ochoa?

_____

4. ¿Qué le gusta hacer a la doctora Ochoa en su tiempo libre?

_____

5. Cultura popular: America Ferrera

America Ferrera es una famosa actriz estadounidense. Ella nace el 18 de abril de 1984 en Los Ángeles, California. Generalmente en las fotos ella tiene el pelo largo y castaño. A veces (*sometimes*) tiene el pelo lacio y a veces lo tiene rizado. En la vida real ella es una persona muy simpática, modesta, interesante y especialmente sincera. En las películas (*movies*) su personalidad es diferente; en *Real Women Have Curves* es una muchacha independiente, estudiosa e inteligente, y en *The Sisterhood of the Traveling Pants* es una muchacha expresiva, amistosa y sociable. En el programa de televisión *Ugly Betty*, la versión americana de la telenovela colombiana *Yo soy Betty, la fea*, es una chica simpática, pero curiosa, y no muy atractiva. Para America Ferrera la familia es muy importante. Ella tiene una familia muy grande. Tiene cinco hermanos. Su papá y su mamá son de Tegucigalpa, Honduras, pero emigraron a EE. UU. en la década de 1970. Por eso, America Ferrera es de ascendencia hispana. Típicamente se escribe "América" con acento, pero el nombre de esta actriz hispana se escribe sin (*without*) acento.

© EdStock/iStockphoto

1. ¿Cuándo es el cumpleaños de America Ferrera?

_____

2. ¿Cómo es America Ferrera físicamente?

_____

3. ¿Cómo es la personalidad de America Ferrera en la película *Real Women Have Curves*?

_____

4. ¿Cómo es la personalidad de America Ferrera en *Ugly Betty*?

_____

5. ¿Cuál es la nacionalidad de los padres de America Ferrera?

_____

En tus propias palabras

Select **one** of the topics and write about it. You can write about the same topic you chose in the prior **Entérate** section.

1. **Deportes:** ¿Eres atlético? ¿Te gusta jugar al fútbol o mirar el fútbol profesional en la televisión? Para ti, ¿el fútbol es divertido o aburrido? ¿Cuál es tu equipo profesional estadounidense favorito? ¿Te gusta jugar a otros deportes? ¿A cuáles?

2. **Sociedad:** Nombra a un Premio Nobel importante para ti. ¿Cómo se llama? ¿De dónde es? ¿Cómo es? ¿Cómo no es? ¿Cuál es su carrera? ¿Por qué es importante?

3. **Historia:** ¿Cómo se llama tu activista social favorito? ¿De dónde es? ¿Cómo es? ¿Cómo no es? ¿Por qué es famoso?

4. **Tecnología:** Imagínate que estás en una sala de chat y hablas con un nuevo amigo. Escribe una lista de preguntas para tu nuevo amigo.

5. **Cultura popular:** ¿Quién es tu actor/actriz favorito/a? ¿Cómo es? ¿Cómo es su personalidad? ¿Qué le gusta hacer a él/ella?

_____

_____

_____

_____

_____

_____

_____

_____

Así es la vida

Look at the word game below, translate it into English, and then write a sentence in English explaining why it presents a tricky question to answer.

Word game:

Si tú eres tú y yo soy yo, ¿quién es el más tonto de los dos?

Translation:

_____

Why is it tricky?

_____

_____

_____

En resumidas cuentas

Read the following list from **Capítulo 1** and make sure that you are able to:

☐ Describe yourself and others.

☐ Tell where you are from.

☐ Ask where others are from.

☐ Name and locate all of the Spanish-speaking countries.

☐ Name the days of the week and the months.

☐ Talk about your major and your classes.

☐ Talk about what you like and what you don't like to do.

☐ Ask questions using interrogative words.

Capítulo

2

Día a día

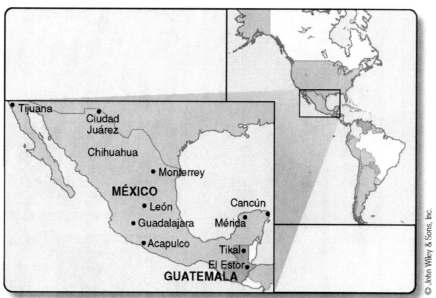

▲ *México y Guatemala*

Presentación personal

Listen to Raúl's personal introduction and answer the questions that follow.

1. ¿Cuál es otro nombre para la Ciudad de México?
   a) mexicano
   b) Distrito Federal
   c) Distrito México

2. Indica si la información es **Cierta** o **Falsa**.
   a) México es un país uniforme: hay un solo México. C F
   b) En México no hay ciudades coloniales. C F

3. ¿Qué puedes hacer en las ciudades turísticas?

▲ *Raúl*

4. ¿Dónde puedes ir de compras en las ciudades coloniales?

SECCIÓN 1: La rutina diaria

Palabra por palabra

2.1-01 Las actividades Match the drawings with the appropriate statements.

_____ 1. La mamá cocina.

a.

_____ 2. El chico bebe agua.

b.

_____ 3. Las mujeres corren.

c.

_____ 4. Ellos miran a la profesora.

d.

_____ 5. Juan habla con un amigo.

e.

_____ 6. María espera.

f.

_____ 7. Ella escribe en la pizarra.

g.

2.1-02 El horario de David At what time does David have the following classes?

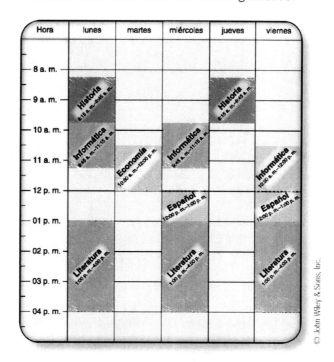

1. ¿A qué hora es la clase de literatura?

_____

2. ¿A qué hora es la clase de historia?

_____

3. ¿A qué hora es la clase de informática?

_____

4. ¿A qué hora es la clase de economía?

_____

5. ¿A qué hora es la clase de español?

_____

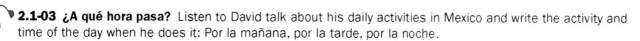 **2.1-03 ¿A qué hora pasa?** Listen to David talk about his daily activities in Mexico and write the activity and time of the day when he does it: Por la mañana, por la tarde, por la noche.

MODELO:

You hear: Son las 10 y tomo limonada.
You write: *Por la mañana: tomar limonada.*

              Actividad

1. _____

2. _____

3. _____

4. _____

5. _____

2.1-04 ¿A qué hora...? David describes his activities on a typical Monday while in Mexico. Listen to David's description and write the activity and the time when it happens, based on the description given. Look at the model for reference.

MODELO:

You hear: Como con mi familia en casa.
You write: 2:30 p. m.: *A las dos y media como con mi familia.*

1. 5:00 p. m. _____

2. 1:00 p. m. _____

3. 7:00 p. m. _____

4. 3:40 p. m. _____

5. 7:30 a. m. _____

Hablando de gramática I & II: • Present tense of regular verbs • The *vos* form of address

2.1-05 Mis amigos y yo I am studying abroad at the University of Guadalajara in Mexico this semester. Read about my friend's and my weekly routine at the university. Choose the correct corresponding personal pronoun for the verbs indicated in each of the following sentences.

1. Siempre caminamos a clase a las diez de la mañana.
   yo   nosotros   ellos

2. Los viernes trabajo en la biblioteca por cinco horas.
   yo   tú   ella

3. A medianoche regresan de la discoteca.
   él   nosotros   ellos

4. Comes solo para estudiar.
   yo   tú   ellos

5. Escribe redacciones en su clase de literatura.
   yo   tú   Juan

6. Hoy terminamos clase temprano, antes de la hora.
   tú y yo   yo   tú

2.1-06 Las clases difíciles David and his classmate Daniel are talking about their most difficult classes while studying abroad in Mexico. Complete their conversation with the correct verb from the list below, conjugating it in the present tense.

hablar	comprender	trabajar	practicar	leer	escribir

David: ¡Hola, Daniel! ¿Qué tal?

Daniel: No muy bien. Yo _____₁ mucho para mi clase de química.

David: ¿Tú no _____₂ la materia?

Daniel: Bueno, es que mis amigos y yo _____₃ el libro después de la clase, pero

nosotros _____₄ de otras clases a veces.

David: Pues en mi clase de ingeniería el profesor _____₅ los problemas más difíciles

con nosotros. En clase, yo _____₆ mucho en mi cuaderno cada día también.

Daniel: Bueno, son las dos y hay horas de oficina. ¡Nos vemos pronto! ¡Hasta luego!

2.1-07 Tú o vos Yvonne is from Mexico and she normally uses the *tú* form when she speaks. Rocío is from Guatemala and she normally uses the *vos* form when she speaks. Both girls are asking questions about you. Choose who is asking the following questions, **Yvonne** or **Rocío.**

	Yvonne	Rocío
1. ¿Sos atrevido/a?	☐	☐
2. ¿Miras mucho la televisión?	☐	☐
3. ¿Comprendes bien el español?	☐	☐
4. ¿Vivís con tus padres?	☐	☐
5. ¿Trabajas los fines de semana?	☐	☐
6. ¿Comés en la cafetería todos los días?	☐	☐

2.1-08 Mis actividades en México David phones Mr. Daniels (his former high school Spanish teacher) in the United States to tell him about his daily routine in Mexico. Listen to David's phone message and select the correct response.

1. David...
   a) no practica español en México.
   b) practica español más o menos.
   c) practica español más.

2. David...
   a) bebe leche todos los días por la mañana.
   b) bebe leche todos los días por la tarde.
   c) no bebe leche todos los días.

3. David...
   a) nunca come en la universidad.
   b) siempre come en casa.
   c) a veces come en la universidad.

4. David...
   a) nunca llega a tiempo a clase.
   b) nunca toma el autobús.
   c) toma el autobús para ir a clase.

5. David...
   a) toma el autobús para ir a casa.
   b) camina para ir a casa.
   c) no pasea para ir a casa.

2.1-09 ¿A qué hora lo hace? Listen to David talk about his activities on a typical day in Mexico. Rewrite the sentences by conjugating the verb in the *él* form and writing out the times given.

MODELO:

You hear: Espero el autobús a las seis y media.
You write: 6:30 a. m. *Espera el autobús a las seis y media.*

1. 2:30 p. m. _____

2. 10:00 a. m. _____

3. 4:00 p. m. _____

4. 6:00 p. m. _____

5. 9:15 p. m. _____

SECCIÓN 2: De compras

Palabra por palabra

2.2-01 Las cosas en el mercado al aire libre Jonah is going to visit the colorful open-air market of Todos Santos Cuchumatanes in Huehuetenango, Guatemala. Place the words from the box in their respective categories to help Jonah prepare for what he might find at the market.

relojes	aretes	flores	sombreros	zapatos	trajes	cinturones
botas	pulseras	blusas	comida	faldas	artesanía	anillos	vestidos

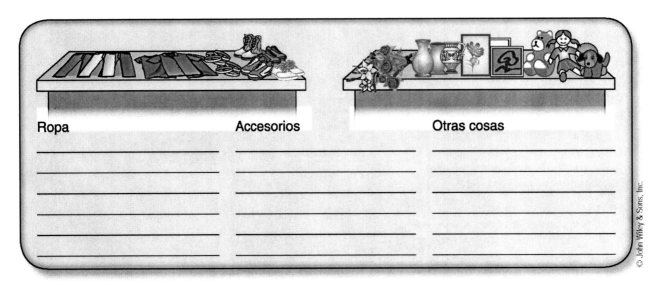

Ropa	**Accesorios**	**Otras cosas**
_____	_____	_____
_____	_____	_____
_____	_____	_____
_____	_____	_____
_____	_____	_____

© John Wiley & Sons, Inc.

2.2-02 ¿Cuánto cuesta? When Jonah returns home to the United States, his Guatemalan host brother, Samuel, comes to visit. Samuel wants to know how much the following items cost in dollars. In the first space, write his question using *¿Cuánto cuesta?* or *¿Cuánto cuestan?*, and in the second space write Jonah's answer based on the price tags in the drawings. Write complete sentences.

$23.90
▲ *Modelo*

$70.40
▲ #1

$45.00
▲ #2

$68.99
▲ #3

$180.00
▲ #4

© John Wiley & Sons, Inc.

MODELO:

Samuel pregunta: *¿Cuánto cuesta el cinturón?*
Jonah responde: *Cuesta veintitrés dólares con noventa centavos.*

1. Samuel pregunta: _____

   Jonah responde: _____

2. Samuel pregunta: _____

   Jonah responde: _____

3. Samuel pregunta: _____

   Jonah responde: _____

4. Samuel pregunta: _____

   Jonah responde: _____

2.2-03 De compras en el mercado Sonia is shopping for some clothing at the local street market. Listen to the descriptions of her purchases, and write the names of the items in the appropriate column according to the description.

Las compras de Sonia
La pulsera
Los zapatos
La blusa
El sombrero
Los aretes

Caros	Buen precio	Baratos
1. _____	_____	_____
2. _____	_____	_____
3. _____	_____	_____
4. _____	_____	_____
5. _____	_____	_____

2.2-04 ¿Qué dicen en el mercado? Listen to Jonah talk to a vendor at the market. Help Jonah answer the vendor's questions by writing a sentence with the information provided.

MODELO:

You hear: *¿Qué busca?*
You write: zapatos, azul — *Busco zapatos azules.*

1. aretes, rojo _____

2. traje, 1.800 quetzales _____

3. sombrero, grande, bonito _____

4. zapatos, elegante _____

5. blusa, 700 quetzales _____

Hablando de gramática I & II: ● More on the verb *gustar*
● Ir + a + infinitive

2.2-05 Los regalos Before visiting the open-air market in Guatemala, Jonah writes a note to himself about possible gifts for his friends and family (in Spanish — like a good student!). Help him out by circling the correct form of *gustar* to complete his list.

¿Qué compro en el mercado para mis amigos y mi familia? A ver, a mis padres les **gusta / gustan**₁ muchas cosas. A mi madre le **gusta / gustan**₂ las pulseras y los pendientes. A mi padre le **gusta / gustan**₃ los sombreros negros, pero no le **gusta / gustan**₄ nada los sombreros blancos. A mis amigos les **gusta / gustan**₅ la ropa en general. A mi mejor amigo Danny le **gusta / gustan**₆ los vaqueros especialmente. ¿Y a mí? ¡Me **gusta / gustan**₇ las cosas baratas! No me **gusta / gustan**₈ nada la ropa cara. A todos nosotros nos **gusta / gustan**₉ llevar ropa distinta. ¡Voy a regatear y voy a comprar muchos regalos!

2.2-06 Los gustos Write complete sentences saying what these people like. Make sure to use the correct indirect object pronoun and the correct form of the verb *gustar*.

MODELO:

los turistas - los mercados al aire libre o los supermercados.
A los turistas les gustan los mercados al aire libre.

1. las niñas - las mochilas grandes o pequeñas

_____

2. los niños - la ropa rosada o la ropa azul

_____

3. tu padre - los relojes baratos o caros

_____

4. tu mejor amigo - las universidades pequeñas o grandes

_____

5. tú - la ropa de poliéster o la ropa de materiales naturales

_____

6. tu madre - las artesanías o los productos manufacturados

_____

2.2-07 Los planes lógicos e ilógicos Read each statement and decide if it is **Lógico** or **Ilógico**. Select the appropriate box. If a statement is illogical, choose a more logical verb from the **Vocabulario esencial** list in **Capítulo 2 Sección 1** of the textbook to replace the underlined verb and write it in the space provided.

1. Mañana por la mañana voy a <u>escribir</u> el autobús para ir a la universidad.

Lógico ☐   Ilógico ☐   _____

2. El próximo semestre mis amigos y yo vamos a <u>aprender</u> una nueva clase de arte. ¡Estamos emocionados!

Lógico ☐   Ilógico ☐   _____

3. ¿Vas a <u>comer</u> este fin de semana? ¡Eres una persona muy responsable y trabajadora!

Lógico ☐   Ilógico ☐   _____

4. Pasado mañana mis padres van a <u>regresar</u> de México. Les gusta mucho viajar.

Lógico ☐   Ilógico ☐   _____

5. La semana que viene mi mejor amigo va a <u>llegar</u>. Estoy contento.

Lógico ☐   Ilógico ☐   _____

2.2-08 Los planes personales It is Jonah's last night in Guatemala. Tomorrow he will be back in the United States. Jonah's host brother Samuel asks him about his plans. Answer Samuel's questions for Jonah with complete sentences using the structure that you learned to discuss future events (*ir* + *a* + *infinitivo*).

1. ¿A qué hora vas a llegar a tu casa mañana?

_____

2. ¿Va a estar contenta tu madre?

_____

3. ¿Qué van a hacer tú y tus amigos este fin de semana?

_____

4. ¿Cuándo vas a viajar a otro país? ¿Adónde vas?

_____

5. ¿Cuándo vas a regresar a Guatemala?

_____

2.2-09 En el mercado del domingo Sonia is visiting a typical market that takes place on Sundays in Antigua, Guatemala. Sonia tells Flor what things she likes and does not like at the market. Listen to the descriptions and then select the statement that best completes each sentence.

1. A Sonia le gustan…
   a) unos aretes azules.
   b) el mercado de aretes.
   c) los sombreros rosados.

2. A Sonia le gusta la blusa blanca porque…
   a) no cuesta mucho.
   b) combina con todos los colores.
   c) no hay otros colores.

3. A Sonia…
   a) no le gusta el color oro, pero sí un reloj de color oro.
   b) le gusta el color oro, pero no un reloj de color oro.
   c) le gusta el color oro, pero no cinturones de color oro.

4. Sonia dice que en el mercado…
   a) no hay cosas para Flor.
   b) no hay cosas bonitas para Flor.
   c) hay cosas bonitas para Flor.

2.2-10 ¿A quién le gusta? Flor talks about what clothing she and her friend Sonia like and don't like. Listen to Flor and complete the sentences with the correct forms of *gustar* (*gusta, gustan*) and the items they like.

MODELO:

You hear: A Sonia le gusta comprar aretes de plata, pero a mí me gustan los aretes de oro.
You write: A ella *le gustan los aretes de plata.*

1. A mí _____.

2. A nosotras _____.

3. A Sonia _____.

4. A nosotras _____.

5. A mí _____.

2.2-11 ¡Vamos a explorar Antigua! Sonia phones Jonah and invites him to go on a weekend trip. Listen to Sonia describe the plans for the trip and then decide the correct answer based on the information provided.

Sonia y Jonah…

1. a) van a hablar por teléfono para planear las actividades.
   b) van a hablar por teléfono para hablar de cuánto cuesta el viaje.
   c) van a hablar por teléfono para estar de acuerdo en las actividades.

2. a) van al museo colonial el domingo.
   b) van al museo colonial el sábado.
   c) no van al museo colonial.

3. a) Jonah va al lago de Amatitlán a sacar fotos.
   b) Sonia va al lago de Amatitlán a pasear en bicicleta.
   c) Ellos van al lago de Amatitlán.

4. a) van a comer dulces al convento de Santa Catalina.
   b) van a preparar dulces en el convento de Santa Catalina.
   c) van a comer dulces en el parque.

5. a) no van a ir al centro de la ciudad porque hay parques.
   b) van al centro de la ciudad porque hay parques.
   c) van al centro porque no hay gente.

2.2-12 ¿Qué van a comprar? Jonah (you), Flor, and Sonia are shopping at the local street market in Antigua, Guatemala. Listen to Sonia talk about the things they like and complete the sentences indicating what they are going to buy (or not) based on the information provided.

MODELO:

You hear: A mí me gustan muchísimo los aretes.
You write: Sonia *va a comprar aretes.*

1. Jonah (yo) _____.

2. Flor (ella) _____.

3. Nosotras _____.

4. Ellas _____.

5. Nosotras _____.

¿Cómo es...?

Listen to Raúl talk about *El regateo*, bargaining at the open-air market. Then, select the option that best answers the question or completes the statement.

Vocabulario:

Dar consejos *to give advice*

regatear *to bargain*

una ganga a *good deal, a good price*

Ni loco *Not a chance, no way*

1. ¿En qué lugares regateas en México?
   a) Regateas en los mercados y almacenes.
   b) Regateas en los mercados y mercados de comida.
   c) Regateas en los mercados de ropa.

2. ¿Cuál es el primer paso para regatear?
   a) Pagar el producto.
   b) Preguntar el precio.
   c) Ofrecer un precio.

3. ¿Quién decide el precio final del producto?
   a) El vendedor decide el precio final.
   b) Tú decides el precio final.
   c) Los dos deciden el precio final.

4. En el regateo...
   a) el vendedor puede ofrecer una contraoferta.
   b) tú ofreces una contraoferta.
   c) no es bueno ofrecer una contraoferta.

5. Raúl compra ropa...
   a) que no está a buen precio.
   b) que es una ganga.
   c) que no es una ganga.

Entérate

In this section, you should select the reading that most interests you. Select only **one** and answer the questions.

1. Sports / Avocations: El fútbol en México
2. Society / Religion: La religión en Guatemala
3. History / Politics: Los mayas
4. Science / Technology: La persona más rica del mundo
5. Pop culture / Art: Frida Kahlo

1. Deportes: El fútbol en México

En México y en muchas partes del mundo hispano el fútbol es el deporte más popular. México tiene una de las mejores (*best*) ligas de fútbol en el continente americano: la Liga MX. La Liga MX empieza en 1943 y ahora hay dieciocho clubes en la liga. Estos clubes, o equipos (*teams*), compiten durante diez meses del año en dos competencias. Los clubes se identifican con uniformes de diferentes colores. Los equipos profesionales más populares son Club América (amarillo, azul, rojo), Las Chivas (rojo, blanco, azul), Cruz Azul (azul, blanco, rojo) y Pumas (azul y oro). ¡Seguramente esta es una lista controversial! A los mexicanos típicamente les gusta un equipo en particular y son aficionados, o fanáticos, bien dedicados a

▲ *Estadio Azteca, Distrito Federal, México*

su equipo favorito. México también tiene un equipo nacional, "la selección mexicana de fútbol". A la hora de competir internacionalmente, los mexicanos apoyan (*support*) este equipo que lleva los colores de la bandera (*flag*) mexicana: verde, blanco y rojo.

1. ¿En qué año empieza la Liga MX? Escribe el año en palabras.

   _____

2. ¿Durante cuántos meses del año no hay competencias en la Liga MX?

   _____

3. ¿Cómo son los aficionados del fútbol mexicano? Descríbelos.

   _____

4. ¿Qué equipo no tiene uno de los colores de la bandera mexicana?

   _____

2. Religión: La religión en Guatemala

Cuando llegan los españoles durante la época colonial a lo que (*to what*) hoy llamamos Guatemala, llevan con ellos la religión católica. Hoy en día el catolicismo es la religión predominante en Guatemala. Entre el cincuenta y el sesenta por ciento de los guatemaltecos es católico. Sin embargo, el catolicismo en Guatemala no es exactamente como en otros países; con frecuencia las tradiciones católicas en Guatemala se combinan con prácticas y tradiciones mayas. Con la presencia de misioneros protestantes en Guatemala y la traducción (*translation*) de la Biblia a idiomas mayas, en las décadas recientes más y más personas practican el protestantismo evangélico. Ahora aproximadamente el cuarenta por ciento de los guatemaltecos es protestante evangélico, el porcentaje más alto en Latinoamérica. Aunque (*although*) el cincuenta por ciento de los guatemaltecos

▲ *Catedral de Antigua Guatemala*

es de ascendencia maya, se estima que solo el uno por ciento de la población practica una forma "pura" de las religiones mayas. Hay otras religiones practicadas en Guatemala también, como el cristianismo ortodoxo y el mormonismo.

1. Nombra cuatro religiones diferentes que se practican en Guatemala.

_____

2. ¿Qué porcentaje de los guatemaltecos es católico? Escribe el número.

_____

3. ¿Qué porcentaje de los guatemaltecos practica el protestantismo evangélico? Escribe el número.

_____

4. ¿Por qué hay más protestantes evangélicos en Guatemala ahora?

_____

3. Historia: Los mayas

Los mayas forman una de las civilizaciones más importantes en la historia de las Américas y del mundo. La civilización maya florece (*flourishes*) entre 250 a. C. y 900 d. C. en lo que (*in what*) hoy llamamos la península de Yucatán, Guatemala y Belice, partes de Honduras y El Salvador y partes de los estados de Tabasco y Chiapas, México. Cuando llegan los españoles (el conquistador Hernán Cortés tiene contacto con los mayas en 1519) la civilización maya ya no es tan fuerte como antes. Los mayas son interesantes e históricamente importantes por muchas razones: forman la única civilización precolombina con un sistema avanzado de escritura que representa el lenguaje hablado, inventan el concepto matemático del "cero", construyen pirámides impresionantes, tienen un calendario avanzado y saben mucho sobre astronomía. Hoy en día todavía existen descendientes de la gran civilización maya. En Guatemala, por ejemplo, el cincuenta por ciento de las personas es descendiente de los mayas y todavía (*still*) se hablan veintinueve idiomas mayas en Guatemala, México, Honduras y Belice.

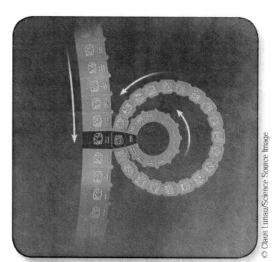

▲ *El funcionamiento del calendario maya*

1. ¿Por cuántos años florece la civilización maya? Escribe el número en palabras.

_____

2. ¿Por qué es avanzado el sistema de escritura de los mayas?

_____

3. ¿Qué concepto matemático inventan los mayas?

_____

4. ¿Cuántos idiomas mayas existen hoy? Escribe el número en palabras.

_____

4. Tecnología: La persona más rica del mundo

▲ *Carlos Slim Helú*

¿Sabes quién es la persona más rica del mundo en el año 2012? ¡No es Bill Gates! Tampoco es el creador de Google o de Apple. Es Carlos Slim Helú, un multimillonario mexicano. Slim Helú nace en México D.F. el 24 de enero de 1940. Su padre es un inmigrante libanés y su madre es hija de inmigrantes libaneses. A los 21 años, Slim Helú termina sus estudios de ingeniería civil en la universidad más famosa de México, la Universidad Nacional Autónoma de México (la UNAM). Gana (*he earns*) su dinero principalmente en las telecomunicaciones y la tecnología. Slim Helú controla Telmex, la compañía telefónica más grande de México, y América Móvil, una de las compañías de teléfonos celulares más grandes del mundo. En 1995, establece la Fundación Telmex, una fundación filantrópica con programas en educación, salud, nutrición, justicia social y en otras áreas también. En 2012, Carlos Slim Helú tiene una fortuna de $69 mil millones ($69 billones) de dólares. ¡Es un hombre interesante, talentoso, generoso y muy rico!

1. ¿Dónde estudia Carlos Slim Helú?

_____

2. ¿Qué estudia Carlos Slim Helú en la universidad?

_____

3. ¿Qué compañías controla Carlos Slim Helú?

_____

4. ¿Cuándo crea la Fundación Telmex? Escribe el año en palabras.

_____

5. Arte: Frida Kahlo

Frida Kahlo es una artista famosa mexicana del siglo XX. Nace el 6 de julio de 1907 en Coyoacán, México. Primero estudia medicina y solo empieza a pintar después de un accidente muy grave. Durante el periodo de recuperación Frida se pinta a sí misma, pinta autorretratos. En sus pinturas se ve el sufrimiento (*suffering*) y la realidad diaria de Frida. Se pinta siempre con el pelo negro y los ojos oscuros. También le gusta pintar con colores vivos y pinta a veces símbolos indígenas mexicanos como el mono (*monkey*). Hoy día, la Casa Azul en Coyoacán, México, es el museo Frida Kahlo. Es la casa donde nace y muere (*she dies*) Frida. En el museo se ve el arte de Frida Kahlo y las cosas que le gustaban y que la inspiraban durante su corta vida. Hay documentos, dibujos, pinturas, artefactos, fotos, cosas personales y ropa. ¡Es un museo fenomenal!

▲ *Frida Kahlo con Las Dos Fridas.*

1. ¿Cuál es la carrera de Frida Kahlo antes de (*before*) ser pintora?

_____

2. ¿Cuándo decide pintar?

_____

3. Describe cómo es Frida Kahlo físicamente en sus pinturas.

_____

4. ¿Dónde podemos ver el arte de Frida Kahlo ahora?

_____

En tus propias palabras

Select **one** of the topics and write about it. You can write about the same topic you chose in the prior **Entérate section.**

1. **Deportes:** ¿Te gusta el fútbol profesional? ¿Miras el fútbol en la televisión? ¿Cuál es tu equipo (*team*) favorito y de qué colores es su uniforme? ¿Cómo se llama tu jugador (*player*) favorito?

2. **Religión:** ¿Vas a una iglesia esta (*this*) semana? ¿Qué tipo de iglesia es? ¿Qué vas a hacer ahí? ¿Vas a rezar? ¿Vas a cantar o tocar un instrumento en el coro?

3. **Historia:** ¿Hay grupos de personas indígenas en tu región de los Estados Unidos? ¿Qué grupos son? ¿Dónde viven? ¿Qué idioma(s) hablan? ¿Practican una religión distinta?

4. **Tecnología:** ¿Te gusta más hablar por teléfono o escribir mensajes de texto? ¿Cuántos mensajes de texto escribes cada (*each*) día? ¿Exploras el Internet con frecuencia? ¿Usas una sala de chat? ¿Cuál?

5. **Arte:** ¿Te gusta el arte? ¿Quién es tu artista favorito/a? ¿Qué colores te gustan más en el arte? ¿Dibujas o pintas?

_____

_____

_____

_____

_____

_____

Así es la vida

Read the brief introduction to the traditional children's song. Then read the Spanish and English versions and try filling in the blanks with the missing numbers. Search for different versions of the song on YouTube or on other websites to check your answers.

Hay muchas canciones y rimas tradicionales para los niños en el mundo hispano. A veces son populares en más de un país. Aquí hay una canción que es popular en México y otros países. Los últimos cuatro versos incluyen cálculos matemáticos básicos. ¿Puedes adivinarlos (*can you guess them*)?

Brinca la tablita

Brinca la tablita
Yo ya la brinqué
Bríncala de vuelta
Yo ya me cansé

Dos y dos son _____
Cuatro y dos son _____
Seis y dos son _____
Y ocho, _____

Jump Over the Board

Jump over the board
I already jumped over it
Jump over it again
I'm tired already

Two and two are _____
Four and two are _____
Six and two are _____
And eight, _____

En resumidas cuentas

Read the following list from **Capítulo 2** and make sure that you are able to:

☐ Talk about your daily activities.

☐ Tell the time.

☐ Discuss daily activities with the present tense of regular verbs.

☐ Recognize the use of *vos*.

☐ Name articles of clothing and colors.

☐ Count from 1 to 10,000.

☐ Talk about what people like and dislike.

☐ Talk about the future.

Capítulo 3
La vida doméstica

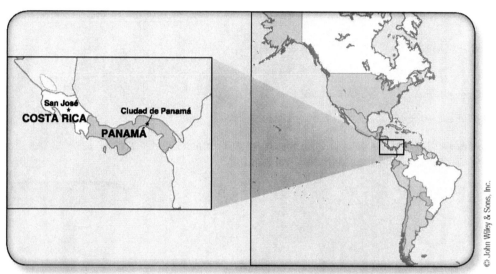

▲ *Costa Rica y Panamá*

Presentación personal

🎧 Listen to Tania's personal introduction and answer the questions that follow.

1. ¿Cuáles son dos formas para referirse a una persona de Costa Rica?
   a) costarriqueño, pequeño
   b) costarricense, tica
   c) San José, Costa Rica

2. ¿Qué características geográficas tiene Costa Rica?
   a) tiene playas y zonas volcánicas
   b) no hay biodiversidad
   c) tiene playas, gran biodiversidad y no hay zonas volcánicas

3. ¿Cuál es la capital de Costa Rica?

_____

4. ¿Qué mar y qué océano tocan el país?

_____

▲ *Tania*

SECCIÓN 1: En familia

Palabra por palabra

3.1-01 Los familiares Who are these people? Choose the correct relation for the following descriptions.

1. La esposa de mi padre es… a. mis abuelos.

2. La hija de mi tía es… b. mi suegra.

3. El hermano de mi madre es… c. mi madre.

4. Los padres de mi padre son… d. mi hermano.

5. El hijo de mi madre es… e. mi tío.

6. La madre de mi esposa es… f. mi prima.

3.1-02 Las relaciones Each of the following people have a different marital status. Look at the drawings and select the appropriate description that identifies the pictures.

_____ 1. casados

a)

_____ 2. divorciados

b)

_____ 3. soltero

c)

© John Wiley & Sons, Inc.

3.1-03 La familia de Eric Eric, Ana Catalina's brother, is describing his family. Complete the following paragraph with the correct family vocabulary.

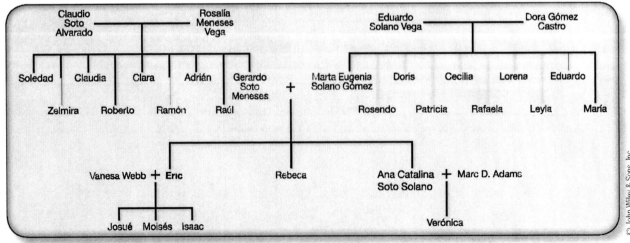

© John Wiley & Sons, Inc.

Tengo una familia grande porque tengo muchos _____1. Mi _____2

se llama Vanesa y nosotros tenemos tres _____3, Josué, Moisés e Isaac. Moisés e Isaac son

_____4 y se parecen mucho. Rebeca y Ana Catalina son mis _____5

y todos vivimos en San José. Nuestros _____6, Gerardo y Marta, también viven en San José

y les gusta jugar con sus _____7, Josué, Moisés, Isaac y Verónica los fines de semana.

A veces, mis _____8, Claudio, Rosalía, Eduardo y Dora también vienen a la casa para ver a sus

_____9, Josué, Moisés, Isaac y Verónica. En estos momentos cuando hay muchas personas en

casa miro fútbol con mi _____10, Marc, para descansar.

3.1-04 Los suegros de Eric Marc and Eric are talking on the phone about Eric's relationship with his in-laws. Listen to Eric and select the correct response.

1. Eric llama a Ana Catalina "Catita" porque...
   a) Ana catalina es baja.
   b) es la hija más pequeña de la familia.
   c) es un nombre bonito.

2. Gerardo...
   a) es el padre de Marc.
   b) es el yerno de Marc.
   c) es el suegro de Marc.

3. Susana...
   a) es la madre de Eric.
   b) es la suegra de Eric.
   c) es la nuera de Eric.

4. A los hijos de Eric...
   a) no les gustan los fines de semana.
   b) les gustan los fines de semana.
   c) les gusta pasar tiempo con los abuelos.

5. Eric recomienda a Marc...
   a) llamar por teléfono a sus padres.
   b) llamar a su padre Don Gerardo.
   c) llamar por teléfono a Ana Catalina.

3.1-05 Una reunión familiar You attend Eric's family reunion and you don't know anybody. Eric points out various members of his family and you respond by stating how they are related to him.

MODELO:

You hear: ¿La mujer gordita de pelo blanco? Ella es la mamá de mi mamá.
You write: Ah, *es tu abuela*.

1. Ah, _____.

2. Ah, _____.

3. Ah, _____.

4. Ah, _____.

5. Ah, _____.

Hablando de gramática I & II: • Present tense of stem-changing and irregular verbs • Possessive adjectives • Expressions with *tener*

3.1-06 Una nota para Marc Marc and Ana Catalina are getting married this weekend and Ana Catalina is quite nervous about the wedding details. Ana Catalina has decided to write Marc a letter, letting him know about her worries. Choose the correct verb to complete her letter to Marc.

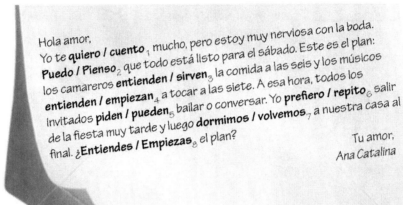

Hola amor,

Yo te **quiero / cuento**₁ mucho, pero estoy muy nerviosa con la boda. **Puedo / Pienso**₂ que todo está listo para el sábado. Este es el plan: los camareros **entienden / sirven**₃ la comida a las seis y los músicos **entienden / empiezan**₄ a tocar a las siete. A esa hora, todos los invitados **piden / pueden**₅ bailar o conversar. Yo **prefiero / repito**₆ salir de la fiesta muy tarde y luego **dormimos / volvemos**₇ a nuestra casa al final. ¿**Entiendes / Empiezas**₈ el plan?

Tu amor,
Ana Catalina

3.1-07 La cita a ciegas (*blind date*) Verónica has a blind date with Román in San José, but she is very nervous and asks Román a lot of direct and quick questions. Complete their dialogue using the correct conjugation of the following verbs in the present tense. It is possible to use verbs more than once.

preferir	oír	querer	salir	costar

Verónica: ¡Hola! Soy Verónica, ¿y tú?

Román: Me llamo Román, mucho gusto.

Verónica: ¿_____₁ con muchas chicas frecuentemente?

Román: No, _____₂ con mis primas a bailar algunas veces.

Verónica: ¡Ah, te gusta bailar! ¿Y qué música _____₃ en la radio?

Román: Me gusta la cumbia y la salsa, pero _____₄ la música clásica.

Verónica: ¿_____₅ ir a un concierto conmigo? No _____₆ mucho dinero. Vas a pagar, ¿no?

Román: Creo que alguien me llama al celular. Lo siento Verónica, pero es una emergencia. Adiós.

Verónica: ¿Pero por qué se fue (*leave*)? ¡Siempre me pasa lo mismo!

3.1-08 El estudiante internacional Rubén is Panamanian, but this semester he is studying at a university in the United States. He misses his family and his friends ask him about them. Answer their questions while correctly conjugating the verbs in present tense as if you were Rubén.

MODELO:

¿Prefieres comer la comida que prepara tu mamá?
Sí, *prefiero* comer la comida que prepara mi mamá.

1. ¿Piensas mucho en tu familia?

   Sí, _____.

2. ¿Tu familia quiere visitarte?

   Sí, _____.

3. ¿Tus padres vienen a Estados Unidos este semestre?

No, _____.

4. ¿Tú y tus hermanos pueden hablar por Skype todos los días?

Sí _____.

5. ¿Vuelves a Panamá este verano?

Sí, _____.

3.1-09 Las vacaciones de verano Rodrigo is talking on the phone with his new friend Verónica about his summer vacation which he always spends with his family. Read the conversation and choose the correct possessive adjectives to complete the conversation.

Verónica: Rodrigo, ¿y tú adónde vas a ir de vacaciones este verano?

Rodrigo: ¡Voy a Puntarenas con **mi / mis / tu**$_1$ familia todos los veranos!

Verónica: ¡Qué divertido, **nuestros / mi / tus**$_2$ padres sí saben divertirse (*have a good time*)!

Rodrigo: Sí, nos gusta mucho la playa. **Su / Mi / Tu**$_3$ hermanito y yo siempre nadamos en Puntarenas.

Verónica: ¿También van **tus / mis / sus**$_4$ abuelos o solo (*only*) **tus / mis / sus**$_5$ padres, **su / nuestro / tu**$_6$ hermanito y tú?

Rodrigo: ¡Vamos todos! ¿Y tú vas a algún lugar especial? Puedes venir con nosotros si quieres.

Verónica: ¡Sí, gracias!

3.1-10 El álbum familiar Alberto and his father are looking at the family photo album, but Alberto doesn't recognize all of the people in the pictures because he and his family live in the United States now. Complete the dialogue between Alberto and his father with the correct possessive adjectives.

Padre: Mira, Alberto. Estos son _____$_1$ primos de Costa Rica. Y este es Pedro, el hermano de tu mamá, él es _____$_2$ tío, y _____$_3$ esposa, Alicia, es _____$_4$ tía.

Alberto: ¿Y estas chicas son _____$_5$ primas?

Padre: Sí, ellas son _____$_6$ primas, se llaman Ana y Melisa.

Alberto: ¡Ah! Y esta señora con el pelo blanco, ¿quién es?

Padre: Ella es _____$_7$ madre, _____$_8$ abuela.

Alberto: Papá, quiero conocer a toda _____$_9$ familia.

Padre: En la próxima reunión familiar los vas a conocer.

3.1-11 ¿Cómo se sienten? In this very moment everyone feels a little different. Choose the appropriate expression with *tener* to match the drawings.

_____ 1. La madre tiene sed y va a beber agua.

a)

_____ 2. Amalia tiene prisa porque tiene clase en 5 minutos.

b)

© John Wiley & Sons, Inc.

Nombre _____ Fecha _____

_____ 3. Nuestros abuelos tienen sueño y quieren dormir.

c)

_____ 4. Los novios tienen ganas de bailar en una fiesta.

d)

_____ 5. Yo tengo miedo por la noche cuando veo una película de horror.

e)

_____ 6. El chico siempre tiene hambre.

f)

© John Wiley & Sons, Inc.

3.1-12 Algunas situaciones The following people are telling you something about their situations. Write the appropriate expression with *tener* based on what they say.

1. Yo sé que la respuesta a la pregunta es "Costa Rica" y mi profesor dice que sí.

   Yo _____.

2. Este año mi sobrino Miguel cumple 10 años.

   Miguel _____.

3. A mis bisabuelos no les gusta el invierno porque siempre tienen que llevar un suéter.

   Mis bisabuelos _____.

4. ¡Ay caramba! Queremos dormir, no tenemos más energía después del partido de fútbol.

   Nosotros _____.

5. Tú me dices que quieres almorzar pronto en la cafetería porque ya son las 2 de la tarde.

   Tú _____.

3.1-13 ¡Qué sobrinos traviesos! Marc is babysitting his nephews and sees that they are not an easy bunch. Listen to Marc as he talks on the phone with his parents about his nephews and the things they do. Answer the questions by choosing the correct option.

1. Isaac…
   a) es el sobrino mejor.
   b) es el sobrino mayor.
   c) es el sobrino medio.

2. Isaac…
   a) quiere un Nintendo.
   b) quiere jugar todo el tiempo.
   c) quiere jugar con Marc.

3. Marc…
   a) piensa que es buena idea tener un Nintendo.
   b) piensa que Isaac no quiere un Nintendo.
   c) piensa que es mala idea jugar Nintendo.

4. Isaac…
   a) no toma siestas.
   b) duerme mucho por la noche.
   c) toma siestas.

5. Marc…
   a) no está alegre porque los sobrinos vuelven a casa.
   b) no quiere a sus sobrinos.
   c) está alegre porque los sobrinos vuelven a su casa.

3.1-14 Mi teléfono no funciona Marc calls Ana Catalina to tell her how certain friends are feeling. The phone does not work and Ana Catalina cannot hear Marc very well. Help Ana Catalina understand what Marc is saying by selecting the correct expression with *tener* in order to finish each sentence.

1. Marc…
   a) tiene frío.
   b) tiene hambre.
   c) tiene sueño.

2. Jessica…
   a) tiene calor.
   b) tiene sueño.
   c) tiene sed.

3. Raúl…
   a) tiene sed.
   b) tiene sueño.
   c) tiene frío.

4. Ellos…
   a) tienen frío.
   b) tienen razón.
   c) tienen miedo.

5. Sus primos
   a) tienen miedo.
   b) tienen mala suerte.
   c) tienen sed.

SECCIÓN 2: En casa

Palabra por palabra

3.2-01 El plano de la casa Lisa and her Panamanian friend Alejandra are moving in with each other. They are at a home improvement store using a computer program to help them design their future home. Help them logically place the items from the list below in each room of the floor plan. Some items may be used more than once.

la cama	la estufa	el lavaplatos	el sillón
el cuadro	el fregadero	la mesa	la tina
la ducha	el horno	la mesita de noche	la cómoda
el espejo	el inodoro	el microondas	el bidé
los estantes	el lavabo	el papel higiénico	el sofá

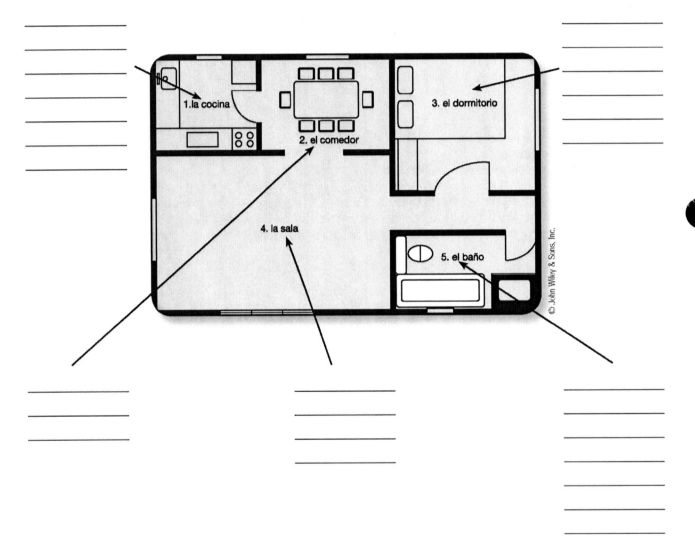

© John Wiley & Sons, Inc.

3.2-02 ¿Qué hay en los cuartos? For each of the drawings below, state what room it is and list a minimum of four things that are found in that room. Include the indefinite article (*un, una, unos, unas*) for each item in the room.

▲ *Modelo*

▲ #1

▲ #2

▲ #3

© John Wiley & Sons, Inc.

MODELO:

En *la cocina* hay *un refrigerador, un horno, una mesa y un fregadero.*

1. En _____ hay _____

   _____.

2. En _____ hay _____

   _____.

3. En _____ hay _____

   _____.

3.2-03 Los precios de las casas en Panamá In Panamá the official currencies are the U.S. dollar and the Panamanian balboa. Look at these recently listed prices for different home types in Panama on and off the beach. Write the numeral for each price in the space provided.

1. Un apartamento pequeño que no está en la playa cuesta ciento cincuenta y ocho mil setecientos balboas.   B/._____

2. Un apartamento pequeño que está en la playa cuesta ciento setenta y cinco mil trescientos balboas.   B/._____

3. Un apartamento grande que no está en la playa cuesta quinientos treinta y nueve mil cuatrocientos balboas.   B/._____

4. Un apartamento grande que está en la playa cuesta seiscientos ochenta y cinco mil setecientos balboas.   B/._____

5. Una casa que no está en la playa cuesta trescientos cuarenta y un mil novecientos balboas.   B/._____

6. Una casa que está en la playa cuesta un millón seiscientos sesenta y cinco mil cien balboas.   B/._____

3.2-04 Las viviendas en Costa Rica Look at the following rental ads for properties in Costa Rica. Write out the numbers for each rental price.

1. Hay una vivienda pequeña con una habitación y un baño. Tiene un piso, un comedor y una sala. La renta cuesta <u>150.000</u> colones por mes.

_____

2. Hay un apartamento grande con tres habitaciones y tres baños. Tiene un garaje, un comedor y una sala. ¡Hay una piscina también! La renta cuesta <u>400.000</u> colones por mes.

_____

3. Hay una casa pequeña con dos habitaciones y un baño. No tiene piscina o garaje. La renta cuesta <u>225.000</u> colones por mes.

_____

4. Hay un apartamento con tres habitaciones y un baño en el centro de la ciudad. Tiene un jardín pequeño. En el baño no hay una bañera, pero si hay una ducha. La renta cuesta <u>339.000</u> colones por mes.

_____

5. Hay una casa enorme en la playa. Tiene cinco habitaciones y cinco baños. Tiene una piscina y un jardín grande también. ¡Es increíble! La renta cuesta <u>2.500.000</u> colones por mes.

_____

3.2-05 La casa ideal de Lisa y Alejandra Lisa is really excited because she is looking for a new house with her friend Alejandra. Lisa wants a big beautiful house. Listen to the description of her ideal house and then choose the correct response based on her descriptions.

1. La casa ideal de Lisa...
   a) tiene un piso.
   b) tiene dos pisos.
   c) tiene muchos pisos.

2. Las ventanas...
   a) son blancas.
   b) tienen rejas.
   c) son grandes.

3. Muchas casas en Panamá...
   a) son grandes.
   b) tienen rejas.
   c) no tienen rejas.

5. En el exterior de la casa...
   a) el tejado es rojo y la casa blanca.
   b) la casa es blanca y tiene jardín.
   c) ambos, a y b

4. El jardín de la casa...
   a) no tiene flores.
   b) no tiene árboles.
   c) tiene árboles.

6. El dormitorio principal...
   a) tiene un armario grande.
   b) no tiene baño grande.
   c) no tiene armario grande.

3.2-06 Los precios de liquidación You are listening to a radio ad in Costa Rica for home furnishings. Listen to the ad and write the name of the item, the original price and the clearance price using numbers.

MODELO:

> You hear: Refrigeradores, antes por 925.000, en liquidación por 635.000 colones
> You write: Producto – *refrigeradores*, Antes – 925.000, Liquidación – 635.000

	Producto	Antes	Liquidación
1.			
2.			
3.			
4.			
5.			

Hablando de gramática I & II: • Comparisons of equality and inequality; the superlative • *Estar* + location and *hay*

3.2-07 Diferentes casas en Panamá Lisa and her girlfriend are looking at houses for sale online. Based on the houses pictured, complete each sentence with the most logical comparisons.

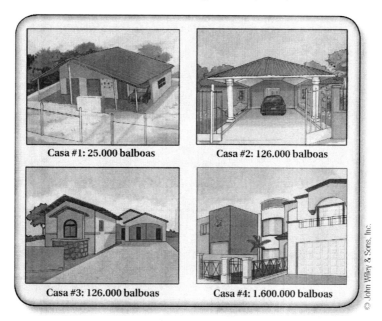

Casa #1: 25.000 balboas
Casa #2: 126.000 balboas
Casa #3: 126.000 balboas
Casa #4: 1.600.000 balboas

1. La casa #1 es **baratísima / carísima**.

2. La casa #4 es **baratísima / carísima**.

3. La casa #3 es **tan / tanta** cara como la casa #2.

4. La casa #3 es **más / menos** cara que la casa #4.

5. La casa #1 es la **más / menos** barata de las cuatro.

6. La casa #4 es la **más / menos** barata de las cuatro.

3.2-08 Amigas distintas Read the descriptions that Lisa and her Panamanian friend Alejandra have written about themselves and complete the following paragraph comparing them. The expressions provided may be used more than once.

Me llamo Lisa y soy estadounidense. Tengo veinte años. Soy de estatura mediana. No soy muy alta y no soy baja. Mido 5 pies con 8 pulgadas (5'8" = 172.5 cm) y peso 140 libras (140 lb = 63.5 kg). Soy atlética. Me gustan los deportes, especialmente el fútbol y el basquetbol. Juego al fútbol un mínimo de dos horas y media todos los días. Me gusta hablar español y viajar pero no soy muy estudiosa. Tengo muchos amigos (no tengo muchas amigas) y prefiero pasar tiempo con ellos y con mi amiga Alejandra.

Me llamo Alejandra y soy panameña. Tengo veintiún años. Mido 172.5 (172.5 cm = 5'8") y peso 60 kilogramos (60 kg = 132 lb). Soy un poco delgada. No me gusta practicar deportes. Prefiero mirar cuando mi amiga Lisa juega al fútbol porque juego muy mal. Pienso que los estudios son más importantes. Generalmente estudio cinco horas y media o seis horas después de clases todos los días. Paso mucho tiempo con Lisa y con mis amigos (¡tengo muchos amigos y amigas!).

más	menos	que	tan	tantos	tantas	como	de	mejor	peor	mayor	menor

Alejandra es _____1 atlética _____2 Lisa. Todos los días, Alejandra estudia

_____3 _____4 cinco horas y Lisa juega al fútbol _____5

_____6 dos horas. Lisa estudia _____7 horas _____8 ella.

Alejandra es _____9 alta _____10 su amiga. Las dos tienen muchos amigos,

pero Lisa no tiene _____11 amigas _____12 Alejandra.

3.2-09 Comparando a las amigas Based on the descriptions of Lisa and Alejandra in the previous activity, write appropriate comparisons for the indicated topics using the indicated verb. Do not repeat comparisons already made in the previous activity and make sure you use their names each time.

MODELO:

la forma física / es *Lisa es más atlética que Alejandra.*

1. la edad / es _____

2. los estudios / es _____

3. el fútbol / juega _____

4. el cuerpo / es _____

5. los amigos / tiene _____

3.2-10 En el Casco Viejo One day while Lisa is studying abroad in Panama City, her mother calls her on her cell. Complete their dialogue with the correct forms of the verb *estar* or with the verb *hay*.

estoy	estás	está	estamos	estáis	están	hay

Lisa: ¡Hola mamá!

Mamá: ¡Hola Lisa! ¿Dónde _____₁ en este momento?

Lisa: _____₂ en el Casco Viejo, el centro histórico de la ciudad de Panamá.

Mamá: ¿Es interesante? ¿Qué _____₃ en el Casco Viejo?

Lisa: _____₄ muchas iglesias y otros edificios bonitos. _____₅ muchas plazas también.

Mamá: ¿Cuál es tu iglesia favorita?

Lisa: Me gusta mucho la Catedral Metropolitana. _____₆ en la Plaza de la Independencia. El Museo Municipal y el Museo del Canal Interoceánico también _____₇ ahí.

Mamá: Y vives en el Casco Viejo, ¿no?

Lisa: No, mamá, nosotros _____₈ en un vecindario diferente. Mamá, voy a entrar a la Catedral. Hablamos luego.

Mamá: Está bien, Lisa. Un beso.

3.2-11 La casa típica Using the verb *estar*, write complete sentences identifying where these items are found in a typical house. Use each of the provided locations one time.

el comedor	el patio	el baño	el jardín	la cocina	el dormitorio

1. El papel higiénico _____

2. Las flores _____

3. El lavaplatos _____

4. La piscina _____

5. La mesa _____

6. Las mesitas de noche _____

3.2-12 Comparando precios Marc and Ana Catalina are thinking about buying new appliances for their kitchen. Listen to Marc and Ana Catalina compare the prices of the appliances and select the option that completes the sentence based on the information provided.

1. El refrigerador blanco...
   a) cuesta más que el refrigerador rojo.
   b) cuesta menos que el refrigerador rojo.
   c) cuesta tanto como el refrigerador rojo.

2. La estufa blanca...
   a) es la menos cara.
   b) es la más cara.
   c) es la más barata.

3. El microondas...
   a) cuesta más usado.
   b) cuesta menos usado.
   c) cuesta igual nuevo o usado.

4. El lavaplatos...
   a) es tan caro como el microondas.
   b) es tan caro como el refrigerador.
   c) es menos caro que el refrigerador.

3.2-13 La mudanza Lisa is talking to her family about her new house in Panama. Listen to Lisa describe where things are in her new house. Select the correct responses.

1. La estufa…
   a) está en la cocina.
   b) está en la sala.
   c) está en el comedor.

2. La cocina…
   a) está en el comedor.
   b) está en el primer piso.
   c) está en la sala.

3. En la sala…
   a) están el sofá y el sillón.
   b) no está la televisión.
   c) no están las lámparas.

4. Las camas…
   a) están en la sala.
   b) están en los dormitorios.
   c) están en el comedor.

5. La lavadora…
   a) está en la cocina.
   b) está en el garaje.
   c) está en el dormitorio.

¿Cómo es...?

Listen to Rubén Blades tell you about the *tamborito*, the national music from Panama. Decide if the statements are true, **Cierto** (C), or false, **Falso** (F). If they are false, write the correct information.

Vocabulario:

Único *Unique*

Mezcla *Mixture*

Tamborito *"the Little Drum"*

Coro *Chorus*

1. La música es uno de los aspectos que hacen de Panamá un país único.

   C   F _____

2. La música panameña refleja una mezcla de culturas como la europea y la indígena.

   C   F _____

3. El tamborito es la música nacional.

   C   F _____

4. Un sonido importante del tamborito es del violín.

   C   F _____

5. En los festivales y el carnaval puedes observar y oír el tamborito.

   C   F _____

Entérate

In this section you should select the reading that most interests you. Select only **one** and answer the questions.

1. Sports / Avocations: Las molas

2. Society / Religion: Las religiones en Costa Rica

3. History / Politics: El Canal de Panamá.

4. Science / Technology: La biodiversidad de Costa Rica

5. Pop culture / Arts: Rubén Blades

1. Pasatiempos: Las molas

La elaboración de las molas es una tradición cultural de los indígenas kuna, un grupo étnico de Panamá y Colombia. Las molas son telas (*cloths*) decorativas elaboradas tradicionalmente por las mujeres de la comunidad kuna. Las molas vienen de la tradición de pintar el cuerpo. Cada prenda (*piece of clothing*) es única. Las mujeres llevan las molas tanto en el frente como en la parte posterior de las blusas. Las molas son intricadas y se hacen de varias capas (*layers*) de tela. Las mujeres diseñan las molas con colores brillantes, formas geométricas y representaciones realistas y abstractas de la vida diaria: las flores, los animales marinos y los pájaros (*birds*) de la región donde viven los kuna. A veces también podemos ver la mitología y la creación del mundo en las molas. Las mujeres kuna regularmente comienzan a hacer molas durante la adolescencia o un poco antes. Es una tradición antigua, pero las mujeres

▲ *Cuatro mujeres kuna de Panamá*

de hoy siguen llevando las molas tanto para eventos especiales como para el uso diario. Esta forma de vestimenta, o ropa, tradicional representa la cultura, los intereses y la creatividad artística de las mujeres kuna.

1. ¿Dónde viven los indígenas kuna?

_____

2. Tradicionalmente, ¿los hombres también hacen las molas?

_____

3. ¿En qué prenda de ropa llevan las molas las mujeres kuna?

_____

4. Escribe tres cosas diferentes que las mujeres representan artísticamente en las molas.

_____

5. ¿Cuándo llevan las molas las mujeres kuna?

_____

2. Religión: Las religiones en Costa Rica

En Costa Rica hay una gran diversidad religiosa y la gente practica libremente (*freely*) una gran variedad de religiones. De acuerdo (*according to*) con una encuesta en 2007, la mayoría de la población, el 68%, es católica, pero no todos son practicantes, tan solo el 44.9%. La segunda religión más practicada es el protestantismo con el 13.8% de la población. Las personas sin religión son el tercer grupo más grande con el 11.3%. Este grupo incluye a los ateos y a los agnósticos. Aunque son pocos, hay un 2% de la población que es budista. El resto de las religiones encontradas en Costa Rica son el

▲ *Una cruz en Costa Rica*

judaísmo, el islam, el neopaganismo, el hinduismo, el bahaísmo, el movimiento rastafari, el taoismo, el jainismo y el sijismo.

Decide if the statements are true, **Cierto** (C), or false, **Falso** (F). If the statement is false, rewrite the sentence to make it correct.

1. La mayoría de los costarricenses es católica y no practicante.

   C   F _____

2. El 13.8% de la población en Costa Rica practica el protestantismo.

   C   F _____

3. El 11.3% de la población en Costa Rica es atea.

   C   F _____

4. La cuarta religión más practicada es el budismo.

   C   F _____

5. La gente de Costa Rica no practica muchas religiones.

   C   F _____

3. Historia: El Canal de Panamá

El Canal de Panamá es una vía de navegación vital para el comercio internacional. El canal cruza el Istmo de Panamá. Entre 1904 y 1914, Estados Unidos construye el canal, a un costo de $375.000.000. Es una importante ruta de tránsito comercial porque reduce el tiempo y el costo de navegación de las embarcaciones (*vessels*). Unas 14.000 embarcaciones cruzan el Canal de Panamá cada (*each*) año. Es difícil imaginar el tráfico de productos entre el océano Atlántico y el océano Pacífico sin usar esta vía de acceso. Anteriormente, las embarcaciones usaban la ruta

▲ *El Canal de Panamá* ▼

del Estrecho de Magallanes, en el extremo sur del continente. Entre 1914 y 1999, Estados Unidos controla la administración del Canal de Panamá. En 1999 Panamá toma el control de la administración, resultado de un tratado entre Panamá y Estados Unidos firmado (*signed*) en 1977 por el presidente estadounidense Jimmy Carter y el jefe del gobierno (*government*) panameño, Omar Torrijos. El peaje, es decir, el costo de cruzar el canal, depende de muchos factores, y el promedio (*average*) es de $54.000.

1. ¿Qué es el Canal de Panamá?

   _____

2. Entre 1904 y 1914, ¿cuánto cuesta la construcción del Canal de Panamá? Escribe el número en palabras.

   _____

3. ¿Qué país construye el Canal de Panamá?

   _____

4. ¿Cuándo toma el gobierno de Panamá el control de la administración del Canal de Panamá? Escribe el número en palabras.

_____

5. ¿Cuánto cuesta el peaje promedio para cruzar el Canal de Panamá? Escribe el número en palabras.

_____

4. Ciencia: La biodiversidad de Costa Rica

Podemos observar la gran biodiversidad de Costa Rica en los animales y las plantas de ese país de América Central. Pese a (*despite*) ser un país tan pequeño, Costa Rica es considerada uno de los más biodiversos del planeta. Hay más de 500.000 especies que viven en Costa Rica, pero solo 91.000 especies están identificadas. De las especies identificadas hay 227 especies de mamíferos (*mammals*) que incluyen muchos tipos de murciélagos (*bats*), felinos como el jaguar, el puma y el ocelote, cuatro especies de primates como el capuchino, el mono aullador (*howler monkey*), el mono araña (*spider monkey*) y el saimirí (*squirrel monkey*), manatíes y 30 especies de mamíferos marinos. También hay más de 800 especies de aves, entre ellas loros (*parrots*), guacamayas (*macaws*) y águilas (*eagles*). Además hay un gran número de reptiles como las serpientes, los cocodrilos, los caimanes y las tortugas (*turtles*) y anfibios como las ranas (*frogs*) y los sapos (*toads*). La razón por la que hay tanta biodiversidad se debe a (*is due to*) su ubicación geográfica (entre América del Norte y del Sur), su clima tropical y la variedad de hábitats que ofrece Costa Rica. Es el hogar (*home*) perfecto para la flora y fauna de América Central.

▲ *Un mono aullador*

▲ *Un buitre negro*

Decide if the statements are true, **Cierto** (C), or false, **Falso** (F). If the statement is false, rewrite the sentence to make it correct.

1. Costa Rica es un país muy grande con mucha biodiversidad.

  C   F _____

2. Hay 500.000 especies en Costa Rica, pero no todas están identificadas.

  C   F _____

3. Hay 227 especies de aves en Costa Rica.

  C   F _____

4. Unos ejemplos de reptiles costarricenses son las serpientes, los cocodrilos y los caimanes.

  C   F _____

5. La flora y la fauna de Costa Rica son tan diversas por tres razones muy importantes.

  C   F _____

5. Cultura popular: Rubén Blades

Rubén Blades Bellido de Luna nace el 16 de julio de 1948 en la ciudad de Panamá.
Hoy día se conoce (*he is known as*) como Rubén Blades, el famoso músico
panameño. Viene de una familia muy diversa con mucho talento para la música.
Sus padres son Rubén Blades Bosques y Anoland Bellido de Luna. Su padre es de
Colombia y toca la percusión; su madre es de Cuba y canta y toca el piano. De sus
padres aprende el arte de la música. Sus abuelos paternos, Rubén Blades y Emma
Bosques Laurenza, se conocen (*they met each other*) en Panamá, pero Rubén
Blades, el abuelo, es de Santa Lucía. Su abuelo materno, Joseph Louis Bellido de
Luna, es de Nueva Orleans, pero luego va a Cuba para luchar en una guerra. Allí
conoce a Carmen Caramés, una joven española, su futura esposa. Ellos tienen
veintidós hijos, Anoland entre ellos (*among them*). La familia inmediata de Rubén
Blades no es tan grande como la familia de sus abuelos maternos. Rubén solo tiene
cuatro hermanos.

▲ *Rubén Blades*

1. ¿Dónde nace Rubén Blades?

_____

2. ¿Por qué es famoso Rubén Blades?

_____

3. ¿Cómo se llaman los padres de Rubén Blades?

_____

4. ¿Cuál es la nacionalidad del abuelo materno de Rubén Blades?

_____

5. ¿Cuántos hijos tienen Rubén Blades Bosques y Anoland Bellido de Luna?

_____

En tus propias palabras

Select **one** of the topics and write about it. You can write about the same topic you chose in the prior **Entérate**
section.

1. **Pasatiempos:** ¿Cuáles son otras formas de arte tradicional? ¿Quiénes practican estas formas de arte? ¿Hay una
   que es más interesante para ti? ¿De dónde viene esta forma de arte? ¿Por qué piensas que es más interesante?

2. **Religión:** ¿Es importante la religión para ti? ¿Vas a la iglesia con frecuencia? ¿Qué porcentaje de la población
   de Estados Unidos practica tu religión? ¿Tus amigos practican la misma (*same*) religión? ¿Estados Unidos es
   un país religioso en general? ¿Qué religión es la más común en Estados Unidos?

3. **Historia:** ¿Hay una estructura o edificio importante en el estado donde vives? ¿Cuál es? ¿Dónde está? Describe
   el edificio o la estructura. ¿Quién controla su administración? ¿Para qué sirve? Compara esta estructura con el
   Canal de Panamá.

4. **Ciencia:** ¿Te gustan los animales? ¿Qué animales? ¿Por qué te gustan? En tu opinión, ¿cuál es el animal más
   interesante? ¿Por qué? ¿Hay mucha biodiversidad en Estados Unidos?

5. **Cultura popular:** ¿Qué tipo de música prefieres? ¿Te gusta bailar o escuchar? ¿Cuál es tu cantante favorito?
   ¿Escuchas o cantas canciones en español?

_____

_____

_____

_____

_____

_____

_____

_____

_____

_____

_____

_____

Así es la vida

Different versions of the following joke are common in Costa Rica and in some other Spanish-speaking countries. In order to complete the joke, fill each space with the correct form of one of the verbs in the box.

> **pensar   estar   poder**

Un papá y su hijo _____₁ en el patio de la casa una noche. El hijo le pregunta al papá: "Papá, ¿cuál

_____₂ más cerca (*nearest*): la Luna (*the Moon*) o Nueva York?". El papá, decepcionado (*disappointed*),

_____₃ que su hijo es un poco tonto y responde: "Hijo, ¿cuál _____₄ ver: la Luna o Nueva York?".

El hijo responde, "_____₅ ver la Luna, papá". Y el papá responde: "¿Y _____₆ ver Nueva York?".

"No", responde el hijo. "¿Entonces, no es obvio cuál _____₇ más cerca?".

En resumidas cuentas

Read the following list from **Capítulo 3** and make sure that you are able to:

☐ Name family members and their relationships.

☐ Describe someone's marital status.

☐ Use stem-changing and irregular verbs to discuss daily activities.

☐ Say to whom something belongs.

☐ Describe physical and emotional states with the verb *tener.*

☐ Describe a house, its rooms and its neighborhood.

☐ Use numbers from 10,000.

☐ Make comparisons.

☐ Express location and existence with the verb *estar* and *hay.*

El trabajo y la ciudad

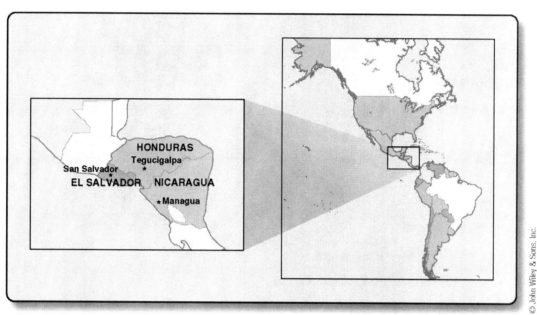

▲ *El Salvador, Honduras y Nicaragua*

Presentación personal

 Karina finalmente tiene trabajo. Escucha la experiencia y las recomendaciones de Karina para conseguir trabajo.

1. Karina es…
   a) una maestra en una escuela privada.
   b) una maestra para clases privadas.
   c) una secretaria en Managua.

2. A Karina…
   a) no le gusta Managua.
   b) no le gusta la escuela privada.
   c) le gusta ayudar a los niños.

3. Karina…
   a) no toma un autobús para ir a la escuela.
   b) toma el autobús para ir a la escuela.
   c) toma el autobús porque le gusta.

▲ *Karina*

SECCIÓN 1: ¡A trabajar!

Palabra por palabra

4.1-01 ¿Cuál es su profesión? Estas personas trabajan en tu comunidad. ¿Qué trabajo tienen?

1.

    a. Es policía.

    b. Es mecánico.

    c. Es bombero.

4.

    a. Es cocinera.

    b. Es escritora.

    c. Es aeromoza.

2.

    a. Es niñero.

    b. Es chofer.

    c. Es cartero.

5.

    a. Es gerente.

    b. Es artista.

    c. Es peluquera.

3.

    a. Es mesera.

    b. Es electricista.

    c. Es abogada.

All illustrations © John Wiley & Sons, Inc.

4.1-02 ¡Necesitamos un/una...! Las siguientes personas necesitan la ayuda de un profesional. Escribe quién puede ayudar.

MODELO:

El jefe de la compañía debe enviar (*send*) una carta muy importante al candidato para el puesto.
El jefe de la compañía necesita un *cartero* o una *cartera*.

1. Mi madre no prepara comida bien. Ella no sabe cocinar.

    Mi madre necesita un _____ o una _____.

2. Quieres viajar de San Salvador a Tegucigalpa rápidamente en avión.

    Tú necesitas un/una _____.

3. No puedo comer porque me duelen (*hurt*) los dientes.

    Yo necesito un/una _____.

4. El coche de mi abuelo no funciona y él tiene que trabajar hoy.

    Mi abuelo necesita un _____ o una _____.

5. Los padres del bebé tienen planes para ir al teatro esta noche.

Los padres necesitan un _____ o una _____.

6. Los jefes quieren ayuda con la empresa. Ellos no tienen tiempo para responder a todos los correos electrónicos.

Los jefes necesitan un _____ o una _____.

4.1-03 Los documentos de trabajo Gabriel piensa solicitar el puesto de mesero para ayudar con sus gastos *(expenses)* en El Salvador. Escucha a Gabriel y selecciona la respuesta correcta.

1. Gabriel necesita un trabajo porque…
   a) tiene un horario flexible.
   b) necesita ayuda con los gastos.
   c) tiene ayuda con los gastos.

2. En el Salvador…
   a) no hay aspectos diferentes en el trabajo de mesero.
   b) el proceso de solicitar trabajo es diferente.
   c) hay que solicitar diferentes trabajos de mesero.

3. Para solicitar el trabajo tienes que...
   a) incluir una foto.
   b) ser soltero.
   c) ser joven.

4. Gabriel dice que…
   a) necesita una carta de recomendación.
   b) le gusta contestar preguntas personales.
   c) entiende que tiene que contestar preguntas personales.

5. Gabriel…
   a) no tiene experiencia trabajando.
   b) no tiene experiencia de mesero.
   c) tiene experiencia trabajando de mesero.

4.1-04 Los planes profesionales Gabriel habla con Rafael, su compañero de cuarto, sobre sus planes profesionales. Discuten las cosas a favor (los pros) y en contra de diferentes profesiones que ellos piensan estudiar. Escucha su conversación y después decide si las observaciones de Gabriel y Rafael son **ciertas** (C) o **falsas** (F). Si la información es falsa, escribe una frase con la información correcta.

MODELO:

Frase: Los médicos tienen un horario flexible.
Escribes: F, *Los médicos no tienen un horario flexible.*

1. Para decidir qué estudiar hay que considerar el sueldo y horarios de trabajo.

   C   F _____

2. Gabriel piensa estudiar para ser médico.

   C   F _____

3. El sueldo de un médico es bajo.

   C   F _____

4. Para ser artista no debes tener mucho talento o ser guapo.

   C   F _____

5. Rafael piensa estudiar para ser profesor porque le gusta ayudar.

   C   F _____

Hablando de gramática I & II: • *Tener que, deber,* and *hay que* • Pronominal verbs and reflexive pronouns • Interrogative words

4.1-05 En la empresa Mike tiene una práctica en empresa. El jefe de Mike le pide ayuda hoy porque el jefe va a entrevistar a muchos candidatos para un puesto. Selecciona la expresión apropiada en cada oración.

Mike, hoy yo _____₁ (debo / tiene que / hay que) estar preparado para todas las entrevistas que yo _____₂ (debes / tengo que / hay que) hacer y tú vas a ayudarme. Primero, _____₃ (deben / tienen que / hay que) preparar el café para todos los candidatos que vamos a ver. Segundo, tú _____₄ (debes / tienen que / hay que) ofrecerles café a ellos y luego _____₅ (deben / tienes que / hay que) tomar su solicitud y pedirles una copia de su currículum vítae. Los candidatos _____₆ (deben / tienes que / hay que) darte sus papeles y esperar su entrevista. Mike, recuerda, _____₇ (debes / tienen que / hay que) tener paciencia con todos los candidatos. ¡Va a ser un día muy largo!

4.1-06 En la entrevista Los candidatos esperan su entrevista. Completa sus pensamientos (*thoughts*) con una expresión lógica de obligación con *tener que, deber* o *hay que*.

MODELO:

Candidato #1: Mi currículum vítae / estar sin errores
      Mi currículum vítae <u>debe</u> estar sin errores.

1. Candidato #2: Yo / preguntar sobre el sueldo

   _____

2. Candidato #3: Para obtener el puesto / tener buenas cartas de recomendación

   _____

3. Candidato #4: Los jefes / entrevistar a muchas personas hoy

   _____

4. Candidato #5: La recepcionista / llamarme pronto

   _____

5. Candidato #6: Para ser buen candidato / ser una persona amable durante la entrevista

   _____

6. Candidato #7: Yo / demostrar que voy a trabajar de sol a sol

   _____

4.1-07 La rutina de Gabriel Gabriel tiene una rutina regular todos los días de la semana. Decide si estas situaciones son eventos reflexivos o no y completa las situaciones de la manera más lógica.

1. Cada día el reloj de Gabriel suena a las 7:00 de la mañana. Gabriel se despierta y...
   a) se levanta inmediatamente.
   b) levanta su cama.

2. Gabriel debe... porque tiene que trabajar hoy.
   a) ducharse
   b) duchar

3. En la ducha, Gabriel...
   a) se lava.
   b) lava los platos.

4. Gabriel tiene un compañero de cuarto porque no tiene suficiente dinero para vivir solo. Su compañero de cuarto no es muy responsable y Gabriel debe...
   a) despertarse todos los días.
   b) despertar a su compañero todos los días.

5. A las 7:30, Gabriel... a la mesa de la cocina para planificar su día.
   a) se sienta
   b) sienta a su compañero

6. Después de comer los cereales y beber un café, Gabriel...
   a) se pone los libros en su mochila.
   b) pone los libros en su mochila.

7. Antes de salir del apartamento, Gabriel habla con su compañero de cuarto sobre la solicitud que va a entregar para ser programador de computadoras en una empresa muy grande. Gabriel...
   a) se siente que su compañero es un buen candidato para el puesto.
   b) siente que su compañero es un buen candidato para el puesto.

4.1-08 El compañero de cuarto de Gabriel El compañero de cuarto de Gabriel narra su rutina diaria. Completa el párrafo con la forma apropiada de los verbos. Decide si debes usar el pronombre reflexivo o no.

Yo _____1 (llamar/se) Rafael y vivo con un compañero de cuarto, Gabriel, y su perro. Cada día Gabriel _____2 (despertar/se) al perro porque tiene que salir temprano. Cuando Gabriel vuelve, Gabriel _____3 (duchar/se) primero y cuando sale del baño _____4 (vestir/se) en su dormitorio. A veces yo _____5 (enojar/se) porque no hay agua caliente y tengo que esperar para _____6 (bañar/se). Yo _____7 (sentir/se) que mi rutina no es importante para Gabriel. En el baño yo _____8 (lavar/se) el pelo, _____9 (cepillar/se) los dientes y _____10 (peinar/se). Los fines de semana nosotros pasamos mucho tiempo con el perro y él también tiene una rutina interesante. El perro _____11 (sentar/se) en el baño y nosotros _____12 (bañar/se) al perro. Nosotros _____13 (divertir/se) mucho.

4.1-09 Preguntas para la profesora Karina ¿Quieres conocer mejor a la profesora Karina? Crea preguntas lógicas para sus respuestas. Ojo, debes usar la forma de *usted* para hablar con una profesora.

1. _____
   Yo soy profesora.

2. _____
   Enseño en la escuela secundaria en El Salvador.

3. _____
   Enseño clases de literatura.

4. _____
   ¡Todos los estudiantes se divierten en mis clases!

5. _____
   Solo un estudiante se duerme en clase a veces porque se aburre.

6. _____
   Me enojo cuando los estudiantes no estudian para el examen.

4.1-10 Mi nuevo trabajo En su nuevo trabajo en el restaurante, Gabriel tiene muchas responsabilidades. Gabriel debe darle prioridad a sus responsabilidades. Escucha a Gabriel y selecciona la respuesta correcta.

1. En su nuevo trabajo, Gabriel…
   a) tiene que llegar a tiempo.
   b) no llega a tiempo.
   c) no tiene mucho que hacer.

2. En su trabajo, Gabriel tiene que…
   a) tener razón.
   b) tener clientes.
   c) ser paciente.

3. Los clientes deben…
   a) tener estrés.
   b) estar relajados.
   c) respetar a los meseros.

4. En su trabajo, Gabriel primero…
   a) les da agua a los clientes.
   b) les da el menú a los clientes.
   c) les contesta preguntas a los clientes.

5. En su trabajo, Gabriel…
   a) tiene que preparar la comida.
   b) debe atender a los clientes.
   c) debe recibir a los clientes.

4.1-11 ¿Qué hay que hacer? A Gabriel no le gusta mucho su trabajo en el restaurante y necesita ideas para encontrar un trabajo mejor. Gabriel le pregunta a sus amigos. Escucha a los amigos de Gabriel describir sus trabajos. Decide qué profesión es y escribe una actividad que hay que hacer en esta profesión usando la información que escuchas. Ojo, no debes usar todas las profesiones de la lista.

MODELO:

Escuchas: En esta profesión debo cuidar los dientes de los pacientes.
Escribes: *El dentista tiene que cuidar los dientes de los pacientes.*

mesero	peluquero	recepcionista	médico
mujer policía	enfermero	abogado	profesor

Profesión   tiene que…

1. _____   _____

2. _____   _____

3. _____   _____

4. _____   _____

SECCIÓN 2: La ciudad

Palabra por palabra

4.2-01 En la ciudad Mira el dibujo del centro de Tegucigalpa, Honduras. Selecciona la opción más lógica para completar cada oración.

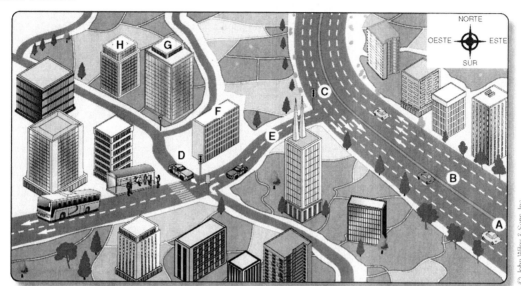

1. El carro A está _____ carro B.

    al final del   entre   en frente del   al lado del

2. El taxi D está _____ la esquina.

    lejos de   cerca de   al sur de   al final de

3. Desde (*from*) la perspectiva de las personas que están en la parada de autobús, el autobús está _____ ellos.

    a la izquierda de   lejos de   al lado de   a la derecha de

4. El semáforo C está _____ la avenida E.

    al final de   delante de   detrás de   entre

5. El edificio G está _____ el edificio F y el edificio H.

    cerca   lejos   abajo   entre

4.2-02 Un crucigrama: ¿Qué hay en la ciudad? Tienes que practicar los lugares que hay en una ciudad. Completa el siguiente crucigrama con los lugares apropiados para las descripciones.

Horizontales

   3. Una _____ es un tipo de calle.

   5. Un _____ es una sección de un pueblo o ciudad.

   7. Un _____ es una división de una calle o carretera.

   8. En un _____ hay muchos carros.

 10. En una _____ la gente baila.

 11. En el _____ vemos películas.

Verticales

   1. En la _____ compramos medicina.

   2. En el _____ trabajan actores.

   4. En el _____ hay mucho dinero.

   6. Hay muchos aviones (*airplanes*) en el _____.

   9. En el _____ hay mucho arte.

12. Una _____ es un área rectangular con calles por los cuatro lados.

13. El cartero trabaja en la oficina de _____.

14. Muchos médicos trabajan en un _____.

4.2-03 En el centro de Managua Mira el dibujo y contesta las preguntas. Usa el lugar indicado entre paréntesis como punto de referencia.

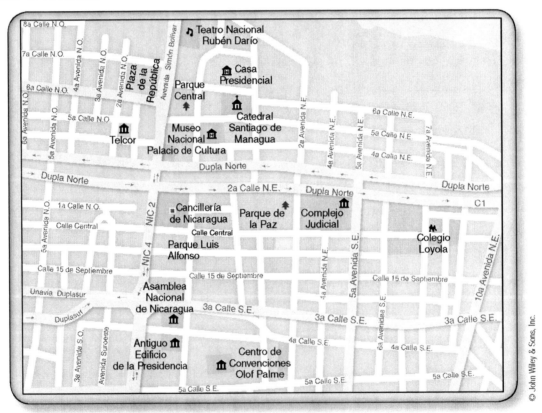

© John Wiley & Sons, Inc.

MODELO:

¿Dónde está el Parque de la Paz? (el Complejo Judicial)
Está *al oeste* del Complejo Judicial.

1. ¿Dónde está el Complejo Judicial? (la Cancillería de Nicaragua)

   Está _____.

2. ¿Dónde está la Asamblea Nacional de Nicaragua? (Antiguo Edificio de la Presidencia)

   Está _____.

3. ¿Dónde está El Teatro Nacional Rubén Darío? (la Avenida Simón Bolívar)

   Está _____.

4. ¿Dónde está el Colegio Loyola? (la Calle 15 de Septiembre y la 2a Calle N.E.)

   Está _____.

5. ¿Dónde está la Casa Presidencial? (la 3a Avenida S.O.)

   Está _____.

4.2-04 ¿Qué hacemos? Indica qué actividades hacemos en las situaciones indicadas. No repitas ninguna respuesta.

_____ 1. Hace mucho calor y está un poco nublado.

_____ 2. Nieva y hace frío.

_____ 3. Llueve un poco, pero no hace mucho viento.

_____ 4. Hace fresco y no llueve.

_____ 5. Hay tormenta.

_____ 6. Hace buen tiempo, no está nublado y es de noche.

a. No salimos de casa.

b. Caminamos por la ciudad y llevamos un paraguas (*umbrella*).

c. Miramos las estrellas (*stars*).

d. Caminamos por la ciudad sin paraguas.

e. Nadamos en un lago.

f. Esquiamos en las montañas.

4.2-05 ¿Qué tiempo hace? Primero, mira los dibujos y describe qué tiempo hace. Después, indica una actividad lógica para cada situación.

▲ Modelo   ▲ #1   ▲ #2   ▲ #3   ▲ #4   ▲ #5

caminar en el parque   jugar con la nieve   perder mi sombrero   usar un paraguas   salir de casa
tomar mucha agua   estar en mi cama   tomar chocolate caliente   ponerme una chaqueta y guantes   esquiar

MODELO:

Hace mucho calor y quiero *tomar mucha agua.*

1. _____ y quiero _____.

2. _____ y no voy a _____.

3. _____ y quiero _____.

4. _____ y no quiero _____.

5. _____ y voy a _____.

4.2-06 La ruta a mi casa Alexis está nervioso por su viaje a Nicaragua. Moisés Medina, el amigo nicaragüense de Alexis, explica cómo llegar a su casa en Managua. Escucha las instrucciones de Moisés para llegar a su casa y selecciona la respuesta correcta.

1. En el aeropuerto de Managua…
   a) no hay taxis.
   b) hay muchas líneas de autobuses.
   c) hay una línea de autobús.

2. La línea azul va…
   a) al aeropuerto.
   b) a la UNAN.
   c) a la casa.

3. En la ruta a la casa de Moisés el autobús…
   a) pasa por dos bancos y un cine.
   b) pasa por el cine y no pasa por el banco.
   c) pasa por el teatro y no pasa por el cine.

4. La estación de correos…
   a) está cerca del teatro.
   b) está lejos del teatro.
   c) está cerca del banco.

5. La casa de Moisés…
   a) está en frente de la UNAN.
   b) está en frente de la estación de correos.
   c) está en frente del teatro de la ciudad.

4.2-07 En la ciudad de Managua Alexis quiere que sus padres visiten Managua. Los padres de Alexis piensan que la ciudad de Managua solo tiene muchas discotecas y bares. Alexis describe la ciudad y sus edificios. Escucha a Alexis y escribe el nombre de los edificios en el mapa.

el banco   la oficina de correos   el cine   el Museo de la Revolución

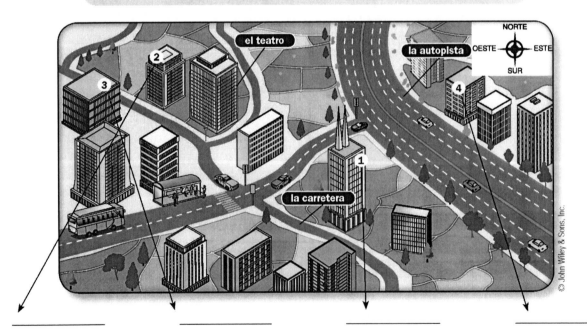

_____   _____   _____   _____

Hablando de gramática I & II: • The prepositions *por, para, en, a, de* • The present progressive • More on *ser* and *estar*

4.2-08 Nicaragua, en breve Moisés Medina habla con su amigo estadounidense, Alexis, sobre su país natal, Nicaragua. Lee los tres párrafos abajo y para cada preposición indicada, selecciona una explicación por su uso. Es posible repetir las explicaciones.

expresión
razón o motivo
duración
intención o destinatario (*what/who something is for*)
propósito (*in order to*)
movimiento a través de (*through*)
movimiento hacia (*towards*)
modo de transporte
origen

La naturaleza

Nicaragua es un país muy bonito y hay muchas atracciones naturales. **Por**$_1$ su belleza natural, cada año más y más turistas vienen **de**$_2$ todo el mundo. Mi recomendación **para**$_3$ ti: viaja **por**$_4$ todo el país y, **por**$_5$ favor, llámame cuando quieras.

El transporte

Para$_6$ viajar **por**$_7$ Managua, puedes ir **a**$_8$ una de las muchas estaciones de autobuses locales. Si quieres viajar **por**$_9$ Nicaragua, es posible viajar **en**$_{10}$ autobús o **en**$_{11}$ carro. Si quieres ir **a**$_{12}$ otro país, como Costa Rica, Honduras o El Salvador, puedes salir **para**$_{13}$ esos países **en**$_{14}$ autobús también **del**$_{15}$ barrio Martha Quezada, pero son viajes muy largos. **Por**$_{16}$ ejemplo, hay que viajar **por**$_{17}$ once horas **para**$_{18}$ llegar a San Salvador. **Por**$_{19}$ el espacio limitado en los autobuses, es buena idea comprar una maleta (*suitcase*) pequeña **para**$_{20}$ el viaje.

Los estudios

Pienso que los estudios en Nicaragua y los estudios en Estados Unidos son un poco diferentes. ¿No? En la universidad aquí los estudiantes generalmente estudian **por**$_{21}$ cuatro o cinco años **para**$_{22}$ obtener un diploma. **Para**$_{23}$ entrar en la universidad aquí primero es necesario estudiar en la escuela secundaria **por**$_{24}$ cinco años **para**$_{25}$ recibir un diploma de bachillerato.

1. _____

2. _____

3. _____

4. _____

5. _____

6. _____

7. _____

8. _____

9. _____

10. _____

11. _____

12. _____

13. _____

14. _____

15. _____

16. _____

17. _____

18. _____

19. _____

20. _____

21. _____

22. _____

23. _____

24. _____

25. _____

4.2-09 ¡Similar pero diferente! Ahora Alexis habla con su amigo Moisés sobre la naturaleza, el transporte y los estudios en Estados Unidos. Completa las oraciones con la preposición que falta (*por, para, en, de, a*). Es posible repetir preposiciones.

La naturaleza

Estados Unidos es un país bonito también, pero la naturaleza depende de la región. _____1 ejemplo, la geografía del suroeste es diferente a la del noroeste. Ahora tengo una recomendación _____2 ti: _____3 conocer Estados Unidos hay que viajar _____4 todo el país.

El transporte

Parece que en Nicaragua es común viajar _____5 autobús. En Estados Unidos es más común viajar _____6 carro o, _____7 ser un país muy grande, a veces es mejor viajar _____8 avión. Soy de la Florida pero cuando viajo _____9 la costa oeste, voy _____10 avión. ¡ _____11 Miami, Florida _____12 San Francisco, California, _____13 ejemplo, hay que viajar _____14 seis horas en avión!

Los estudios

Los estudios en los dos países no parecen ser muy diferentes. _____15 obtener un diploma de la escuela secundaria, es necesario estudiar _____16 cuatro años (pero primero es necesario estudiar _____17 ocho años en la escuela primaria). _____18 obtener un diploma universitario hay que estudiar _____19 cuatro años, generalmente.

4.2-10 En la parada de autobuses Estás en una parada de autobuses con tus compañeros de clase. Indica quién está haciendo qué actividad.

1. ¿Quién está limpiando sus lentes? _____

2. ¿Quién está tomando agua? _____

3. ¿Quién está leyendo un libro? _____

4. ¿Quiénes están cantando? _____

5. ¿Quién está fumando? _____

6. ¿Quién está comiendo un sándwich? _____

7. ¿Quién está pensando en una noche romántica? _____

8. ¿Quién está durmiendo? _____

9. ¿Quién está sacando una foto? _____

4.2-11 Una visita de sus padres Los padres de Alexis vienen a visitarlo. Usa los verbos de la lista para decir qué está pasando en los dibujos. Utiliza el presente progresivo.

> leer el periódico   escribir un mensaje de texto   mirar por la ventana del avión
>
> salir   preguntar dónde hay wifi   esperar en el carro

MODELO:

La aeromoza *está dando información sobre Managua.*

1. Los padres de Alexis _____.

2. Alex _____.

3. Los padres de Alexis _____.

4. La mamá de Alexis _____.

5. Alexis _____.

6. Alex _____.

7. Sus padres _____ sin (*without*) él.

▲ #1

▲ #2 *and* #3

© John Wiley & Sons, Inc.

▲ #4

▲ #5

▲ #6

▲ #7

4.2-12 ¡Desde Managua! Alexis le escribe un correo electrónico a su profesor de español mientras espera el comienzo de un concierto. Selecciona el verbo correcto para completar cada oración.

De: Alexis <Alexis@wileypuravida.com>
Para: Profesor Fernández <EnriqueFernández@wileypuravida.com>
Asunto: ¡Desde Managua!

Hola Profesor:

En este momento **soy / estoy**₁ en Managua, Nicaragua. Le **soy / estoy**₂ escribiendo desde un cibercafé. Me gusta Nicaragua mucho. **Es / Está**₃ un país bonito con mucha historia. ¡La gente **es / está**₄ muy amable y la cultura **es / está**₅ rica! Mi amigo Moisés **es / está**₆ nicaragüense y vive aquí en Managua, así que no **soy / estoy**₇ solo aquí. **Soy / Estoy**₈ emocionado porque esta noche voy a un concierto del grupo salvadoreño Pescozada. El concierto **es / está**₉ en el Teatro Nacional Rubén Darío. **Es / Está**₁₀ a las ocho de la noche, en punto, y ahora ya **son / están**₁₁ las siete. ¡Debo salir para el concierto ahora!

Hasta luego,
Alexis

♻ **4.2-13 Desde la Florida** El profesor Fernández responde inmediatamente al correo electrónico de Alexis. Completa los espacios en blanco con la forma correcta del verbo *ser* o *estar*.

De: Enrique Fernández <EnriqueFernández@wileypuravida.com>
Para: Alexis <Alexis@wileypuravida.com>
Asunto: ¡Desde la Florida!

¡Hola Alexis!

Gracias por tu correo. ¿_____1 en el cibercafé todavía (*still*)? Yo te _____2 respondiendo inmediatamente porque _____3, un poco confundido. ¿No vas a _____4 en mi clase que comienza el lunes? ¡Parece que no! Pues, _____5 bien. ¡_____6 mejor _____7 en Nicaragua! ¿Cómo _____8 el clima hoy? ¿Hace mucho calor, como siempre? ¿_____9, húmedo en estos días? ¿Sabes que mis padres _____10 nicaragüenses? Nací en Estados Unidos, pero _____11 nicaragüense de corazón. ¡Y qué coincidencia! Mañana, sábado, voy a un concierto también, pero _____12 un concierto de música clásica. El concierto _____13 en el Bayfront Park Miami. _____14 a las dos de la tarde. ¡Los conciertos en el parque _____15 los mejores! Bueno, que te diviertas en Nicaragua y ¡practica español!

Hasta pronto,
Profesor Fernández

🎧 **4.2-14 El viaje en autobús** En Managua, Alexis toma el autobús para ir a la universidad. El viaje en autobús es largo. Escucha la descripción de Alexis y contesta si las preguntas son **ciertas** (C) o **falsas** (F). Si son falsas, escribe la información correcta.

MODELO:

Escuchas: Viajo en autobús por diez minutos.
Escribes: F, *Alexis viaja en autobús por treinta minutos.*

1. En Managua es posible caminar por toda la ciudad porque es pequeña.

C   F   _____

2. Alexis toma el autobús en la universidad.

C   F   _____

3. El autobús va del este al sureste.

C   F   _____

4. Alexis paga siete córdobas por el viaje en autobús.

C   F   _____

5. El autobús va por la avenida Dos.

C   F   _____

4.2-15 La visita de mis padres a Managua Alexis no quiere olvidar (*forget*) los detalles de la visita de sus padres. Alexis toma muchas fotos con sus padres durante su visita a Managua y ahora mira las fotos y describe qué están haciendo. Escucha las descripciones de Alexis para completar el itinerario del tour de Managua en su diario. Usa *estar + gerundio* en tus respuestas.

MODELO:

Escuchas: Es viernes por la noche, mis padres están visitando el Museo de Cultura.
Escribes: *Mis padres están visitando el Museo de Cultura.*

	martes	miércoles	jueves	viernes	sábado
por la mañana	Estoy recibiendo a mis padres en el aeropuerto.	2.	3.	Estamos comiendo pupusas en el Mercado Oriental.	5.
por la noche	1.		4.		Mis padres están escuchando ópera en el Teatro Rubén Darío.

¿Cómo es…?

 Alexis está confundido con los huracanes en Nicaragua. Eva le explica a Alexis sobre los huracanes, las categorías que existen y los daños (*damage*) que ocasionan (*cause*). Escucha a Eva y selecciona la respuesta correcta.

1. En Nicaragua…
   a) hay huracanes en el océano Atlántico.
   b) hay huracanes en el océano Pacífico.
   c) hay huracanes en los océanos Atlántico y Pacífico.

2. La temporada de huracanes…
   a) empieza en junio y termina en noviembre.
   b) empieza en junio y termina en diciembre.
   c) empieza en julio y termina en octubre.

3. … es la característica principal para identificar las categorías de huracanes.
   a) La cantidad de lluvia
   b) La fuerza del viento
   c) El mes del año

4. En la categoría uno, un huracán…
   a) tiene vientos de 95 millas por hora.
   b) tiene vientos de 200 millas por hora.
   c) tiene vientos de 200 kilómetros por hora.

5. En el huracán Mitch…
   a) hay vientos de 290 millas por hora.
   b) hay vientos de 155 millas por hora.
   c) hay vientos de 290 kilómetros por hora.

Entérate

En esta sección debes seleccionar la lectura que más te interese (*that most interests you*). Selecciona solamente una lectura y contesta las preguntas.

1. Deportes / Pasatiempos: El cuadribol

2. Sociedad / Religión: El sistema educativo en Nicaragua

3. Historia / Política: El plátano en América Central

4. Ciencia / Tecnología: El clima en El Salvador, Honduras y Nicaragua

5. Cultura popular / Arte: Pescozada

1. Deportes: El cuadribol

▲ *Partido de cuadribol entre Honduras y Costa Rica*

▲ *Campeonato intercolegial en Honduras*

El cuadribol es reconocido por la Secretaría de Cultura, Arte y Deportes de Honduras como uno de los deportes nacionales de ese país centroamericano. En el año 2011, en El Progreso, la cuarta ciudad más grande de Honduras, el joven Manuel Ayala inventó el cuadribol. Esa ciudad está en el departamento de Yoro, al norte del país. Aunque (*although*) el cuadribol es un deporte nuevo, ya se está jugando en competencias en Honduras, México y Costa Rica. El alcalde (*mayor*) de El Progreso dice que está muy contento porque los jóvenes están creando nuevos pasatiempos y practicando una nueva disciplina.

El cuadribol tiene características similares al fútbol y al voleibol y se juega con un cubo. Para jugar al cuadribol, hay equipos (*teams*) de ocho jugadores. Uno de los jugadores en cada equipo, el diestro, puede usar las manos y los otros tienen que usar los pies, como en el fútbol. La cancha (*court*) es similar a una cancha de voleibol y puede ser de concreto o de grama (*grass*). La meta (*goal*) es meter el balón en la malla (*net*) del otro equipo. El equipo recibe el número de puntos que se indica cuando cae (*falls*) el balón.

Los jugadores del cuadribol están promocionando su deporte activamente, poniendo videos en YouTube y viajando mucho internacionalmente. El nuevo deporte ya está oficialmente patentado en Guatemala y ahora los jóvenes hondureños quieren llevar el cuadribol a Estados Unidos.

1. ¿De qué país es Manuel Ayala, el creador del cuadribol?

_____

2. ¿Quién define el cuadribol como una nueva disciplina hondureña?

_____

3. ¿Cuántos jugadores hay en un equipo de cuadribol?

_____

4. ¿Quién es el diestro?

_____

5. ¿Cómo están promocionando el cuadribol los jugadores?

_____

2. Sociedad: El sistema educativo en Nicaragua

En Nicaragua, el sistema educativo consiste en la educación primaria, la educación secundaria y la educación superior. La educación primaria se divide en seis grados escolares. Los estudiantes de la educación primaria tienen entre seis y quince años. La educación primaria es obligatoria y no cuesta nada, es gratuita.

La educación secundaria no es obligatoria, pero sí es gratuita. El primer ciclo de la educación secundaria dura (*lasts*) tres años. Después de completar el ciclo básico, los estudiantes reciben un diploma de curso básico. El segundo ciclo de la secundaria es el ciclo diversificado. Este ciclo dura dos años y los estudiantes pueden recibir un diploma de bachillerato, en humanidades o ciencias. Hay una opción alternativa a la educación secundaria típica: la educación secundaria técnica. En tres años los estudiantes pueden recibir un diploma que es de técnico medio (*medium-level*).

Hay varias opciones para la educación superior. Para un diploma técnico superior (*high-level*) los estudiantes estudian por dos o tres años. Para un diploma de licenciado, hay que estudiar entre cuatro y seis años. Los profesores, por ejemplo, reciben su licenciatura en cuatro años, y los médicos reciben su licenciatura en seis, generalmente. Hay programas de maestría en la administración de negocios, o los estudios del medio ambiente (*environmental studies*), por ejemplo, que requieren dos años adicionales, y también hay unos programas doctorales.

1. ¿Cuántos años de educación son obligatorios en Nicaragua?
   a. tres   b. seis   c. once   d. doce

2. ¿Cuánto cuesta la educación primaria y secundaria?

   _____

3. ¿Cuántos tipos de diplomas diferentes hay para la educación secundaria y secundaria técnica?
   a. uno   b. dos   c. tres   d. cuatro

4. ¿Cuántos años en total tiene que estudiar un doctor incluyendo la educación primaria, la educación secundaria y la educación superior para recibir su licenciatura?
   a. quince   b. dieciséis   c. diecisiete   d. veinte

5. ¿Cuál de las siguientes oraciones sobre la educación en Nicaragua es falsa?
   a. Hay programas de maestría y de doctorado.
   b. La educación primaria y la educación secundaria son obligatorias.
   c. Hay varias opciones de programas y diplomas para la educación secundaria.

3. Historia: El plátano en América Central

El plátano –también conocido (*also known*) como banana, banano, guineo, entre otros– tiene una larga historia en América Central. Sin embargo (*however*), ¿sabes que los plátanos no son nativos de las Américas? Esta fruta amarilla viene de la India. De la India el plátano es trasplantado a las islas Canarias en España y de ahí (*from there*), cerca del año 1500, va a la isla que actualmente conforman la República Dominicana y Haití, y luego va a México y a otras partes de las Américas.

En 1871 Keith Minor, un empresario estadounidense, comienza a construir un ferrocarril, un sistema de trenes, en Costa Rica. El proyecto es grande y difícil y muchas personas mueren (*die*) durante su construcción. Mientras construye el ferrocarril, Minor siembra (*plants*) plátanos cerca del ferrocarril y en pocos años Minor tiene plantaciones de plátanos en varios países y un sistema para transportarlos.

Minor funda la *Boston Fruit Company* que luego se une con la *United Fruit Company* en 1899 para formar la compañía bananera más grande del mundo. Durante gran parte del siglo XX la *United Fruit Company* tiene una historia controversial en varios países de América Central y América del Sur, y como resultado de su gran influencia el consumo del plátano se expande rápida e internacionalmente. En Estados Unidos, por ejemplo, antes de 1870 no hay plátanos. Ahora el plátano es la tercera fruta más consumida del mundo y uno de los productos más importantes de la economía centroamericana.

▲ *Siembra de plátanos.*

Decide si las declaraciones son **ciertas** (C) o **falsas** (F). Si la oración es falsa, escribe una oración verdadera.

1. El plátano es originario de las islas Canarias.

    C   F _____

2. El plátano va de España al Caribe y del Caribe a México y América Central.

    C   F _____

3. Keith Minor construye el ferrocarril para transportar plátanos.

    C   F _____

4. En 1899 la *Boston Fruit Company* es la compañía bananera más grande del mundo.

    C   F _____

5. El plátano es la fruta más consumida del mundo.

    C   F _____

4. Ciencia: El clima en El Salvador, Honduras y Nicaragua

▲ *El Salvador*

▲ *Honduras*

▲ *Nicaragua*

El Salvador está en una zona tropical, por eso (*because of that*) las temperaturas mínimas y máximas son muy similares durante todo el año. La temperatura máxima típica es 31 °C y la temperatura mínima típica es 15 °C. Hay dos estaciones (*seasons*) en El Salvador, la estación seca, de noviembre hasta abril, y la lluviosa, de mayo hasta octubre. En los meses de junio hasta noviembre hay posibilidad de huracanes y tormentas tropicales. Honduras también está en una zona tropical. El promedio (*average*) de las temperaturas altas en todo el país es de 32 °C, mientras (*while*) que el promedio de las temperaturas bajas es de 20 °C. En general, la estación seca es de noviembre a mayo y la estación lluviosa es de mayo a noviembre, pero hay un periodo sin lluvia en el mes de agosto. En Nicaragua hay tres zonas climáticas bastante diferentes. Primero, hay una zona entre los lagos Nicaragua y Managua y el océano Pacífico que es muy seca. Las temperaturas varían entre 27 °C y 32 °C en el invierno y 35 °C y 40 °C en el verano. Segundo, hay una zona central y montañosa que tiene un clima templado y húmedo. Tercero, hay una costa caribeña donde el clima es muy húmedo y tropical y las temperaturas son más de 36 °C. Allí se encuentran fuertes precipitaciones. En los tres países hay mucha humedad en ciertas áreas, una característica típica de América Central.

1. ¿Cuál es la temperatura típica máxima y mínima en El Salvador?

_____

2. ¿Cuándo es la estación lluviosa en Honduras?

_____

3. ¿Cuántas zonas climáticas encontramos en Nicaragua?

_____

4. ¿Dónde está la zona seca en Nicaragua?

_____

5. ¿Qué tienen en común El Salvador, Honduras y Nicaragua?

_____

5. Cultura popular: Pescozada

Luis Escobar, apodado (*nicknamed*) Fat Lui, y Cesar Díaz Alvarenga, apodado Débil Estar (*Weak State*), son amigos desde hace (*since*) mucho tiempo y los dos tienen muchos intereses en común, entre ellos su entusiasmo por el hip hop. Fat Lui y Débil Estar son conocidos como raperos talentosos de Chalatenango, El Salvador. En 1998, a partir de su interés por el hip hop, deciden formar el grupo musical Pescozada (*a slap in the face*). Ellos viven la época de una violenta guerra civil y como consecuencia de su experiencia escriben canciones con temas sociales que incluyen historias de las bandas criminales, la situación política y el futuro del país. En 2002, su primer disco, *Díaz ozkuros en el barrio*, sale en Internet y recibe mucha atención en el mundo latinoamericano. En 2003, sale el álbum titulado *El klan de la diskordia*, pero no recibe la atención esperada porque, en ese tiempo, el hip hop no se escucha mucho en la radio. En 2004, el productor y DJ Omnionn se une (*join*) a Pescozada y sale otro disco que se llama *Dialectos nativos*, que recibe atención mundial. Tiempo después, lanzan (*release*) a nivel internacional *El teatro plebeyo y Anarquía club social*. Con el paso de los años venden más y más discos y se juntan con los miembros, Ángel Franco y Eddy XP, de otro grupo llamado Real Akademia. Hoy en día, el grupo Pescozada, que incluye a Fat Lui, Débil Estar, Ángel Franco, Eddy XP y Omnionn, es considerado como pionero del estilo hip hop en la cultura urbana de El Salvador.

1. ¿Cómo se llaman los primeros miembros del grupo Pescozada?

_____

2. ¿De qué ciudad y país son los cantantes de Pescozada?

_____

3. ¿Dónde sale el disco *Díaz ozkuros*?

_____

4. ¿Por qué no es exitoso (*successful*) el disco *El klan de la diskordia*?

_____

5. ¿Cuántos discos lanza Pescozada después del año 2003?

_____

En tus propias palabras

Selecciona **un** tema para escribir. Puedes escribir sobre lo que leíste (*read*) en la sección anterior, **Entérate**.

1. **Deportes:** ¿Cuál es tu deporte favorito? ¿Es un deporte individual o se juega en equipos? ¿Cuántas personas juegan en cada equipo? ¿Dónde y con quién juegas este deporte?

2. **Sociedad:** ¿Qué estás estudiando ahora? ¿Cuál va a ser tu profesión en el futuro? ¿Por qué? ¿Por cuántos años tienes que estudiar? ¿Qué tipo de diploma necesitas para esta profesión? ¿Dónde vas a trabajar?

3. **Historia:** ¿Te gustan los plátanos? ¿Por qué te gustan o no te gustan? ¿De dónde son los plátanos que comes? Por lo general, ¿cuántos plátanos comes al mes? ¿Hay otras frutas tropicales que te gustan?

4. **Ciencia:** ¿Dónde vives? ¿Cómo es el clima donde vives? ¿Por qué es así? ¿Cuántas estaciones hay? ¿Cómo es el clima en cada estación?

5. **Cultura popular:** Los miembros de Pescozada describen el lugar donde viven en sus canciones. Describe la ciudad donde vives usando preposiciones. ¿Adónde vas cuando tienes tiempo libre? ¿Dónde está tu lugar favorito? ¿Con quién vas? ¿Por qué te gusta este lugar?

_____

_____

_____

_____

_____

_____

_____

_____

_____

_____

_____

Así es la vida

Completa los chistes (*jokes*) con las profesiones abajo. No vas a usar todas las profesiones.

abogado/a	secretario/a	cocinero/a	cartero/a	profesor/a de arte

1. Chiste #1

   Eliud, un _____, visita la exposición de un joven pintor:

   Eliud: ¿Usted pintó (*painted*) estos cuadros?

   Joven: Sí, maestro, así es.

   Eliud: Joven, su arte me recuerda (*reminds me*) a Beethoven.

   Joven: ¿Beethoven? ¡Pero si Beethoven no era pintor!

   Eliud: ¡Y usted tampoco (*neither*)!

2. Chiste #2

   Dos amigos, Pepe y Paco, hablan sobre el nuevo trabajo de Pepe. Él es _____.

   Paco: Dicen que ahora trabajas en Correos.

Pepe: Sí, allí estamos.

Paco: ¿Qué tal es trabajar en Correos?

Pepe: No podemos quejarnos (*complain*).

Paco: ¡Qué bueno! ¿Tratan bien a sus empleados?

Pepe: ¡Noooo, noo, que no PODEMOS quejarnos! ¡No se permite!

3. Chiste #3

Una conversación entre la _____ nueva y el administrador:

Administrador: Lucía, ¿usted sabe qué es Excel?

Lucía: Por supuesto (*of course*).

Administrador: ¿Qué es?

Lucía: [con orgullo (*pride*) dice] ¡Es una talla (*size*) de ropa!

En resumidas cuentas

Lee la siguiente lista para el examen del **Capítulo 4** y asegúrate (*make sure*) de que puedes:

☐ Describir los oficios, las profesiones y el mundo profesional.

☐ Hablar sobre las obligaciones con los verbos *tener que, deber* y *hay que*.

☐ Hablar sobre la rutina diaria y los cambios de estado.

☐ Hacer preguntas lógicas.

☐ Identificar, describir y hablar sobre la ciudad y la ubicación.

☐ Describir y hablar del clima.

☐ Expresar intención, motivo y movimiento con las preposiciones apropiadas.

☐ Hablar sobre acciones que están pasando ahora.

☐ Entender la diferencia entre *ser* y *estar*.

Capítulo

5 La vida social

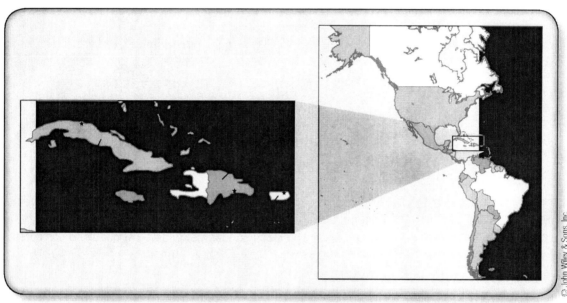

▲ *Puerto Rico, República Dominicana y Cuba*

Presentación personal

Escucha la presentación personal de Daniel y contesta las preguntas.

1. ¿Cuál es otro nombre para "puertorriqueño"?

_____

2. ¿Dónde está Puerto Rico?

_____

3. ¿Puerto Rico es parte de qué país?

_____

4. ¿Qué características geográficas tiene Puerto Rico?

_____

▲ *Daniel*

SECCIÓN 1: Música y ¡a bailar!

Palabra por palabra

5.1-01 ¡Vámonos de fiesta! Hoy es el cumpleaños de tu hermana menor, es su quinceañero. Completa cada oración con las cosas que va a haber en la fiesta.

1. Ella no sabe nada sobre la fiesta. Le vamos a…

   _____.

2. Los músicos tocan instrumentos de percusión:

   _____ y _____.

3. A mi hermana le gusta bailar los ritmos de Puerto Rico:

   _____ y _____.

4. Mi abuela sabe bailar muy bien porque es de Cuba. Ella puede bailar:

   _____, _____ y _____.

a) la salsa, el reguetón

b) hacer una fiesta sorpresa

c) el bolero, el chachachá, el mambo

d) las congas, los timbales

5.1-02 El reguetón En un concierto de Daddy Yankee, le mandas mensajes de texto a un amigo sobre lo que ves a tu alrededor (*around you*). Llena los espacios en blanco con las palabras de vocabulario correctas. Cambia los verbos a la forma adecuada del presente progresivo.

| pasar bien | La pareja | invitar | La banda | El concierto | El cantante | gritar |

1. _____ casi siempre tiene el micrófono muy cerca de la boca.

2. La gente está muy animada. Les gusta mucho el concierto. Los espectadores lo _____.

3. Hay un grupo de chicos y chicas que están saltando (*jumping*) y que _____ muy alto a mi lado.

4. ¡Qué buen concierto! _____ está tocando ahora mi canción favorita.

5. ¡No lo puedo creer! Daddy Yankee se acerca y me _____ a bailar.

 5.1-03 Las clases de baile en familia Nina habla con Tom sobre su quinceañero. Escucha su conversación y selecciona la respuesta correcta.

1. Nina aprende a bailar…
   a. en las discotecas.
   b. con su familia.
   c. en las clases de salsa.

2. ¿Quién les enseña a bailar a los niños?
   a. los profesores de baile
   b. los maestros en la escuela
   c. toda la familia

3. Nina va a salir…
   a. a una fiesta con su familia.
   b. a un concierto.
   c. a una discoteca a bailar.

4. Tom quiere ir también porque…
   a. quiere practicar salsa.
   b. quiere escuchar un buen conjunto.
   c. le gustan los conciertos.

5. Nina…
   a. conoce el conjunto de salsa.
   b. quiere ir con Tom.
   c. prefiere estar en casa.

5.1-04 Un conjunto de salsa Tom quiere formar un conjunto de salsa, pero no está seguro de qué instrumentos incluir. Escucha a Tom y contesta las preguntas.

1. ¿Qué tipos de música tienen influencia en el origen de la salsa?

_____

2. ¿Qué instrumentos se tocan en el jazz?

_____

3. ¿Qué otros instrumentos se tocan en la cumbia, la salsa y el merengue?

_____

4. ¿Cuál de estos ritmos te gusta más?

_____

Hablando de gramática I & II: ● Present progressive ● Direct object pronouns ● The verbs *saber* and *conocer* ● Interrogative words

5.1-05 Clases de baile Leslie está tomando clases de baile y ella nos cuenta qué está pasando en el salón de baile. Llena los espacios con las acciones en presente progresivo. Usa los siguientes verbos:

| bailar | ayudar | escuchar | aprender | ver | seguir |

La mujer que está en el escenario _____ _____$_1$ un merengue. Ella es la profesora de baile. Liliana y Carlos _____ _____$_2$ un DVD para aprender algunos pasos difíciles. Yo _____ _____$_3$ música nueva para la próxima clase. Mi pareja y yo _____ _____$_4$ los pasos de salsa con la música. ¡Qué suerte! La maestra de baile se acerca a cada pareja y les dice: "_____ _____$_5$ muy rápido". Luego, me dice a mí: "me _____ _____$_6$ mucho a enseñar a los otros".

5.1-06 Bailando bachata Leslie va a ir de vacaciones a la República Dominicana. Antes de ir, ella quiere aprender a bailar bachata con su amigo Tito. Completa su conversación con el pronombre de objeto directo apropiado.

Leslie: Tito, necesito tu ayuda. Voy a visitar a mis primos, ellos bailan de todo muy bien y yo quiero aprender a bailar bachata. ¿Me ayudas?

Tito: Por supuesto, yo **me / te**$_1$ ayudo. ¿Estás lista?

Leslie: Sí, ¿pero tienes el nuevo disco de Prince Royce? Sí, **los / lo**$_2$ tengo. Es muy bueno.

Tito: Claro, ¡es mi favorito! La canción *Incondicional* me gusta mucho. **Lo / La**$_3$ escucho todo el tiempo. Además, tengo todos sus discos. ¿**Los / Las**$_4$ quieres escuchar?

Leslie: Sí, como no. Sabes, mis amigas y yo conocimos a Prince Royce en un concierto, pero creo que él no **las / nos**$_5$ recuerda a nosotras.

Tito: Bueno, pero ahora a bailar. ¿**Me / Te**$_6$ ayudas?

5.1-07 Entrevista Leslie es reportera del canal de televisión Univisión y hoy está entrevistando al exvocalista de Aventura, Romeo Santos. Contesta las preguntas por él con el pronombre de objeto directo apropiado.

MODELO:

Gracias por esta entrevista. ¿Conoces nuestro programa de televisión *Música en la tele*?
Sí, _lo conozco._

1. ¿Escribes tus propias canciones?

   Sí, _____.

2. ¿Conoces a Gloria Estefan?

   No, no _____

3. ¿Tocas el piano en tu tiempo libre?

   Sí, _____.

4. ¿Conoces a los miembros de Calle 13?

   Sí, _____.

5. *Ring, ring.* ¡Qué pena! Tengo que contestar el celular. ¿Puedes esperarme un minuto?

   No, no _____

5.1-08 Buena Vista Social Club Tu mejor amiga es cubana y te está visitando en Estados Unidos. Ella te habla sobre su música cubana favorita. Indica la respuesta apropiada según el contexto. Pon atención a los usos de *saber* y *conocer*.

Yo **conozco / sé**₁ personalmente a los miembros de Buena Vista Social Club y me gusta bailar mucho su música. ¿**Conoces / Sabes**₂ bailar salsa? Mi mejor amigo **conoce / sabe**₃ la ciudad de Trinidad, en Cuba, donde Buena Vista Social Club toca a veces. Mis compañeros de clase y yo **conocemos / sabemos**₄ muy bien las letras de todas las canciones. ¿Ustedes **conocen / saben**₅ que su profesora es de La Habana, la capital de Cuba, y que le gusta también el Buena Vista Social Club? Yo **conozco / sé**₆ dónde están los mejores lugares para escuchar y bailar música.

5.1-09 Reporteros musicales Diego y su grupo quieren tener un segmento en la radio sobre música latina. Lee la carta que Mario escribe a la cadena de radio local y llena los espacios con la forma correcta de *saber* o *conocer* según el contexto.

A nuestra estación de radio favorita:

Mi grupo y yo somos su mejor opción. ¿Ustedes _____₁ a Don Omar? Yo sí, además _____₂ a muchos otros artistas populares en persona: a Romeo Santos, Prince Royce, Extreme, Loisadas, Mark Anthony, Luis Enrique, Juan Luis Guerra, Ilegales y otros. Yo _____₃ quiénes cantan las canciones más populares en la radio. Nosotros _____₄ muy bien la ciudad y también _____₅ hablar español e inglés muy bien. Todos los presentadores de radio nos _____₆ y son nuestros colegas. Mi compañero Alejandro López _____₇ el mundo de la música y Ana, nuestra escritora, _____₈ tocar varios instrumentos. Ustedes _____₉ que es muy importante _____₁₀ mucho de música en español. Somos los mejores. ¡Gracias por su atención!

5.1-10 Preguntas y más preguntas El hermano de Diego le hace varias preguntas a su hermano sobre el fin de semana. Escribe la palabra interrogativa correcta con la preposición apropiada cuando sea necesario para completar sus preguntas.

   Ramón: ¿_____₁ haces este fin de semana?

   Diego: Voy a bailar en la discoteca Copacabana. ¿Quieres ir conmigo (*with me*)?

Ramón: No conozco esa discoteca. ¿_____₂ está?

Diego: Está en el centro de la ciudad entre el teatro y el museo.

Ramón: ¿_____₃ vas?

Diego: Voy con los otros miembros de la banda.

Ramón: Y, ¿_____₄ van ustedes?

Diego: Pensamos ir el viernes a las 10.

Ramón: Y, ¿_____₅ van a llegar? ¿Van a ir en autobús o en coche?

Diego: Pues, voy con el grupo en coche. ¿Quieres ir con nosotros?

Ramón: Bueno, es que tengo que cenar con Ana primero. Pero, ¿_____₆ es la dirección? Con la dirección los puedo buscar después de ir al restaurante.

Diego: Buena idea. ¿_____₇ es Ana?

Ramón: Es una chica muy guapa que conozco de la clase de literatura.

Diego: ¡Ay caramba!

5.1-11 La práctica de la banda Nina quiere formar una banda de música. Escucha los planes para formar la banda y selecciona la respuesta correcta.

1. Sobre la música, Nina dice que...
   a) la adora.
   b) la detesta.
   c) la quiere.

2. Sobre el piano, Nina dice que...
   a) lo quiere aprender.
   b) lo estudia en la escuela.
   c) no lo practica en casa.

3. Sobre el clarinete, Nina dice que...
   a) la toca bien.
   b) sabe tocarlo bien.
   c) no lo sabe tocar bien.

4. Sobre la flauta, Nina dice que...
   a) es su instrumento principal.
   b) la toca en su casa.
   c) la toca en la banda.

5. Sobre su talento, Nina dice que...
   a) no lo tiene para la percusión.
   b) no lo tiene para el piano.
   c) lo tiene para la percusión.

5.1-12 El concierto de Calle 13 Tatiana y Nina van a un concierto del grupo de música puertorriqueño Calle 13. Escucha su conversación y contesta las preguntas usando los pronombres de objeto directo.

MODELO:

Pregunta: ¿Quién contesta el teléfono?
Escribes: *Tatiana lo contesta.*

1. ¿Quién tiene las entradas?

_____

2. ¿Quién va a comprar una cámara?

_____

3. ¿Quién va a sacar fotos de los cantantes?

_____

4. ¿Quién organiza la fiesta?

_____

5. ¿Quién va a traer los discos?

_____

SECCIÓN 2: Celebraciones

Palabra por palabra

5.2-01 Celebraciones Nemis, la amiga cubana de Lucas, le está preguntando sobre algunas celebraciones en los países hispanos para ver cuánto sabe. Ayuda a Lucas a contestar estas preguntas.

1. ¿Qué pasa el 31 de diciembre?
   a. Es la Nochebuena y hay fiesta.
   b. Es la Nochevieja y hay fiesta.
   c. La novia tira el ramo.

2. ¿Cómo se llama la celebración del 6 de enero?
   a. Es el Día de los Reyes Magos.
   b. Es la luna de miel.
   c. Es la despedida de soltero.

3. ¿Cómo se celebra la Nochebuena?
   a. Bautizan a todos los niños.
   b. La familia va a la iglesia y/o prepara una cena grande.
   c. Hay una luna de miel.

4. ¿Qué es un quinceañero?
   a. Una celebración de cuando una niña pasa a ser una mujer.
   b. Una celebración del cumpleaños número cinco.
   c. Una celebración de la boda número quince.

5. ¿Qué pasa en un bautizo?
   a. El juez de paz bautiza al bebé.
   b. Los padres bautizan al padrino.
   c. El cura pone agua bendita (*holy water*) en la cabeza del bebé.

5.2-02 Una boda Nemis tiene preguntas sobre las bodas en Estados Unidos. Contesta cada pregunta utilizando uno de los términos de la lista. No uses ninguna (*any*) opción más de una vez y escribe oraciones completas.

novia	~~novio~~	cura	caballeros	damas	invitados	padrino	novios

MODELO:

¿Quién le da el anillo a la novia?
El novio le da el anillo a la novia.

1. ¿Quiénes planean la despedida de soltera?

   _____.

2. ¿Quiénes planean la despedida de soltero?

   _____.

3. ¿Quién tira el ramo?

   _____.

4. ¿Quién dirige la ceremonia en la iglesia?

   _____.

5. ¿Quién hace el brindis?

   _____.

6. ¿Quiénes llevan los regalos y les dicen "¡Felicidades!" a los novios?

_____

7. ¿Quiénes participan en la luna de miel?

_____

5.2-03 ¡Todo está planeado! Lucas es una persona organizada. ¡Tiene todas las celebraciones del año planeadas! ¿Puedes identificar las celebraciones que está planeando en la nota abajo? Incluye el artículo definido para cada ocasión.

1. _____
-comprar un pastel (*cake*)
-comprar un regalo
-hacer reservaciones en el restaurante

2. _____
-comprar los anillos
-reservar la iglesia
-planear la recepción

3. _____
-comprar regalos para toda la familia
-buscar un árbol para poner en la sala
-comprar dulces

4. _____
-planear una fiesta con la familia
-organizar el intercambio de regalos
-comprar los ingredientes para la cena

5. _____
-hacer una reservación para las once de la noche en un restaurante
-invitar a todos mis amigos
-comprar ropa nueva

6. _____
-hablar con el cura
-llamar a la madrina y al padrino
-preparar al bebé

5.2-04 ¿Qué está pasando? ¿Puedes reconocer algunos de los eventos que escuchas en varias celebraciones? Escucha las descripciones y selecciona la opción correcta.

1. ☐ Están brindando.
☐ Están celebrando el Día de Año Nuevo.
☐ Están celebrando un cumpleaños.

2. ☐ Están celebrando el Día de los Reyes Magos.
☐ Están brindando.
☐ Están celebrando el Día de San Juan.

3. ☐ Están celebrando un cumpleaños.
☐ Están celebrando la Nochebuena.
☐ Están celebrando una boda.
☐ Están celebrando el Día de Año Nuevo.

4. ☐ Están celebrando el Día de los Reyes Magos.
☐ Están celebrando el Día de San Juan.
☐ Están celebrando la Navidad.
☐ Están celebrando un cumpleaños.

5. ☐ Están celebrando el Día de los Reyes Magos.
☐ Están celebrando el Día de San Juan.
☐ Están celebrando la Nochebuena.
☐ Están celebrando la Nochevieja.

5.2-05 ¿Quiénes son? Estás en una boda en Cuba. Explícale a un invitado de Estados Unidos quiénes son los participantes o qué decir en una boda en Cuba.

MODELO:

Escuchas: ¿Quién es la mujer vestida de blanco?
Escribes: *Es la novia.*

1. _____

2. _____

3. _____

4. _____

5. _____

Hablando de gramática I & II: • *Ir* + *a* + verb • Indirect object pronouns
• The verbs *dar* and *decir* • Verbs like *gustar*

5.2-06 Los planes de Lucas Lucas está hablando con su amiga Nemis sobre algunas celebraciones futuras. Escribe oraciones completas utilizando las celebraciones de la lista.

> el cumpleaños   el Día de Año Nuevo   el Día de los Reyes Magos
> ~~la boda de mi hermano~~   el quinceañero   la Nochevieja   la Nochebuena

MODELO:

Yo: *Para la boda de mi hermano, voy a planear la despedida de soltero.*

1. Yo:

_____

2. Mis hermanos y yo:

_____

3. Mis padres:

_____

4. Mi hermana:

_____

5. Tú:

¿ _____?

5.2-07 Benicio del Toro Tatiana es una admiradora de Benicio del Toro, un puertorriqueño famoso. Lee la carta que ella le escribe a él y llena cada espacio en blanco con el pronombre de objeto indirecto apropiado.

Querido Benicio del Toro:

¿Cómo estás? _____₁ escribo porque quiero decir_____₂ que eres mi actor favorito. Creo
                    Te Me Le   me te le

que eres el mejor actor de Puerto Rico, de los Estados Unidos y del mundo. En 2005 y 2012 casi _____₃
                                                                                                  le les te

dan un Óscar a Joaquín Phoenix, otro puertorriqueño talentoso, pero creo que eres mucho mejor que él.

Recientemente mis amigas y yo organizamos un "Club de Benicio del Toro" y queremos pedir_____₄
                                                                                              nos te me

un gran favor. ¿_____5 regalas unas fotos tuyas firmadas? Así, nosotras _____6 podemos

Nos   Te   Me   le   nos   les

dar esas fotos a tus admiradoras.

También quiero pedir_____7 otro favor personal. ¿_____8 puedes dar una foto dedicada

nos   te   le   Me   Te   Nos

a mí? Yo siempre _____9 digo a muchas personas que tú y yo somos amigos!

nos   les   te

Bueno, gracias anticipadas por enviar_____10 las fotos.

te   me   nos

Con admiración,

Tatiana Lagunas

Presidenta del Club Benicio del Toro

5.2-08 ¿Qué haces los días festivos? Nemis quiere saber cómo se celebran los días festivos en Estados Unidos. Contesta las siguientes preguntas con el pronombre de objeto indirecto para explicarle qué haces en los días festivos.

MODELO:

¿Les das regalos a tus sobrinos en Nochebuena?
Sí, les doy regalos a mis sobrinos en Nochebuena.

1. ¿Le regalas flores a tu novia en el Día de Año Nuevo?

_____

2. ¿Les envías tarjetas (*cards*) de Navidad a tus abuelos?

_____

3. ¿Quién te da los mejores regalos de cumpleaños?

_____

4. Si tu hermano te pregunta, "¿Qué me vas a regalar para mi cumpleaños?", ¿qué le dices tú?

"No te voy a decir qué _____".

5. ¿Tus padres te preparan una cena elaborada en Nochevieja?

_____

5.2-09 ¡Un bautizo desordenado! Mira los eventos a continuación y ponlos en el orden más lógico. Escribe la letra de cada evento en el espacio apropiado.

Los padres les preguntan a sus mejores amigos si quieren ser los padrinos del bebé.

1. _____   a. Los amigos les responden que sí a los padres.

2. _____   b. El cura les envía un correo electrónico ofreciendo una cita para el domingo.

3. _____   c. Los padres le piden una cita (*appointment*) al cura por correo electrónico.

El domingo del día del bautizo, el cura les explica el proceso del bautizo a todos.

4. _____   d. El cura les devuelve el bebé a los padres.

5. _____   e. El cura bendice (*blesses*) al bebé con agua bendita (*holy water*).

6. _____   f. Los padres le dan el bebé al cura.

7. _____   g. Los padres y los padrinos le dicen: "Gracias por explicarnos todo. Está todo claro".

La madrina le dice a la madre: "Si el bebé necesita algo (*something*), siempre estamos aquí. Nos dicen si necesitan algo, ¿bien?".

8. _____   h. La madre le pide disculpas (*apologizes*) al padre y todos salen de la iglesia.

9. _____   i. La madrina responde: "Jajaja".

10. _____   j. El cura les aconseja: "Es mejor no hacer bromas de ese tipo. Ser padrinos es una responsabilidad seria".

11. _____   k. La madre le dice a la madrina: "En veinte años les mandamos a ustedes la factura (*bill*) de la universidad. ¡Jajaja!".

5.2-10 Los Reyes Magos Los Reyes Magos van a estar en la plaza y Tato tiene que llevar a su sobrina a verlos. Tato invita a Ismael. Completa cada oración con un pronombre de complemento indirecto y uno de los verbos en la forma correcta. Es posible repetir los verbos.

| traer | contar | preguntar | regalar | responder | decir | dar | pedir |

MODELO:

Tato *le pregunta* a Ismael: "¿Quieres venir con nosotros?".

▲ #1   ▲ #2

1. Ismael _____ a Tato: "¡Sí, cómo no!".

2. Ismael _____ a Anita: "¿Qué les vas a pedir a los Reyes?".

▲ #3   ▲ #4

3. Los Reyes Magos _____ dulces a los niños.

4. Melchor _____ a Anita: "¿Eres obediente? ¿Te gusta la escuela?" y Anita _____ a Melchor con una lista de cosas que quiere.

▲ #5

5. Anita piensa: "¡No voy a _____
nada más porque es obvio que no eres uno de los
Reyes Magos!".

▲ #6

6. Anita piensa que no van a _____
nada.

5.2-11 Una boda perfecta Silvana, la hermana de Nemis, se casa hoy. Su nuevo esposo está contentísimo y habla con su amigo Lucas, uno de los invitados. Completa las oraciones con pronombres de complemento indirecto y las formas correctas del verbo *gustar*.

¡Es un día perfecto! Todos están contentos. A Silvana _____₁ _____₂ las flores. A mí

_____₃ _____₄ los anillos. A las damas _____₅ _____₆ los vestidos

bonitos. A los invitados _____₇ _____₈ la ceremonia. A mi novia y a mí _____₉

_____₁₀ todo. Y a ti, ¿ _____₁₁ _____₁₂ las bodas cubanas?

5.2-12 La luna de miel Durante su luna de miel, Silvana le escribe un correo electrónico a su mejor amiga, una de las damas.

De: Silvana <Silvana@wileypuravida.com>
Para: Sofi <Sofi@wileypuravida.com>
Asunto: Un hotel horrible, un esposo magnífico

Querida Sofi:

A Javier y a mí nos **encanta / aburre**₁ estar casados, pero nos **desagrada / encanta**₂ el hotel donde estamos para la luna de miel. Es un hotel feo y no nos **molesta / cae**₃ bien el dueño (*owner*). No es muy simpático. Además, las habitaciones nos **desagradan / parecen**₄ sucias (*dirty*) y podemos escuchar a las personas en las otras habitaciones. Me **molestan / fascinan**₅ mucho los ruidos (*noises*), pero a Javier no le **molestan / agradan**₆. Le **cae / parece**₇ cómico escuchar a la otra gente. El televisor es viejo y nos **aburren / importan**₈ los programas que hay. Cuando lo pienso bien, no me **encantan / importan**₉ todos los problemas porque me **cae / fascina**₁₀ el hombre que está a mi lado. ¿No te **parece / desagrada**₁₁ lógico? Nos vemos pronto.

Un abrazo,

Silvana

5.2-13 ¿Una niña típica? Ismael habla con Anita, la sobrina de Tato. Completa el diálogo utilizando los pronombres de complemento indirecto y los verbos de la lista. Es posible repetir verbos y a veces hay más de una respuesta posible.

caer	aburrir	encantar	parecer	desagradar	importar	fascinar	molestar

Ismael: Tengo varias preguntas para ti porque quiero saber si eres una niña típica o no. ¿ _____₁

_____₂ las preguntas? Espero (*I hope*) que no. ¿Qué te gusta y no te gusta recibir para tu

cumpleaños?

Anita: Pues, a mí _____₃ _____₄ recibir dinero para mi cumpleaños porque siempre quiero

comprar cosas.

Ismael: ¿Y te gusta recibir ropa?

Anita: ¡No! A mí _____₅ _____₆ recibir ropa. No me gusta nada.

Ismael: ¿Y te gustan los libros?

Anita: Sí, a mí _____₇ _____₈ los libros, pero a mis amigos _____₉ _____₁₀.

No soy típica en ese sentido (*in that sense*).

Ismael: ¿Y qué piensas de las celebraciones?

Anita: Pues, para mis padres son muy importantes. A ellos _____₁₁ _____₁₂ mucho la

celebración del Día de Año Nuevo, por ejemplo, pero a mí no _____₁₃ _____₁₄. No es

importante para mí.

Ismael: ¡Interesante! ¿Y en la escuela, te gustan tus profesores?

Anita: A mis amigos y a mí _____₁₅ _____₁₆ bien el profesor de español, pero _____₁₇

_____₁₈ mal el profesor de matemáticas. ¿ _____₁₉ _____₂₀ que soy

una niña típica?

Ismael: Pues, ¡sí y no!

5.2-14 Los padrinos de la boda Nemis le explica a Lucas los planes de la boda de su hermana. Escucha la conversación y selecciona la respuesta correcta.

1. Nemis va a invitar a Lucas a la boda porque...
   a) necesitan muchos invitados.
   b) necesita una pareja para bailar.
   c) Nemis se casa con Lucas.

2. ¿Quién les da dinero para pagar la boda?
   a) Lucas y Nemis
   b) su familia
   c) todas las tías

3. ¿Quién les paga la música para la fiesta?
   a) Lucas y Nemis
   b) Todas las tías
   c) La tía Consuelo

4. Los padres de Nemis...
   a) compran el banquete para las tías.
   b) les compran la comida a ellos dos.
   c) les compran el banquete para la boda.

5. El tío Alfonso y su esposa...
   a) le regalan el anillo de boda.
   b) les regalan el banquete para la boda.
   c) les regalan los anillos de boda.

6. Nemis...
   a) le regala la música a su hermana.
   b) le regala el vestido al novio.
   c) le regala el vestido a su hermana.

5.2-15 Los regalos Nemis y Lucas hablan de los regalos de Navidad para los familiares de Nemis. Escucha su conversación para saber qué regalos Nemis les da. Usa los pronombres de objeto indirecto.

MODELO:

Escuchas: Para Ramón tengo unos libros.
Escribes: A Ramón _le regala unos libros._

1. A tía Rita _____.

2. A Juan _____.

3. A papá y mamá _____.

4. A los abuelos Nemis _____.

5. Nemis le dice a Lucas: "A ti _____".

¿Cómo es…?

Escucha el siguiente segmento sobre El Día de San Juan en Puerto Rico y decide si las oraciones son **ciertas** (C) o **falsas** (F). Si son falsas, corrígelas.

<u>Vocabulario:</u>

santo patrón _patron saint_

sumergirse _submerge or dip_

buena suerte _good luck_

1. San Juan es el santo patrón de la capital de Puerto Rico.

    C   F   _____

2. Este día religioso se celebra en la iglesia.

    C   F   _____

3. El Día de San Juan es el 23 de julio.

    C   F   _____

4. En la playa muchas personas van a comer y jugar por la noche.

    C   F   _____

5. El Día de San Juan es muy divertido.

    C   F   _____

Entérate

En esta sección debes seleccionar la lectura que más te interese. Selecciona solamente **una** lectura y contesta las preguntas.

1. Deportes / Pasatiempos: El béisbol y los países caribeños

2. Sociedad / Religión: El catolicismo en Cuba

3. Historia / Política: Las relaciones entre Cuba, la República Dominicana y Puerto Rico

4. Ciencia / Tecnología: El observatorio en Arecibo, Puerto Rico

5. Cultura popular / Arte: El reguetón, una fusión de América Central con el Caribe

1. Deportes: El béisbol y los países caribeños

El béisbol es un deporte muy popular en los países hispanos del Caribe. En el año 1860, los marineros (*sailors*) de Estados Unidos y los cubanos que estudian en Estados Unidos lo introducen a Cuba. Para el año 1890, llega también a Puerto Rico y a la República Dominicana. Después de que Jackie Robinson rompe la barrera racial, los caribeños empiezan a jugar en las Grandes Ligas (*Major League Baseball*). Algunos de los primeros jugadores más conocidos son Juan Marichal y los hermanos Alou de la República Dominicana, Minnie Minoso y Bert Campaneris de Cuba, y Roberto Clemente y Orlando Cepeda de Puerto Rico.

▲ *Yasiel Puig*

Hoy, más del 10% de todos los jugadores de béisbol de las Grandes Ligas son de la República Dominicana. ¿Conoces a jugadores como Robinson Canó, Albert Pujols, David Ortiz y Hanley Ramírez? De Puerto Rico, ¿conoces a Carlos Beltrán, Alex Ríos, y los hermanos Yadier y José Molina. Debido a (*Due to*) la situación política entre Estados Unidos y Cuba, históricamente no hubo (*there weren't*) muchos jugadores cubanos. Hoy en día hay varios jugadores cubanos. Algunos de los jugadores cubanos más conocidos son Yoenis Céspedes, Yasiel Puig y Aroldis Chapman.

Sin duda, hay pasión por el béisbol en el Caribe, y cada año hay más y más jugadores caribeños en las Grandes Ligas.

1. ¿Cuándo empiezan a jugar al béisbol en el Caribe?

_____

2. ¿Quiénes lo traen al Caribe?

_____

3. ¿Por qué es importante Jackie Robinson para el béisbol en el Caribe?

_____

4. ¿Qué jugadores de béisbol dominicanos menciona la lectura?

_____

5. ¿Por qué no hubo muchos jugadores cubanos en las Grandes Ligas históricamente?

_____

2. Religión: El catolicismo en Cuba

Antes de la Revolución cubana de 1959, la religión prevalente en Cuba es la católica. Con la entrada del comunismo, se prohíbe la religión. En general, los gobiernos comunistas no aceptan la práctica de las religiones. ¿Qué pasa entonces con las iglesias y las escuelas católicas? Fidel Castro las cierra (*closes*) y también expulsa (*expels*) a los líderes religiosos.

Entre 1959 y 1998, en Cuba no se celebran, de manera oficial, días religiosos como la Navidad o el Día de los Reyes Magos. Además (*furthermore*), las bodas no las celebran en la iglesia. Las celebran en un juzgado con un juez de paz. Después de 1998, luego de la visita del papa Juan Pablo II, empiezan algunos cambios y signos de libertad religiosa, y muchas personas comienzan a celebrarlos.

▲ *Estatua de Juan Pablo II en Cuba*

En el 2008, en el décimo aniversario de la visita del papa, el gobierno cubano acepta un regalo que el Vaticano le da al pueblo cubano. Es una estatua del papa Juan Pablo II. La estatua está en Santa Clara, Cuba.

1. ¿Qué hace Fidel Castro que afecta a las iglesias?

_____

2. Usualmente, ¿dónde celebran las bodas los cubanos?

_____

3. Después de la visita del papa, ¿qué empiezan a celebrar muchas personas?

_____

4. ¿Qué pasa con la religión después de la visita del papa?

_____

5. ¿Qué le regala el Vaticano al pueblo de Cuba?

_____

3. Política: Las relaciones entre Cuba, la República Dominicana y Puerto Rico

¿Sabes que Cuba, la República Dominicana y Puerto Rico son muy similares en varios aspectos? Primero, son tres islas del Caribe con un clima tropical. Todas hablan el mismo idioma, tienen una historia común con los taínos, los indígenas de las islas, y un pasado colonial con España. Sin embargo (*however*), también hay diferencias y fricciones.

▲ *El Caribe*

Aunque el idioma oficial es el español, los tres lugares tienen un acento fácilmente distinguible. Una persona de Puerto Rico puede identificar a una persona de Cuba o de la República Dominicana si la escucha hablar. Es como la diferencia entre el acento de Nueva York y el acento de Texas. Los puedes distinguir, ¿no? Además (*furthermore*), es interesante notar que no todo es color de rosa entre estos países. En Puerto Rico, por ejemplo, a veces hay tensión y discriminación en contra de los inmigrantes cubanos y dominicanos. La queja (*complaint*) es igual en todo el mundo. Los nativos de un país dicen que los inmigrantes les quitan (*take away*) sus trabajos. La relación entre estos tres países es compleja, pero como islas caribeñas hermanas comparten (*they share*) muchas características culturales e históricas.

1. ¿Qué aspectos son similares entre Cuba, la República Dominicana y Puerto Rico? Menciona dos.

_____

2. ¿Cómo se llaman los indígenas nativos de estas islas del Caribe?

_____

3. Menciona una diferencia entre estos países.

_____

4. ¿Qué crees que significa "no todo es color de rosa"?
   a. no todo está bien   c. tiene mucha variedad
   b. no siempre tiene problemas   d. hay muchas posibilidades

5. ¿Por qué hay tensión a veces entre los puertorriqueños, los dominicanos y los cubanos?

_____

4. Ciencia: El observatorio en Arecibo, Puerto Rico

El radiotelescopio de un solo plato (*single dish*) más
poderoso (*powerful*) del mundo está en el Observatorio
de Arecibo, en Arecibo, Puerto Rico. Cada año, cerca de
200 científicos visitan el observatorio para trabajar en sus
proyectos de investigación. Un gran número de estudiantes lo
usan también en sus investigaciones de maestría y doctorado.

Puesto que (*since*) el radiotelescopio es accesible a muchos
investigadores, el observatorio está abierto las 24 horas
del día, todos los días del año. El observatorio necesita
emplear a 140 personas aproximadamente para apoyar
(*support*) su operación. Hay ingenieros, técnicos y expertos
en computadoras que crean nuevos instrumentos y los
mantienen. También hay un gran equipo de planta física y un
equipo de operadores del telescopio.

▲ *El Observatorio de Arecibo*

El radiotelescopio es enorme. El plato es de 1.000 pies de
diámetro y 167 pies de profundidad. Cubre un área de 20 acres. Lo usan para examinar nuestra atmósfera y
también las propiedades de otros planetas, cometas y asteroides. El telescopio también puede detectar señales
(*signs*) de otras galaxias. ¿No te gustaría (*wouldn't you*) saber si estamos solos en el universo?

1. ¿Por qué es importante el radiotelescopio de Arecibo?

_____

2. ¿Cuántos científicos visitan el observatorio cada año? Escribe el número con letras.

_____

3. ¿Quiénes lo usan?

_____

4. ¿Quiénes trabajan en el observatorio?

_____

5. ¿Qué información les da a los científicos?

_____

5. Cultura popular: El reguetón, una fusión de América Central con el Caribe

Unos de los pasatiempos más populares del mundo hispano son bailar y
escuchar música. ¿Reconoces los nombres de Don Omar y Daddy Yankee?
Estos artistas puertorriqueños cantan un tipo de música que se llama
reguetón. ¿Pero qué es el reguetón? ¿De dónde viene? Al comienzo (*beginning*)
del siglo XX, los inmigrantes de Jamaica llegan (*arrive*) a Panamá para
trabajar en la construcción del Canal de Panamá. En la década de 1960 el
reggae es creado en Jamaica y en la década de 1970 la música llega a Panamá.
Los inmigrantes jamaiquinos en Panamá empiezan a cantar reggae en español.
En el año 1985, el rapero puertorriqueño Vico C produce el primer álbum de
hip hop en español. En los años 90 hay una fusión del reggae en español (de
Panamá) con el hip hop en español (de Puerto Rico) y así nace el reguetón.
El cantante panameño El General es el primer reguetonero famoso. A partir
del año 2000, el reguetón explota internacionalmente. ¡Incluso hay un grupo
popular de Costa Rica que se llama Pura Vida! Muchas personas creen que el

▲ *Don Omar*

reguetón es un fenómeno de Puerto Rico, pero ahora sabes que tiene sus orígenes en Panamá y que es una fusión de varios tipos de música.

Decide si las declaraciones son **ciertas** (C) o **falsas** (F). Si la oración es falsa, escribe una oración cierta.

1. Don Omar y Daddy Yankee cantan reguetón.

   C   F   _____

2. El reguetón es una fusión del reggae en español con el hip hop.

   C   F   _____

3. El primer reguetonero famoso es un cantante puertorriqueño.

   C   F   _____

4. Los inmigrantes de Jamaica empiezan a cantar el reguetón en Panamá.

   C   F   _____

5. El reguetón solamente es popular en Puerto Rico y en Panamá.

   C   F   _____

En tus propias palabras

Selecciona **un** tema para escribir. Puedes escribir sobre lo que leíste (*read*) en la sección anterior, **Entérate**.

1. **Deportes:** ¿Te gusta el béisbol? ¿Por qué sí o por qué no? ¿Lo juegas? ¿Tus amigos lo juegan? ¿Lo ves en la televisión? ¿A qué jugadores caribeños conoces? ¿Cuál es tu jugador profesional favorito? ¿De dónde es?

2. **Religión:** ¿Eres católico/a? ¿Qué sabes del catolicismo? ¿Sabes cómo se llama el papa de ahora? ¿Sabes cómo se llama el presidente de Cuba de ahora? ¿Qué opinas sobre la relación entre el estado y la iglesia en general?

3. **Política:** ¿Sabes cuál es la relación política entre Estados Unidos y los tres países hispanos del Caribe? ¿Qué sistema político tienen los tres? ¿Sabes cómo se llaman los presidentes de estos países?

4. **Ciencia:** ¿Qué sabes de la astronomía? ¿Te gusta o prefieres otra ciencia? ¿Puedes identificar algunas constelaciones? ¿Conoces algunos planetas? ¿Crees que hay vida en otros planetas o crees que estamos solos en el universo? ¿Por qué lo crees?

5. **Cultura popular:** ¿Escuchas el reguetón? ¿Cuál es tu reguetonero favorito? ¿Tienes una canción de reguetón favorita? ¿Qué otros tipos de música te gustan? ¿Cuáles son tus artistas musicales favoritos? ¿Qué tipo de música prefieres? Compara tu música favorita con el reguetón.

_____

_____

_____

_____

_____

_____

_____

_____

_____

_____

Así es la vida

Escucha dos canciones de reguetón en el Internet y luego contesta las preguntas sobre (*about*) una de ellas. Algunas opciones son:

Panamá – El General, Makano, La Factoría

Costa Rica – Pura Vida

Puerto Rico – Daddy Yankee, Don Omar

La República Dominicana – Luny Tunes, Deevani

Cuba – Osmani García, Candyman, Mey Vidal

Título de la canción: _____

Nombre del grupo o reguetonero: _____

¿Te gusta la música? Explica por qué sí o por qué no.

_____

_____

En resumidas cuentas

Lee la siguiente lista para el examen del **Capítulo 5** y asegúrate (*make sure*) de que puedes:

☐ Hablar de diferentes ritmos e instrumentos caribeños.

☐ Hablar de eventos usando el presente progresivo.

☐ Evitar la repetición usando los pronombres de objeto directo.

☐ Distinguir entre *saber* y *conocer*.

☐ Usar las palabras interrogativas.

☐ Hablar sobre bodas, bautizos y otras celebraciones.

☐ Hablar del futuro usando *ir* + *a* + infinitivo.

☐ Usar verbos con el complemento de objeto indirecto.

☐ Hablar de intercambios con los verbos *decir* y *dar*.

☐ Usar verbos que funcionan como el verbo *gustar*.

Capítulo

6 Un viaje al pasado

▲ *España*

Presentación personal

 Escucha la presentación personal de Cristina y selecciona la respuesta correcta.

1. España…
   a) está en Hispania ahora.
   b) está en la Península Ibérica.
   c) no está en Europa.

2. Hispania…
   a) es un nombre en latín.
   b) es una ciudad en España.
   c) es la ciudad de Cristina.

3. En España…
   a) no hay barrios viejos en la mayoría de las ciudades.
   b) no hay monumentos históricos en las ciudades.
   c) no es difícil recordar la historia por los monumentos.

▲ *Cristina*

SECCIÓN 1: Lecciones de historia

Palabra por palabra

6.1-01 Conceptos opuestos Vemos el mundo en términos de opuestos. ¿Cuál es el opuesto de estas palabras? Empareja los números con las letras.

1. la reina   a. la dictadura

2. la democracia   b. la Edad Moderna

3. terminar   c. después de Cristo

4. antes de Cristo   d. el aliado

5. el enemigo   e. empezar

6. la Edad Media   f. el rey

6.1-02 Cristóbal Colón y el Nuevo Mundo Gabriel prepara una presentación sobre Cristóbal Colón y su llegada a las Américas. Llena los espacios con el vocabulario apropiado para completar su presentación.

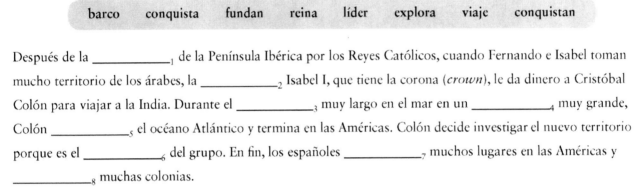

| barco | conquista | fundan | reina | líder | explora | viaje | conquistan |

Después de la _____₁ de la Península Ibérica por los Reyes Católicos, cuando Fernando e Isabel toman mucho territorio de los árabes, la _____₂ Isabel I, que tiene la corona (*crown*), le da dinero a Cristóbal Colón para viajar a la India. Durante el _____₃ muy largo en el mar en un _____₄ muy grande, Colón _____₅ el océano Atlántico y termina en las Américas. Colón decide investigar el nuevo territorio porque es el _____₆ del grupo. En fin, los españoles _____₇ muchos lugares en las Américas y _____₈ muchas colonias.

6.1-03 ¿Buena memoria? Gabriel estudia la historia de los famosos Alfonso en España. Ayúdalo a emparejar el dibujo con el nombre correcto de cada Alfonso.

1.

▲ *Alfonso VIII*

a) Alfonso Cuarto de Aragón

2.

▲ *Alfonso I*

b) Alfonso Primero, rey de Asturias

3.

▲ *Alfonso X*

c) Alfonso Octavo de Castilla

4.

▲ *Alfonso III*

d) Alfonso Quinto de Aragón

5.

▲ *Alfonso IV*

e) Alfonso Segundo de Aragón

6.

▲ *Alfonso VII*

f) Alfonso Séptimo de León y Castilla

7.

▲ *Alfonso IX*

g) Alfonso Décimo de Castilla

8.

All Illustrations © John Wiley & Sons, Inc.

▲ *Alfonso V*

h) Alfonso Noveno de León

9.

▲ *Alfonso II*

i) Alfonso Sexto de León y Castilla

10.

▲ *Alfonso VI*

j) Alfonso Tercero de León

6.1-04 Los Reyes Católicos Ahora Gabriel estudia la historia de la familia de los Reyes Católicos, pero tiene dificultad con los números ordinales. Escribe el número ordinal correcto para completar las frases.

1. Juan _____ (II) tiene tres hijos de dos esposas diferentes.

2. Sus hijos se llaman Enrique _____ (IV), Alfonso e Isabel.

3. Isabel _____ (I) se enamora del guapo Fernando de Aragón.

4. Cuando deciden casarse, ellos necesitan permiso del papa Alejandro _____ (VI).

5. Luego tienen seis hijos: Isabel, Juan, Juana, María, Catalina y Pedro. Catalina sigue la tradición de la familia

   real (*royal*) y se casa con Enrique _____ (VIII), el rey de Inglaterra.

6.1-05 La reina Isabel Para su presentación en clase, Gabriel investiga más información sobre la reina Isabel. Escucha la información de Gabriel y selecciona la respuesta correcta.

1. Para su presentación, Gabriel...
   a) quiere enfatizar la historia de la reina Isabel I.
   b) quiere hablar de la historia de la reina Isabel II.
   c) quiere investigar la historia de la reina Isabel III.

2. La reina Isabel...
   a) nació el 22 de abril de 1469.
   b) nació el 22 de junio de 1451.
   c) nació el 22 de abril de 1451.

3. El padre de la reina Isabel...
   a) fue Fernando II de Aragón.
   b) fue Juan II de Castilla.
   c) fue Julián I de Castilla.

4. La reina Isabel...
   a) se casó en 1469.
   b) se casó en 1451.
   c) se casó en 1492.

5. La reina Isabel...
   a) vivió 53 años.
   b) gobernó 53 años.
   c) vivió 63 años.

6.1-06 La historia de los Reyes Católicos Gabriel habla con su profesora de su presentación sobre los Reyes Católicos. Escucha su conversación y contesta las preguntas con frases completas.

MODELO:

¿En qué año nace la reina Isabel I?
La reina Isabel nace en 1451.

1. ¿Por qué dice la profesora que la historia de Isabel no es una historia muy común en la monarquía?

   _____

2. ¿Cómo es la época de la reina Isabel?

   _____

3. ¿Quién es Juana?

   _____

4. ¿Qué reino conquistan Isabel y Fernando?

   _____

Hablando de gramática I & II: • The preterit tense of regular verbs • The preterit of the verbs *ir* and *ser* • *Hace* + time + *que* • Direct object pronouns

6.1-07 El viaje de Cristóbal Colón Jesse aprendió mucho en su clase de historia sobre España. En la clase, hablaron mucho sobre el viaje de Cristóbal Colón a las Américas. Elige el verbo correcto para ver lo que Jesse aprendió sobre el viaje de Cristóbal Colón.

En el siglo XV, Cristóbal Colón **recibieron / recibió**$_1$ dinero de los Reyes Católicos para buscar una ruta directa a las Indias. **Salió / Salí**$_2$ como líder de un grupo de navegantes en un barco por el mar el 3 de agosto de 1492. Colón y sus navegantes **llegamos / llegaron**$_3$ después de mucho tiempo a la isla de Guanahaní que ellos **llamaron / llamamos**$_4$ San Salvador. En aquel primer viaje, Colón también **descubrí / descubrió**$_5$ Cuba y La Española, que hoy es la República Dominicana y Haití. En total, Colón y sus navegantes **exploró /exploraron**$_6$ las Américas en cuatro viajes. En uno de los viajes, Colón **fundé / fundó**$_7$ la ciudad de La Isabela, entre otras, pero al final Colón **gobernó / gobernaron**$_8$ mal sus territorios antes de ser reconocido como un gran explorador de las Américas. Yo **aprendió / aprendí**$_9$ mucho sobre Cristóbal Colón. ¿Qué **estudiaste / estudió**$_{10}$ tú de la historia española?

6.1-08 ¡A estudiar para el examen final! Gabriel estudia con su compañero de clase, Manuel, para su examen final de historia. Ayúdalos a estudiar para el examen eligiendo y conjugando en pretérito el verbo correcto para completar el diálogo.

ocurrir	salir	conquistar	aprender	fundar	llegar

Gabriel: En el siglo VIII a. C., en la costa del Mediterráneo, los griegos _____$_1$ las primeras colonias de la Península Ibérica.

Manuel: Y en el siglo III a. C., los romanos _____$_2$ la península. Pero no recuerdo cuándo _____$_3$ la primera invasión germánica. ¿Tú lo sabes?

Gabriel: Creo que en el siglo V. Todos sabemos que Cristóbal Colón _____$_4$ de España hacia (*towards*) las Indias en 1492 cuando _____$_5$ a las Américas por error, pero ¿nosotros _____$_6$ los nombres de los barcos de su flota?

terminar   llamar   estudiar   buscar

Manuel: Yo lo _____₇ en el libro de texto ayer y recuerdo que los navegantes _____₈ a los barcos *la Pinta*, *la Niña* y *la Santa María*.

Gabriel: ¡Ah, muy bien! ¿Tú _____₉ de estudiar la historia de la Edad Moderna ayer?

Manuel: ¡Claro que sí! Yo _____₁₀ todo el día.

Gabriel: ¡Madre mía! Entonces vas a sacar una A en el examen.

6.1-09 Algunos hechos históricos Gabriel estudia a último momento para su examen final. Ayúdalo a decidir si el verbo subrayado representa el verbo *ser* o *ir*.

	Ser	Ir
1. Isabel y Fernando <u>fueron</u> los Reyes Católicos.	☐	☐
2. Hernán Cortés <u>fue</u> a México y conquistó a los aztecas.	☐	☐
3. Los judíos <u>fueron</u> al norte de África.	☐	☐
4. Nosotros, los españoles, <u>fuimos</u> al Nuevo Mundo primero.	☐	☐
5. Juana la Loca <u>fue</u> la esposa de Felipe el Hermoso.	☐	☐
6. Madrid <u>fue</u> la capital oficial en 1562.	☐	☐

6.1-10 Su tiempo en España Jesse nos cuenta de su viaje a Madrid. Llena los espacios en blanco con la forma correcta del verbo *ser* o *ir* en pretérito.

Me acuerdo mucho de mi viaje a Madrid. Yo _____₁ a la Universidad Complutense de Madrid para estudiar con otros estudiantes internacionales. Durante el semestre, tomamos clases de lunes a viernes, pero un viernes _____₂ día libre. Ese fin de semana largo mis amigos y yo _____₃ de viaje a Barcelona. Los otros fines de semana visitamos otros lugares en España. Por ejemplo, un fin de semana todos mis amigos _____₄ a Toledo, pero yo _____₅ a Sevilla para ver una gran corrida de toros. ¡_____₆ una experiencia inolvidable! Siempre voy a recordar mi viaje a España. Y tú, ¿_____₇ a España alguna vez?

6.1-11 De visita en Alicante Julia va a Alicante para visitar a unos amigos que no ve desde hace mucho tiempo. Empareja los elementos de cada columna para crear preguntas y respuestas lógicas.

1. ¿Cuánto tiempo hace que viajaste a…   … El Desembarco?
2. Hace cuatro años que…   … por Skype?
3. ¿Cuánto tiempo hace que hablamos…   … que fui al festival.
4. Hace unos…   … viajé a Alicante.
5. ¿Cuánto tiempo hace que fuiste a…   … Alicante?
6. Hace muchos años…   … meses que hablamos por Skype.

1. _____
2. _____
3. _____
4. _____
5. _____
6. _____

6.1-12 Julia y sus amigos Julia y sus amigos hablan durante el festival El Desembarco. Julia tiene muchas preguntas para sus amigos. Contesta las preguntas que hace Julia.

1. ¿Cuánto tiempo hace que ocurrió el desembarco oficial de los moros? (1538)

_____

2. ¿Cuánto tiempo hace que la imagen de la Santa lloró? (1653)

_____

3. ¿Cuánto tiempo hace que el gobierno de España declaró El Desembarco una fiesta de interés turístico? (2003)

_____

4. ¿Cuánto tiempo hace que Uds. empezaron a comer paella durante la fiesta? (2004)

_____

5. ¿Cuánto tiempo hace que aprendiste sobre el festival? (1996)

_____

6.1-13 El Desembarco Julia tiene muchas preguntas para su amiga Lola sobre el festival El Desembarco. Contesta las preguntas eligiendo el pronombre de objeto directo correcto que elimina la repetición.

Julia: ¿Celebramos siempre El Desembarco del 24 al 31 de julio?

Lola: ¡Claro! **Lo / Nos**₁ celebramos durante los mismos días cada año.

Julia: ¿Vieron los cristianos los barcos de los moros?

Lola: Sí, **lo / los**₂ vieron a las 6:00 de la mañana.

Julia: ¿Quiénes tiraron petardos (*explosives*) hacia los moros?

Lola: Los cristianos **los / las**₃ tiraron.

Julia: Y, ¿los moros atacaron a la gente cristiana en la playa?

Lola: Desafortunadamente, sí **los / la**₄ atacaron directamente en la playa.

Julia: ¿Cómo recibió el festival su nombre?

Lola: **Lo / La**₅ recibió a causa de los eventos.

Julia: ¿En honor a quién celebramos las fiestas?

Lola: **Nos / Las**₆ celebramos en honor a Santa Marta.

6.1-14 La Guerra Hispano-Estadounidense Jesse repasa la información que aprendió en la clase de historia sobre la Guerra Hispano-Estadounidense. Escucha a Jesse y selecciona la respuesta correcta.

1. La Guerra Hispano-Estadounidense ocurrió...
   a) durante el reinado de Alfonso XII.
   b) durante el gobierno del presidente Roosevelt.
   c) durante la regencia de María de Habsburgo.

2. La guerra ocurrió...
   a) por la disputa de España.
   b) por la disputa de Cuba.
   c) por la disputa de La Habana.

3. El evento que provocó la guerra fue...
   a) la llegada del barco *Maine*.
   b) la riqueza de La Habana.
   c) el hundimiento del *Maine*.

4. Estados Unidos ganó el control de...
   a) Puerto Rico, Cuba, Guam y las Filipinas.
   b) España, Cuba, Puerto Rico y las Filipinas.
   c) las Filipinas y Puerto Rico, pero no Cuba.

5. Como resultado de la guerra...
   a) Estados Unidos perdió control de Cuba.
   b) España logró su independencia de Cuba.
   c) la isla de Cuba ganó su independencia.

6.1-15 Una noche para recordar Julia habla por Skype con su amiga Lola sobre sus experiencias en Alicante. Escucha su conversación y contesta las preguntas con frases completas.

MODELO:

Pregunta: ¿Quiénes usaron espadas en la batalla?
Escribes: *Los moros usaron espadas en la batalla.*

1. ¿Cuál fue una experiencia única para Julia?

_____

2. ¿Quién preparó una paella?

_____

3. ¿Qué usaron los moros?

_____

4. ¿Cuánto tiempo hace que Lola vio el festival por primera vez?

_____

5. ¿Cuánto tiempo hace que Julia visitó Alicante?

_____

SECCIÓN 2: Arte de ayer y de hoy
Palabra por palabra

6.2-01 La arquitectura variada de España ¿Puedes identificar las diferentes obras arquitectónicas que Amanda y sus amigas vieron cuando viajaron por España? Empareja cada foto con la descripción correcta. Usa el Internet para investigarlas si es necesario.

a.   b.   c.   d.

_____ 1. una torre humana enfrente de la Catedral gótica de Barcelona

_____ 2. el altar barroco de la Iglesia de las Calatravas en Madrid

_____ 3. el Monumento del Ángel Caído en el Parque del Gran Retiro en Madrid

_____ 4. la fachada neogótica de la Basílica de la Sagrada Familia en Barcelona con cuatro torres

6.2-02 Historia y arte de España En su clase de historia y arte de España en la Universidad de Granada, Amanda tiene que completar un crucigrama con información que aprendió en la clase. Ayúdala a completar el crucigrama.

Horizontales

4. En su obra _____, *Guernica*, Picasso pintó los horrores de la guerra.

5. El arquitecto valenciano Santiago Calatrava diseñó el Museo Guggenheim en Bilbao, el Puente del Alamillo en Sevilla, el Auditorio de Tenerife en las islas Canarias, la Ciudad de las Artes y las Ciencias en Valencia y varios otros _____ modernos en varias ciudades del mundo.

7. Para los católicos, una _____ es la iglesia principal de cada región.

8. Picasso dibujó varias versiones de *Guernica* antes de pintarla al óleo en un _____ enorme de casi 11,5' × 26' (3,5 m × 7,8 m).

9. Los grandes artistas españoles, como el Greco, Diego Velázquez y Francisco de Goya pintaron muchos _____ que hoy están en el Museo Nacional del Prado en Madrid.

10. El _____ catalán Antoni Gaudí diseñó varios de los edificios monumentales de Barcelona.

11. Pedro Almodóvar es el _____ de cine contemporáneo más famoso de España, pero hay otros importantes como Alejandro Amenábar, Iciar Bollaín, Fernando Trueba y Alex de la Iglesia.

Verticales

1. El Alcázar de Segovia es un _____ enorme donde vivieron varios reyes de Castilla.

2. Pablo Picasso se pintó en varios _____.

3. El artista catalán Joan Miró hizo muchas pinturas, obras de cerámica y esculturas. En otras palabras, fue pintor, ceramista y _____.

6. Una _____ es un templo religioso musulmán, y los árabes musulmanes del norte de África construyeron muchas en España durante su largo reinado entre los años 711 y 1492.

6.2-03 Los colores de Dalí Amanda está en la clase de historia y arte de España en la Universidad de Granada y tiene que identificar los colores en el arte de Salvador Dalí. Antes de responder por ella, busca en Internet los siguientes cuadros: *Los relojes blandos, El palacio del viento, Autorretrato blando con tocino frito, Noche y día ropa del cuerpo.*

Los relojes blandos

1. ¿De qué color son los tres relojes del mismo color? Son...
   - [ ] color vino.
   - [ ] azul claro.
   - [ ] azul marino.

2. ¿De qué color son las montañas? Son...
   - [ ] color café.
   - [ ] doradas.
   - [ ] plateadas.

El palacio del viento

3. La mujer se llama Gala, la esposa y musa de Dalí. ¿De qué color es su vestido? Es...
   - [ ] rojo.
   - [ ] plateado.
   - [ ] turquesa.

4. El hombre es Dalí. ¿De qué color son sus pantalones? Son...
   - [ ] color vino.
   - [ ] azul claro.
   - [ ] azul marino.

Autorretrato blando con tocino frito

5. ¿De qué color es esta escultura de la cara de Dalí? Es...
   - [ ] azul marino.
   - [ ] dorada.
   - [ ] turquesa.

Noche y día ropa del cuerpo

6. ¿Cuál es el color alrededor de la ropa a mano izquierda? Es...
   - [ ] color vino.
   - [ ] plateado.
   - [ ] blanco.

7. ¿Qué color no vemos en este cuadro? No vemos...
   - [ ] turquesa.
   - [ ] color vino.
   - [ ] plateado.

8. ¿Cuál es el color de la parte inferior del marco (*frame*) alrededor de la ropa a mano derecha? Es...
   - [ ] amarilla.
   - [ ] color vino.
   - [ ] anaranjada.

6.2-04 Obras destacadas de Dalí ¿Quieres ver más obras de Salvador Dalí? Busca en Internet la "Colección Fundación Gala-Dalí" y luego haz clic en "Obras destacadas" (obras importantes). ¿Qué colores ves en las siguientes obras de arte? Escribe tres colores para cada obra. Escribe los colores en su forma masculina.

1. *Gala desnuda mirando el mar que a 18 metros aparece el presidente Lincoln*

_____

2. *Figura rinoceróntica del "Ilisos" de Fidias*

_____

3. *Rostro de Mae West utilizado como apartamento* (instalación)

_____

4. *Desmaterialización de la nariz de Nerón*

_____

5. *Simbiosis mujer-animal*

_____

6. *Las ferias de Figueres*

_____

6.2-05 El arte de Barcelona En su viaje a Barcelona, Amanda habla con su amiga para identificar el arte que ven. Escucha la conversación entre ellas y selecciona la respuesta correcta.

1. Amanda dice que…
   a) Barcelona es un museo por sus catedrales.
   b) Barcelona es un museo por sus pinturas.
   c) Barcelona es un museo por sus edificios.

2. *Los relojes blandos*…
   a) es una pintura surrealista.
   b) es una pintura gótica.
   c) es una obra maestra realista.

3. *El laberinto del fauno*…
   a) es una obra maestra de Dalí con elementos realistas.
   b) es una película surrealista con elementos góticos.
   c) es una obra que combina elementos realistas y surrealistas.

4. Los pintores de hoy en día (*nowadays*)…
   a) son como los músicos que combinan elementos.
   b) combinan elementos realistas y surrealistas.
   c) nunca escuchan música para concentrarse en las obras.

5. Los artistas de hoy en día…
   a) no usan óleos ni lienzos.
   b) usan más formas de expresión.
   c) usan solamente elementos realistas.

6.2-06 Las entrevistas En su visita a Barcelona, Amanda entrevista a diferentes artistas para hablar de su arte. Escucha las descripciones y escribe el nombre del artista y un tipo de arte.

MODELO:

Escuchas: Mi arte es tomar fotografías de paisajes y también de personas.
Escribes: *El fotógrafo toma fotografías de paisajes y también de personas.*

1. _____

2. _____

3. _____

4. _____

Hablando de gramática I & II: ● The preterit tense of irregular and stem-changing verbs ● Possessive adjectives ● Demonstrative adjectives and pronouns ● Recognizing the *vosotros* form of address

6.2-07 Un viaje a Barcelona Amanda y sus amigas tomaron el tren desde Madrid a Barcelona. Elige la forma correcta de cada verbo para completar la narración de su viaje.

Narrador: Amanda y sus amigas _____$_1$ de visita en Madrid y decidieron ir de ahí a
estuvieron estar estuvo

Barcelona. Ellas _____$_2$ billetes para el AVE, el tren de alta velocidad,
consiguieron conseguiste conseguí

por Internet. Todas _____$_3$ viajar en clase turista. Lo _____$_4$ para
eligieron elegiste eligió   hizo hicieron hicisteis

ahorrar (*save*) dinero.

Amanda: La noche del miércoles, antes de salir de Madrid, nosotras no _____$_5$ nada.
durmieron dormimos durmió

Real Madrid _____$_6$ el jueves y nosotras _____$_7$ al
compitió compitieron competiste   fuisteis fue fuimos

partido. Después del partido salimos de tapas y volvimos al hotel tarde. Nosotras

_____$_8$ no dormir esa noche para poder dormir en el tren.
prefirieron preferiste preferimos

Narrador: Por la mañana, cuando llegaron a la Puerta de Atocha, la estación de tren más grande de Madrid,
Amanda le preguntó a su amiga Julia:

"¿_____$_9$ tu pasaporte?". "Sí, lo _____$_{10}$", dijo Julia. "¿Eva
Trajo Trajisteis Trajiste   trajiste traje trajo

y Julia, _____$_{11}$ su pasaporte también?" Como no _____$_{12}$ la
trajeron trajiste trajo   oísteis oyeron oyó

pregunta, Amanda la _____$_{13}$. "Sí, los _____$_{14}$", dijeron. El
repetir repetí repitió   trajeron trajiste trajimos

AVE salió a las 13:10 h y llegó a la estación Barcelona-Sants a las 16:04 h. "¡Solo fueron tres horas!",
dijo Amanda. "El tren _____$_{15}$ volando (*flying*) desde Madrid". "¡Por eso lo llaman el
venir vino vine

AVE!", respondió Eva.

Amanda: Después de llegar al hotel, _____[16] descansar un poco antes de ir a

pudimos   pudiste   pudieron

Los Caracoles, un restaurante muy bueno en el Barrio Gótico. Nos _____[17]

vistieron   vestimos   vestí

bien y salimos para el restaurante. El camarero no nos _____[18] el menú del

traduje   tradujo   tradujimos

catalán al inglés: no _____[19] necesario. Nos _____[20]

fue   fueron   fuiste   di   dimos   dio

un menú en catalán, castellano e inglés. _____[21] caracoles (*snails*) y otras

Pedimos   Pedisteis   Pidieron

especialidades de la casa, y el camarero nos _____[22] la comida típica de

sirvió   serví   servimos

Cataluña. Además, él nos _____[23] postre gratis. ¡Qué suerte! Nosotras nos

dimos   dio   dieron

_____[24] satisfechas, y después de pagar la cuenta _____[25]

sentimos   sintió   sintieron   seguimos   seguisteis   siguieron

nuestra visita por Barcelona con un paseo por las Ramblas. Después de un día largo,

_____[26] volver al hotel para descansar.

quiso   quisieron   quisimos

6.2-08 ¡Es fácil perderse en Barcelona! Después de su viaje a Barcelona, Amanda y sus amigas conversan sobre uno de los días que pasaron ahí. Completa los espacios en blanco con el verbo más lógico en el pretérito. Es posible usar algunos verbos más de una vez.

preferir   tener   ir   estar   divertirse   dormir   elegir   hacer

Amanda: Nosotras _____[1] un viaje fantástico. Ustedes _____[2], ¿no?

Eva: Sí, nosotras _____[3]. _____[4] un fin de semana maravilloso.

Julia: Sí, pero estoy cansada porque nosotras no _____[5] casi nada durante los tres días.

Eva: Pero Amanda sí _____[6] todo el tiempo que tú y yo _____[7] en las Ramblas el sábado por la tarde, ¿verdad, Julia?

Julia: Sí. Amanda _____[8] descansar en el hotel en vez de pasear con nosotras.

Amanda: Es que yo no _____[9] nada de tiempo para dormir en Madrid, así que _____[10] que descansar en Barcelona.

construir   seguir   hacer   perderse   dar   poder   sugerir   decir   ir   querer

Amanda: Y el día que ustedes _____[11] un paseo por las Ramblas, ¿_____[12] llegar al Paseo de Gracia también para ver la Pedrera, el apartamento que _____[13] Gaudí?

Julia: No, no _____[14] porque _____[15] volver al hotel para descansar también.

Eva: Sí, y aunque nosotras _____[16] las instrucciones que nos _____[17] el trabajador del hotel, _____[18].

Julia: Exacto. Él _____[19] la línea 3 del metro, pero nosotros tomamos la línea 5 por accidente.

Amanda: Bueno, cometer errores es parte de la experiencia y como yo les _____[20]: ¡Barcelona es una ciudad divertidísima, pero es fácil perderse!

6.2-09 Dos grandes ciudades Amanda, Eva y Julia responden a algunas de las preguntas de la madre española de Amanda. Completa sus respuestas con los adjetivos posesivos más lógicos.

MODELO:

Amanda: Me gustó mucho el Parque del Gran Retiro. Es *mi* parque favorito de Madrid.

Amanda: ¿Qué hicimos en Madrid? Fuimos al Museo Nacional del Prado. Para mí, el arte de Goya es

especial. _____₁ obra de arte favorita en ese museo fue *Saturno devorando a*

un hijo, de Goya, pero mucha gente lo llama *Saturno devorando a* _____₂ *hijo,*

o simplemente *Saturno.* Me gustan mucho _____₃ pinturas negras en general,

pero me encanta ese cuadro en particular. Eva, ¿por qué no le cuentas qué hicimos en Barcelona

ya que fue _____₄ ciudad favorita, verdad? La Casa Milá y la Casa Batlló

fueron unos de _____₅ monumentos favoritos, ¿no?

Eva: ¿Qué hicimos en Barcelona? Julia y yo fuimos a Casa Milá y Casa Batlló, dos edificios que diseñó

Antoni Gaudí. Nos gustaron los dos edificios pero _____₆ favorita fue la Casa

Milá (_____₇ apodo es *La Pedrera*). Nos gustó un poco más a nosotras que la

Casa Batlló.

Julia: ¿Cuál de las dos ciudades nos gustó más? A mí me gustaron las dos. Son _____₈

dos ciudades favoritas de España. Sin embargo, a ellas creo que les gustó más Barcelona. Es

_____₉ ciudad favorita. Les gustó especialmente el Barrio Gótico por

_____₁₀ calles angostas (*narrow*) y serpenteantes (*winding*).

6.2-10 La vista desde el Parque Güell Amanda y sus amigas están en el Parque Güell mirando la ciudad de Barcelona. Mientras un guía turístico les indica varias cosas importantes, Amanda escribe la información en su cuaderno. Completa sus apuntes con adjetivos demostrativos lógicos.

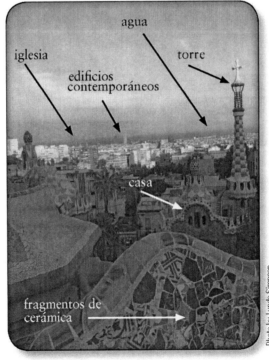

Gaudí diseñó **este / esa**₁ parque donde estamos. Todos
aquellos / estos₂ fragmentos de cerámica que veis aquí se
unieron para decorar el parque con el estilo artístico de Gaudí
que llamamos "trencadís". Gaudí también diseñó **esta / esa**₃
torre ahí. **Esta / Esa**₄ casa que veis allí es la Casa Museo
Gaudí. Gaudí también diseñó **esa / aquella**₅ iglesia allá que está
muy lejos de aquí. Es la Basílica de la Sagrada Familia. **Estos /
Aquellos**₆ edificios contemporáneos altos allá a lo lejos están
en el Puerto Olímpico. **Esa / Aquella**₇ agua allá en la distancia
es el mar Mediterráneo. ¿Qué os parece **esa / esta**₈ ciudad tan
magnífica?

6.2-11 De compras en La Boquería Amanda está en La Boquería, un mercado famoso en Barcelona. Los
dos hombres que trabajan en el estante de frutas (*fruit stand*) están ocupados, y Amanda decide apuntar qué
quiere comprar. Prestando atención al uso de *aquí*, *ahí* y *allá*, llena los espacios en blanco con los adjetivos
demostrativos más lógicos.

la gente   los plátanos   las naranjas

los señores

el señor

los zumos
(*juices*)

Kathryn Sampson

_____₁ dos señores allá trabajan aquí, pero están muy

ocupados. Voy a apuntar en _____₂ cuaderno aquí

mientras los espero. A ver, ¿qué voy a comprar? En España no dicen "jugo",

dicen "zumo". ¡Interesante! _____₃ zumos aquí enfrente

de mí me parecen muy ricos y son baratos. ¡Solo cuestan 1 euro cada

uno! Me voy a llevar dos. _____₄ zumos ahí enfrente de

_____₅ señor con la bolsa en la mano parecen ricos también.

Voy a llevarme _____₆ plátanos y _____₇

naranjas ahí enfrente del señor. A ver, me pregunto, ¿por qué hay más gente en

_____₈ estante allá? ¿Es la fruta allá mejor que la fruta aquí en

_____₉ estante?

6.2-12 De vuelta en Granada Cuando Amanda y sus amigas volvieron a Granada después de su viaje a Madrid y Barcelona, su madre española les hizo varias preguntas. Mira las siguientes preguntas y decide si son para Amanda o para las tres amigas. Escribe cada pregunta en el espacio correcto.

¿Qué hicisteis en Madrid y en Barcelona?

¿Comiste bien en las dos ciudades?

¿Le mandaste un correo electrónico a tu mamá en Estados Unidos para decirle adónde fuiste?

¿Visitasteis el Museo Nacional Centro de Arte Reina Sofía en Madrid?

¿Visteis el partido de fútbol entre Real Madrid y Osasuna?

¿Entendiste el catalán?

¿Por cuántos días estuvisteis en cada ciudad?

¿Pudiste entrar a la Sagrada Familia?

¿Paseasteis por las Ramblas?

¿Os gustó más Barcelona o Madrid?

1. Preguntas para Amanda:

_____

_____

_____

_____

2. Preguntas para las tres amigas:

_____

_____

_____

_____

_____

_____

6.2-13 De tapeo en la Plaza Real Amanda y sus amigas hablan sobre su experiencia comiendo tapas en la Plaza Real en Barcelona. Escucha su conversación y selecciona la respuesta correcta.

1. Amanda…
   a) se sintió mal por los colores del bar Glaciar.
   b) pintó con colores el menú del bar Glaciar.
   c) se sintió muy bien en el bar Glaciar.

2. Loli…
   a) trajo el menú del bar Glaciar.
   b) tradujo el menú del bar Glaciar.
   c) trabajó con el menú del bar Glaciar.

3. Amanda se puso nerviosa…
   a) cuando vio el menú del bar.
   b) cuando tradujo el menú del bar.
   c) porque no estudió español bien.

4. Amanda quiso…
   a) caminar por Barcelona.
   b) visitar más museos.
   c) algo para beber.

5. En el bar Glaciar…
   a) hubo arte.
   b) hubo música.
   c) no hubo tapas.

6.2-14 Los museos de Madrid Amanda visita Madrid para conocer los famosos museos del Prado y el Reina Sofía. Escucha a Amanda y contesta las preguntas con frases completas.

1. ¿Qué vio Amanda en el Museo del Prado?

_____

2. ¿Qué obras no pudo ver Amanda en el Museo del Prado?

_____

3. ¿Dónde vio Amanda obras de Picasso?

_____

4. ¿Qué obras de arte prefirió ver Amanda?

_____

5. ¿Qué arte no entendió Amanda muy bien?

_____

¿Cómo es...?

Escucha a Cristina hablar de las lenguas en España y después selecciona las respuestas correctas.

1. La mayoría de las palabras en español...
   a) son de origen latino.
   b) son de origen gallego.
   c) son de origen catalán.

2. Las palabras de origen gallego se incorporaron al español...
   a) en la literatura portuguesa en la Edad Media.
   b) en la Edad Media en la literatura de España.
   c) en Portugal y luego en la España de la Edad Media.

3. Paella...
   a) es una palabra de origen gallego.
   b) es una palabra de origen vasco.
   c) es una palabra de origen catalán.

4. Bilbao y San Sebastián...
   a) son dos ciudades de Cataluña.
   b) son dos ciudades en el centro de España.
   c) son dos ciudades donde hablan vasco.

5. El vasco, el catalán y el gallego...
   a) son lenguas que no escuchamos en España.
   b) son tres comunidades en el sur de España.
   c) son lenguas que encontramos también en Internet.

Entérate

En esta sección debes seleccionar la lectura que más te interese. Selecciona solamente **una** lectura y contesta las preguntas.

1. Deportes / Pasatiempos: Las corridas de toros

2. Sociedad / Religión: Los *castells* de Cataluña

3. Historia / Política: El País Vasco

4. Ciencia / Tecnología: El Parque de las Ciencias en Granada

5. Cultura popular / Arte: Diego Velázquez

1. Pasatiempos: Las corridas de toros

La corrida de toros es, posiblemente, el espectáculo más emblemático y más controversial de la cultura española. Sin embargo, hicieron una encuesta (*survey*) en 2006 y solo el 26 por ciento de la población española dijo que le interesan las corridas.

Los orígenes de las corridas de toros son ambiguos. Los romanos tuvieron competencias entre animales y humanos, y posiblemente este espectáculo contemporáneo viene de ahí. Otra posibilidad es que los musulmanes árabes llevaron las corridas del norte de África a la Península Ibérica.

Hasta el siglo XVIII, los matadores torearon —pelearon contra los toros— a caballo, pero después se hizo más popular

▲ *Un rejoneador en la Plaza Monumental de Toros de las Ventas en Madrid*

torear a pie. Hoy en día todavía existen las dos formas: las corridas de toros (con un matador que torea a pie) y las corridas de rejones (con un matador, o rejoneador, que torea a caballo). Las corridas de toros son entre abril y septiembre y normalmente hay una corrida por semana durante ese tiempo en las ciudades donde hay plaza de toros. Durante periodos festivos, puede haber corridas todos los días.

Aunque algunos consideran la corrida un arte y otros un deporte, otros piensan que es solamente un espectáculo cruel. En 2007, el gobierno socialista de España eliminó la transmisión en vivo (*live*) de las corridas por la televisión pública española. En 2010, con un voto de 68 a 55, el parlamento catalán ilegalizó (*banned*) las corridas de toros y en 2012 la ley entró en efecto. En 2012, el gobierno conservador español del Partido Popular renovó la transmisión en vivo de las corridas en la televisión pública. Es evidente que la corrida de toros tiene una historia controversial, pero como sus orígenes, el futuro de esta expresión cultural es incierto y parece depender del partido político en el poder.

1. ¿A qué porcentaje de la población en España no le interesan las corridas de toros? Escribe el número y explica por qué a algunos no les interesan.

_____

2. ¿Cuáles son los dos grupos históricos que posiblemente establecieron la tradición de las corridas de toros en España?

_____

3. ¿Durante cuántos meses del año típicamente hay corridas de toros?

_____

4. ¿En qué región autónoma de España votaron por ilegalizar las corridas de toros?

_____

5. ¿Por qué piensas que la lectura dice que el futuro de las corridas de toros es incierto?

_____

2. Sociedad: Los *castells* de Cataluña

Además del uso de la lengua catalana, una de las expresiones culturales más emblemáticas de la gente de Cataluña son los *castells*, la palabra catalana que significa "castillos". Los *castells* son torres humanas construidas verticalmente, con unos encima de otros, como puedes ver en la foto. Los *castellers*, la gente que practica esta tradición, se organizan en *colles*, o grupos, y hay rivalidades entre diferentes *colles*. Los *castells* pueden llegar a tener diez pisos. Hay diferentes técnicas para levantar los *castells*, pero todos consisten en *la pinya* o la base, *el tronc* o la parte principal y *el pom de dalt*, que es la parte superior, formada por niños. Generalmente hay de una a cinco personas por piso y cada *castell* tiene de cinco a nueve pisos. Algunos *castells* se forman cuando algunas personas se suben encima de los hombros de otras. Otros *castells* especiales se forman al revés y cada piso es añadido (*added*) desde abajo.

▲ Un *castell enfrente de la Catedral de Barcelona*

Kathryn Sampson

Según la *Gran Enciclopedia Catalana*, los *castells* se originaron en el siglo XIX en el Campo de Tarragona y de ahí se extendieron a Penedés y al resto de Cataluña en el siglo XX. En noviembre de 2010 la UNESCO declaró los *castells* "Patrimonio Cultural Inmaterial de la Humanidad". Hoy se practican durante festivales populares. Aunque es una actividad peligrosa (*dangerous*), solo murieron dos personas en toda la historia contemporánea de esta expresión cultural tan única de Cataluña.

1. ¿Dónde practican la tradición de los *castells*?

_____

2. ¿Qué es la *pinya* de un *castell*?

_____

3. ¿Quiénes forman la parte superior de los *castells*?

_____

4. ¿En qué parte del cuerpo de otras personas se ponen los *castellers*?

_____

5. ¿Qué designación internacional recibieron los *castells* y cuándo fue?

_____

3. Historia: El País Vasco

El País Vasco, o *Euskadi* en el idioma vasco, está situado en el centro-norte de España. Comparte frontera con Francia. No se sabe con exactitud el origen de los vascos ni de su idioma, el *euskera*. Sin embargo, los vascos componen uno de los grupos étnicos más antiguos de Europa y su idioma no tiene relación lingüística con ningún otro idioma.

Hay evidencia paleolítica de habitantes humanos en el País Vasco desde hace 200.000 años. Los romanos llegaron al área que hoy llamamos el País Vasco en 200 a. C. Los romanos no pudieron dominar a los vascos, y la cultura y el idioma se mantuvieron intactos. Aunque nunca tuvieron una presencia fuerte en el País Vasco, los romanos ocuparon la Península Ibérica hasta la división final del Imperio romano.

El territorio vasco tiene una larga historia de invasiones. En el siglo IX, los vascos formaron el Reino de Navarra para detener la expansión de los francos en el norte bajo Carlomagno y los musulmanes árabes en el sur. En 1515, los Reyes Católicos conquistaron parte de Navarra y desde entonces los vascos tienen una relación tumultuosa con España y con Francia al norte, porque una parte del territorio vasco está en Francia y la otra parte en España. Durante la dictadura de Francisco Franco, los vascos y su cultura fueron fuertemente oprimidos (*oppressed*). En 1978, tres años después de que murió Franco, las comunidades autónomas del País Vasco y de Navarra fueron establecidas por la nueva Constitución democrática.

▲ *Mapa de las comunidades autónomas de España*

Decide si las declaraciones son **ciertas** (C) o **falsas** (F). Si la oración es falsa, escribe una oración verdadera.

1. *Euskadi* es el idioma de los vascos.

   C   F _____

2. Hace más de dos mil doscientos años que los romanos llegaron al área del País Vasco.

   C   F _____

3. Los romanos conquistaron a los vascos y cambiaron mucho su cultura.

   C   F _____

4. Los vascos formaron el Reino de Navarra para unirse contra los romanos.

   C   F _____

5. En 1978 los vascos recibieron los derechos (*rights*) legales de formar su propio (*own*) gobierno.

   C   F _____

4. Ciencia: El Parque de las Ciencias en Granada

Situado en el sur de España en la región andaluza, en la ciudad de Granada existe el impresionante Parque de las Ciencias. El Parque de las Ciencias es un museo interactivo muy grande situado en el centro histórico de Granada. Ofrece una variedad de actividades culturales y científicas para todos sus visitantes. En el Edificio Péndulo de Foucault hay varias salas. La Sala Eureka se dedica a la física y la mecánica, la Sala Biosfera ofrece una vista de la vida en la Tierra (*Earth*) y la Sala Percepción muestra el efecto de la luz, los espejos y el sonido. En el Edificio

▲ *El Parque de las Ciencias*

Macroscopio hay diversos pabellones. En el Pabellón Viaje al Cuerpo Humano el visitante hace un viaje desde el origen de la vida hasta la anatomía humana. El Pabellón Al-Ándalus y la Ciencia se centra en el legado (*legacy*) de la ciencia y tecnología de esta área en el sur de España. El Pabellón Cultura de la Prevención se centra en mejorar la percepción de los peligros (*dangers*) en el trabajo y en la vida diaria. En el Pabellón Tecno-Foro se presentan nuevas tecnologías, innovaciones y arte. En el exterior del museo, los visitantes pueden disfrutar de los Recorridos Botánicos, el Jardín de Astronomía, el Observatorio Astronómico y las Esculturas Dinámicas, entre otras cosas. El Parque de las Ciencias está abierto de martes a sábado de las 10:00 a las 19:00 y los domingos de las 10:00 a las 15:00. En general, el museo está cerrado los lunes, excepto cuando es un día feriado.

Decide si las declaraciones son **ciertas** (C) o **falsas** (F). Si la oración es falsa, escribe una oración cierta.

1. El Parque de la Ciencias está en el sur de España en un centro histórico.

   C   F _____

2. El Parque de las Ciencias es un tipo de parque.

   C   F _____

3. En el Edificio Péndulo de Foucault hay cuatro salas importantes.

   C   F _____

4. Podemos aprender sobre la ciencia y la tecnología de esa región en el Pabellón Al-Ándalus y la Ciencia.

   C   F _____

5. El Parque de las Ciencias siempre está cerrado los lunes.

   C   F _____

5. Arte: Diego Velázquez

Diego Rodríguez de Silva y Velázquez, más conocido como Diego Velázquez, nació alrededor del 6 de junio de 1599 que es cuando lo bautizaron en Sevilla, España. Durante su infancia, estudió arte con Francisco de Herrera por un año. Después, fue estudiante de Francisco Pacheco, otro pintor y maestro en Sevilla durante cinco años. En 1618, Velázquez se casó con la hija de Francisco Pacheco, Juana Pacheco, y tuvieron dos hijas, Francisca de Silva Velázquez y Pacheco e Ignacia de Silva Velázquez y Pacheco. En 1623, Velázquez se mudó de Sevilla a Madrid para ser pintor del rey Felipe IV. A Felipe IV le gustó tanto un retrato que Velázquez hizo de él, que decidió retirar (*withdraw*) todos los otros retratos de él en el área. Luego, el rey Felipe IV ordenó a Velázquez mudarse (*to move*) a Madrid con su familia para ser el único (*only*) pintor del rey. Durante su vida pintó entre 120 y 125 obras de arte. Además de los numerosos retratos que hizo para el rey Felipe IV y los otros miembros de la corte (*court*), creó otras obras, algunas (*some*) muy famosas, como *Los borrachos*, *La rendición de Breda*, *Venus del espejo*, *Las hilanderas* y su obra maestra *Las Meninas*. *Las Meninas* es un ejemplo espectacular del estilo barroco que demostró Velázquez a lo largo de su vida. Desafortunadamente, en 1660 se enfermó al regresar de Francia a Madrid de un viaje para la corte. Murió pocos días después, el 6 de agosto de 1660.

▲ *Las Meninas*

1. ¿Con qué nombre bautizaron a Diego Velázquez?

_____

2. ¿Con cuántos maestros estudió Velázquez?

_____

3. ¿Por qué se mudó Velázquez a Madrid?

_____

4. ¿Cómo se llama la obra maestra de Velázquez?

_____

5. ¿Cuándo y dónde murió Velázquez?

_____

En tus propias palabras

Selecciona **un** tema para escribir. Puedes escribir sobre lo que leíste en la sección anterior, **Entérate**.

1. **Pasatiempos:** ¿Fuiste alguna vez (*ever*) a una corrida de toros? ¿Cuánto tiempo hace que fuiste a una corrida de toros? ¿Viste una corrida de toros en la televisión alguna vez? ¿Dónde ocurrió? ¿Mataron a los toros? ¿Cómo te sentiste? ¿Te gustan las corridas de toros? ¿Por qué sí o por qué no? ¿Puedes comparar las corridas de toros con alguna (*any*) tradición cultural en Estados Unidos?

2. **Sociedad:** ¿Fuiste alguna vez a España? ¿Cuánto tiempo hace que fuiste a España? ¿Fuiste a Cataluña? ¿Qué hiciste ahí? ¿Viste la construcción de los *castells* en persona? ¿Viste alguna vez (*ever*) los *castells* en Internet, en una película o en la televisión? ¿Hay alguna (*any*) tradición cultural importante en tu pueblo o estado?

3. **Historia:** ¿Existen diferentes grupos culturales en tu país? ¿Cuáles son? ¿Dónde viven? ¿Cómo es la cultura y la historia de ellos? ¿Alguna vez (*ever*) hablaste con alguien de uno de esos grupos? ¿Cuánto tiempo hace que hablaste con él o ella? ¿Qué le dijiste? ¿Qué te dijo esa persona?

4. **Ciencia:** En general, ¿te gustan los museos científicos? ¿Visitaste un museo científico alguna vez? ¿Cuánto tiempo hace que visitaste el museo? ¿Dónde? ¿Por qué? ¿Con quién? ¿Qué cosas viste en el museo? ¿Qué te gustó más?

5. **Arte:** ¿Qué tipo de arte te gusta? ¿Tienes pintores favoritos? ¿Qué tipo de arte hacen? Describe en detalle cómo es su arte. ¿Por qué te gusta? ¿Hay algún artista de Estados Unidos que te gusta? ¿Por qué?

_____

_____

_____

_____

_____

_____

_____

_____

Así es la vida

Completa el siguiente chiste con los verbos de la lista. Es posible usar los verbos más de una vez.

preguntar	decir	ver	morir	ir

Tres amigos _____₁ en un accidente automovilístico y _____₂ al paraíso. Desde arriba _____₃ su funeral y ellos se _____₄ el uno al otro: "¿Que te gustaría que dijeran de ti? (*What would you like people to say about you?*)". Álvaro _____₅: "Fue un buen esposo y un buen maestro". Juan _____₆: "Fue un buen doctor y un buen padre". Jorge _____₇: "¡Mira, está vivo!".

8. ¿Por qué es cómico el chiste? Escoge **una** respuesta.
   a) Porque Jorge está vivo.
   b) Porque si no dicen en el funeral que Jorge fue buen padre o buen esposo, es cómico el contraste con lo que (*what*) dicen de Álvaro y Juan.
   c) Porque si dicen "Mira, está vivo" en el funeral, significa que Jorge no está muerto.

En resumidas cuentas

Lee la siguiente lista para el examen del **Capítulo 6** y asegúrate (*make sure*) de que puedes:

- ☐ Hablar sobre la historia.
- ☐ Usar los números ordinales.
- ☐ Usar el pretérito de los verbos regulares y de *ser* e *ir*.
- ☐ Usar la expresión *hace* + tiempo + *que* para especificar cuándo ocurrió algo.
- ☐ Evitar la repetición con los pronombres de objeto directo.
- ☐ Hablar del arte y de los procesos creativos.
- ☐ Reconocer y hablar de los colores.
- ☐ Usar el pretérito de los verbos irregulares y de los verbos que cambian en la raíz.
- ☐ Usar los adjetivos posesivos.
- ☐ Identificar personas y objetos con los pronombres y adjetivos demostrativos.
- ☐ Reconocer la forma de vosotros.

Capítulo 7 Los restaurantes y las comidas

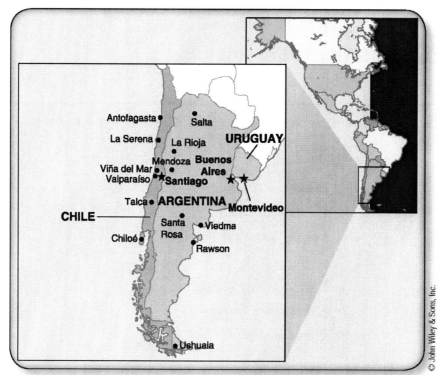

▲ *Argentina, Chile y Uruguay*

Presentación personal

Escucha la presentación personal de Juan y selecciona las respuestas correctas.

1. Argentina…
   a) es el segundo país más grande del mundo.
   b) es el octavo país más grande del mundo.
   c) es el país más grande del mundo.

2. El polo…
   a) es un gaucho argentino.
   b) es un deporte con caballos.
   c) es la tierra de gauchos.

▲ *Juan*

3. La comida en Argentina...
   a) tiene influencia europea.
   b) tiene vinos variados.
   c) tiene muchos gauchos.

4. La yerba mate...
   a) es un tipo de empanada.
   b) es un tipo de carne procesada.
   c) es un tipo de bebida.

SECCIÓN 1: ¿Qué comemos?

Palabra por palabra

7.1-01 En el supermercado Julia fue al supermercado en Mendoza. Elige la comida correcta para ver qué compró.

1.

    a. Compró unas uvas.

    b. Compró una sandía.

    c. Compró unos plátanos.

2.

    a. Compró unas naranjas.

    b. Compró unos limones.

    c. Compró una piña.

3.

    a. Compró lechuga.

    b. Compró unos pimientos.

    c. Compró maíz.

4.

    a. Compró unas papas.

    b. Compró unas zanahorias.

    c. Compró espinacas.

5.

    a. Compró un pescado.

    b. Compró una langosta.

    c. Compró unos camarones.

6.

    a. Compró unos camarones.

    b. Compró unas almejas.

    c. Compró una langosta.

All Illustrations © John Wiley & Sons

7.

a. Compró unas chuletas.

b. Compró el tocino.

c. Compró unos chorizos.

8.

a. Compró un pollo.

b. Compró un bistec.

c. Compró un pavo.

9.

a. Compró un pan.

b. Compró unas galletitas.

c. Compró mantequilla.

10.

a. Compró el café.

b. Compró el jugo.

c. Compró el té.

7.1-02 ¡A adivinar! Adivina qué comida describe Julia.

MODELO:

Es una fruta amarilla que se usa para hacer limonada.
el limón

1. Es una comida de origen animal con mucha proteína que comemos en el desayuno. Es blanca y amarilla.

_____

2. Es la carne más representativa del Día de Acción de Gracias.

_____

3. En una pescadería, este marisco normalmente está vivo y generalmente cuesta mucho.

_____

4. Con el desayuno, a muchas personas les gusta tomar esta bebida caliente para despertarse. Se bebe con o sin leche.

_____

5. En un restaurante, muchas veces se sirve este tipo de carne con huevos para el desayuno.

_____

6. Esta fruta es roja o verde por fuera y blanca por dentro.

_____

7. Esta fruta roja la consideramos verdura normalmente y la ponemos en ensaladas.

_____

7.1-03 La cena para mi familia argentina Julia decide preparar una cena especial para su familia argentina. Escucha los preparativos de la cena y selecciona la respuesta correcta.

1. Julia quiere preparar una cena especial...
   a. para dar gracias a la familia.
   b. para el Día de Acción de Gracias.
   c. para cocinar pollo.

2. A la familia...
   a. no le gusta el bistec.
   b. le gusta la carne de vaca.
   c. no le gustan las chuletas de cerdo.

3. Para empezar...
   a. Julia va a cocinar papas asadas.
   b. Julia va a preparar bistec.
   c. Julia va a preparar una ensalada.

4. Julia usa frutos secos...
   a. para preparar una salsa.
   b. para preparar una ensalada.
   c. para la ensalada de frutas.

5. Julia va a...
   a. comprar dulce de leche.
   b. comprar duraznos.
   c. comprar mangos.

7.1-04 La lista de compras Julia quiere hacer una lista para el supermercado, pero no recuerda las palabras en español. Escucha las descripciones y escribe el nombre de cada producto en la lista.

MODELO:

Escuchas: Es una fruta roja. La comemos en ensaladas y en la pizza.
Escribes: *el tomate*

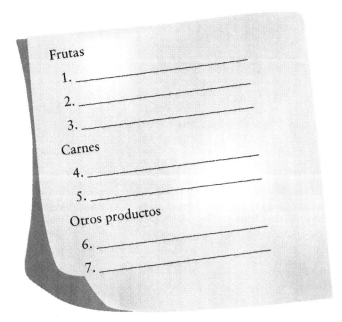

Frutas
1. _____
2. _____
3. _____
Carnes
4. _____
5. _____
Otros productos
6. _____
7. _____

Hablando de gramática I & II: ● Present tense of stem-changing verbs ● Imperfect tense (regular and irregular verbs) ● Diminutive suffixes

7.1-05 Una descripción del almuerzo argentino Juan habla con su amigo Manolo sobre el almuerzo en Argentina. Completa su diálogo con el presente del verbo correcto.

pensar	preferir	poder	servir	querer	pedir	almorzar	merendar

Manolo: ¿Qué diferencias hay entre el almuerzo en EE. UU. y en Argentina?

Juan: Primero, nosotros siempre _____₁ entre las doce y las dos y comemos muchísimo.

Manolo: ¿Qué comes normalmente para el almuerzo?

Juan: En casa, mi madre _____₂ preparar comida saludable. Generalmente hay pollo o chuletas de cerdo con arroz. En un restaurante yo siempre _____₃ carne asada con papas. Mis padres siempre _____₄ verduras y ensalada.

Manolo: ¿El camarero _____₅ toda la comida a la vez (*at the same time*)?

Juan: Sí, normalmente, sí.

Manolo: Y después de comer tanto, ¿_____₆ tú por la tarde?

Juan: ¡No! Excepto cuando _____₇ ir a la cafetería para tomar un café con leche y algo de picar.

Manolo: ¿_____₈ invitarme a ir a Argentina contigo (*with you*)? ¡Tengo ganas de probar esa comida tan deliciosa!

Juan: ¡Claro! ¡Nosotros _____₉ empezar a planear nuestro viaje ahora mismo!

7.1-06 El cocinero Francis Mallmann Julia toma una clase de gastronomía durante su estancia (*stay*) en Argentina. Aprende mucho sobre el famoso cocinero Francis Mallmann. Lee el siguiente párrafo e identifica todos los verbos en imperfecto con su infinitivo. Además, elige si el verbo en imperfecto denota *una acción habitual*, *una acción en progreso* o *una descripción* en el pasado. Hay ocho verbos que identificar.

Francis Mallmann nació el 14 de enero de 1956. Cuando tenía 20 años, manejaba un restaurante en Bariloche con una amiga. En general, todo le iba bastante bien, pero era obvio que no sabía lo suficiente sobre gastronomía. Decidió ir a París, donde estaba el famoso cocinero Paul Bocuse. Cada día Mallmann aprendía algo nuevo. Durante su estadía en París, siempre pensaba en las meriendas de su infancia, en las frutas como el durazno o el ananá y las galletitas. Después de volver a Argentina, abrió muchos restaurantes en varios lugares del país y en Uruguay. Hoy día tiene cuatro restaurantes en total y es un cocinero famoso.

Verbo en imperfecto	Infinitivo	Uso
1. _____	_____	una acción habitual una acción en progreso una descripción
2. _____	_____	una acción habitual una acción en progreso una descripción
3. _____	_____	una acción habitual una acción en progreso una descripción

4. _____ _____ una acción habitual
una acción en progreso
una descripción

5. _____ _____ una acción habitual
una acción en progreso
una descripción

6. _____ _____ una acción habitual
una acción en progreso
una descripción

7. _____ _____ una acción habitual
una acción en progreso
una descripción

8. _____ _____ una acción habitual
una acción en progreso
una descripción

7.1-07 Una oportunidad especial Julia tuvo una oportunidad especial para trabajar de camarera en el 1884 Restaurante Francis Mallmann. Julia describe su experiencia. Completa lo que dice Julia eligiendo el verbo correcto y conjugarlo en el imperfecto.

| mostrar | trabajar | servir | recomendar | estar | pedir | ponerse | ver |

En mi clase de gastronomía tuve una experiencia inolvidable. Cada día después de las clases yo _____$_1$

de camarera en el 1884 Restaurante Francis Mallmann. Al llegar a trabajar, _____$_2$ el uniforme y

_____$_3$ a los clientes. Los clientes siempre _____$_4$ recomendaciones para la comida a los

camareros. Nosotros les _____$_5$ las especialidades del restaurante y les _____$_6$ las fotos en

el menú. Muchas personas _____$_7$ nuestra parrillada y _____$_8$ felices de probar esa comida

tan famosa de Argentina. ¡Trabajar en aquel restaurante fue una experiencia fantástica!

7.1-08 La rutina de Laura Laura recuerda su rutina a la hora de comer en Argentina. Elige el diminutivo correcto para completar lo que recuerda.

En general, no comía mucho a la hora de comer. Cada día yo desayunaba unas **galletitas / galletotas**$_1$ dulces y tomaba un **cafecito / cafetal**$_2$. Puesto que (*Since*) no comía mucho por la mañana, me gustaba picar un **pancito / panchito**$_3$ con queso a las once. A la hora de almorzar, tenía ganas de comer unas verduras con **arrozal / arrocito**$_4$ y un **juguito / jugote**$_5$. Por la tarde, merendaba un **pocote / poquito**$_6$ de frutos secos. Generalmente, cenaba pasta con salsa de tomate, pero un día decidí probar la carne asada. En fin, me gustó y me la tomé con una **cervecería / cervecita**$_7$.

7.1-09 La primera vez en el supermercado La primera vez que Laura fue al supermercado en Argentina, necesitó la ayuda del gerente. Completa la siguiente conversación con el diminutivo de la palabra correcta entre paréntesis para ver lo que pasó.

Laura: Perdón, señor, pero me podría ayudar un _____$_1$ (momento / mucho).

Gerente: ¡Claro, _____$_2$ (señora / señor)! ¿Cómo la puedo ayudar?

Laura: Quiero una sopa vegetariana.

Gerente: Bueno, tenemos unas sopas _____$_3$ (bueno / caliente) allí en la sección de comida preparada. Hay una muy buena que es de tomate.

Laura: Bien. También necesito un _____$_4$ (galleta / pan) para acompañarla.

Gerente: Los panes están en la panadería a nuestra izquierda.

Laura: ¡Gracias! Y una cosa más, ¿venden Uds. _____₅ (vinos / pocos) de esta región?

Gerente: ¡Por supuesto! Están a la derecha de la pescadería. ¡Suerte!

7.1-10 Qué comía de niño Juan habla sobre sus hábitos al comer cuando era niño en Mendoza, Argentina. Escucha la descripción y contesta las preguntas.

1. Cuando era niño, Juan…
   a) no comía con sus padres.
   b) no comía mucho.
   c) comía con su familia.

2. En el desayuno…
   a) a Juan le gustaba el dulce de leche.
   b) a sus padres les gustaba el dulce de leche.
   c) Juan tomaba café.

3. En el almuerzo…
   a) Juan no comía postre.
   b) Juan comía mucho salmón.
   c) Juan comía ensaladas.

4. Los domingos…
   a) la familia de Juan comía en restaurantes.
   b) el padre de Juan preparaba un asado.
   c) la familia de Juan nunca cocinaba empanadas.

5. Juan dice que…
   a) las comidas de los domingos eran aburridas.
   b) las comidas de los domingos eran excelentes.
   c) los restaurantes en Mendoza eran excelentes.

7.1-11 En el supermercado en Argentina En su estancia (stay) en Argentina, Laura visitaba el supermercado frecuentemente. Escucha a Laura y contesta las preguntas con frases completas.

MODELO:

Pregunta: ¿Cuántos kilos de cebollitas compraba Laura?
Escribes: *Laura compraba un kilo de cebollitas.*

1. ¿Por qué había buenas opciones de carnes en el supermercado?

_____

2. ¿Qué tenía buen precio en el supermercado?

_____

3. ¿Cuánto pagaba Laura por dos kilos de peras?

_____

4. ¿Qué producto era el más económico en el supermercado?

_____

5. ¿Qué fruta había en todos los supermercados?

_____

SECCIÓN 2: A la mesa

Palabra por palabra

7.2-01 Un almuerzo en Viña del Mar Antonia y Ariel están en un restaurante en Viña del Mar, en la costa de Chile. Completa la conversación que tienen con el mesero con palabras o frases de la lista.

> Me podría traer   la carta   Qué trae   mayonesa
> Desean algo de tomar   mezclar   aceite de oliva

Mesero:	Buenas tardes.
Ariel y Antonia:	Buenas tardes.
Mesero:	¿_____₁?
Ariel:	¿_____₂ una copa de vino, por favor?
Antonia:	Me gustaría algo de tomar también, por favor.
Mesero:	Tenemos vinos, jugos, refrescos...
Antonia:	¡Un refresco, por favor!

(*El mesero se va y vuelve con agua y un refresco*)

Mesero:	¿Alguna pregunta sobre _____₃?
Ariel:	¿_____₄ la ensalada de palta (*avocado*)?
Mesero:	Trae palta, porotos verdes (*string beans*) y tomate. En la mesa hay _____₅
	y vinagre para la ensalada. Si desean, les traigo un poco de _____₆
	también. La pueden _____₇ con el aceite y
	vinagre si desean.
Ariel:	¡Qué rico! Me gustaría esa ensalada, por favor.

> Me podría traer   servilletas   el helado   una buena propina
> la cuenta   mostaza y pimienta   Buen provecho   Qué trae   vasos

Antonia:	¿_____₈ el salmón?
Mesero:	El salmón trae una salsa de _____₉. Es una especialidad
	de la casa. No la van a encontrar en ningún otro sitio. Se sirve con risotto a la parmesana o
	papitas a la crema.
Antonia:	¡Qué rico! ¿_____₁₀ el salmón entonces con risotto?
Mesero:	¡Qué pena! Veo que no hay _____₁₁ para el agua en la mesa
	ni _____₁₂. Se los traigo enseguida.

(*El mesero vuelve con la comida y la deja en la mesa.*)

Mesero:	¡_____₁₃!
Ariel y Antonia:	Gracias.

(*Después de comer...*)

Mesero: ¿Qué tal todo? ¿Les gustó _____₁₄ de chirimoya (*custard apple*) que les serví de postre?

Antonia y Ariel: Sí, nos encantó todo. Y el servicio fue excelente. ¿Nos trae _____₁₅ por favor?

Mesero: Enseguida.

Antonia a Ariel: ¡Le vamos a dar _____₁₆!

7.2-02 ¡A poner la mesa! Cuando está en casa, Antonia siempre pone la mesa antes de servir la comida. ¿Qué artículos y cubiertos debe poner en la mesa?

MODELO:

helado de mango
un plato hondo, una cuchara y una servilleta

1. un vino blanco

_____ y _____

2. un pastel de manzana

_____, _____ y _____

3. una sopa de legumbres

_____, _____ y _____

4. un jugo de naranja

_____

5. un café

_____ y _____

6. una chuleta de cerdo

_____, _____, _____ y _____

7.2-03 ¡A comer espaguetis en Chile! Cuando viaja por Chile, Antonia observa que la pasta es una comida muy popular. Ayúdala a emparejar elementos de las dos columnas para ver cómo se preparan los espaguetis.

Para hacer la pasta:

_____ 1. el agua

_____ 2. la pasta

_____ 3. la olla

a. agregarla al agua hirviendo

b. hervirla en una olla

c. taparla para hervir el agua más rápidamente

Para hacer la salsa:

_____ 4. los tomates y las especias

_____ 5. la carne

_____ 6. los tomates, las especias y la carne

d. mezclarlo todo en la olla

e. añadirlos a una olla

f. picarla con un cuchillo y freírla en una sartén

Para servir los espaguetis:

_____ 7. la pasta

_____ 8. la salsa

_____ 9. la sal y la pimienta

g. ponerla en una fuente

h. agregarlas al gusto

i. cubrir la pasta con la cantidad deseada

7.2-04 Adivina, adivinador Ariel y Antonia practican el vocabulario de la cocina mientras esperan la comida en el restaurante en Viña del Mar. Ayúdalos a adivinar las palabras que la otra persona describe.

Ariel describe algunas palabras y Antonia las adivina:

1. Una buena temperatura para _____ un pastel es a 175 grados Celsius, o 375 grados Fahrenheit.

2. Para hacer huevos duros, hay que _____ los.

3. Para hacer galletas, hay que _____ todos los ingredientes bien para hacer la masa (*dough*).

4. Antes de comprar mucho de algo, es bueno _____ lo primero para ver si te gusta.

5. Si quiero hervir agua más rápidamente, es una buena idea _____ la olla.

6. Antes de comer un plátano hay que _____ lo.

7. Cuando hacemos una parrillada es normal _____ la carne sobre una parrilla.

Antonia describe algunas palabras y Ariel las adivina:

8. Para mantener la buena salud es bueno _____ le poca sal a la comida.

9. Si no te gusta la comida fría siempre la puedes _____ .

10. Es común _____ los tomates antes de agregarlos a una ensalada.

11. Para servir una ensalada, la ponemos en una _____ .

12. Freímos huevos en una _____ .

13. Para hacer arroz se necesita poner el arroz y el agua en un _____ .

7.2-05 ¿Cómo se come? Victoria visita un restaurante en Chile. Escucha su conversación con un mesero y selecciona la respuesta correcta.

1. La paila marina…
   a) es una especialidad del restaurante.
   b) es el primer plato del restaurante.
   c) es un tipo de marisco de Chile.

2. La paila marina se sirve…
   a) en una cuchara.
   b) en un plato hondo.
   c) en una olla.

3. La paila marina…
   a) se come con cuchara, tenedor y tocino.
   b) se come con mariscos, tenedor y una cuchara.
   c) se come con cuchara, tenedor y cuchillo.

4. Los mariscos…
   a) se cortan para comer.
   b) se asan para comer.
   c) se mezclan para comer.

5. Para beber, Victoria…
   a) pide una cuchara de vinagre.
   b) pide una copa de vino.
   c) pide un vaso de vino.

7.2-06 El dulce de leche Antonia y Ariel quieren cocinar dulce de leche. Escucha su conversación y contesta las preguntas con frases completas.

MODELO:

Escuchas: ¿Qué se usa para medir el azúcar?
Escribes: *Se usa una taza.*

1. ¿Qué recipiente deciden usar para cocinar el dulce de leche porque no tienen una olla?

_____

2. ¿Qué recipiente se debe usar para mezclar los ingredientes?

_____

3. ¿Qué ingredientes se usan para el dulce de leche?

_____

4. ¿Por cuánto tiempo se calienta?

_____

5. ¿Qué utensilio se usa para mezclar constantemente?

_____

Hablando de gramática I & II: • Expressions with *tener* • Formal commands • Impersonal and passive *se* • The *vos* form of address

7.2-07 De viaje en Argentina Antonia y Ariel llevan varias semanas viajando por América del Sur, y aunque les gusta, tienen algunas quejas (*complaints*). Lee sus quejas y luego describe su estado emocional o físico utilizando expresiones con el verbo *tener*.

Antonia le dice a Ariel: "Desayunamos esta mañana a las siete y ahora son las tres de la tarde. No comimos nada más durante todo el día. ¡Yo _____₁!".

Ariel le dice a Antonia: "El chofer de este autobús va demasiado rápido. No me gusta nada. Estamos en las montañas cerca de Bariloche y no me quiero morir". *Antonia le pregunta:* "¿Tú _____₂?".

Antonia le dice a Ariel: "Ese chico que conocí en el autobús es supersimpático y guapísimo. Estoy triste porque no sé si lo voy a volver a ver. Siempre conozco a chicos guapos y simpáticos cuando no los voy a ver más". *Ariel le dice:* "¡Tú _____₃!". *Antonia le responde:* "Estoy de acuerdo. _____₄".

Antonia y Ariel dicen: "Hoy viajamos desde Mendoza a Buenos Aires en autobús. ¡El viaje duró 12 horas! No dormimos nada en el autobús y anoche tampoco dormimos mucho". Ellos _____₅.

Ariel dice: "Me enfermé en el autobús. No me siento bien. _____₆ vomitar".

Ariel le escribe esto en un correo electrónico a su mamá: "Aunque es verano, aquí en las montañas de Bariloche hace mucho más frío de noche que en Puerto Rico y creo que mi amiga Antonia _____₇".

7.2-08 Un día en Viña del Mar Antonia y Ariel le preguntan al mesero qué pueden hacer mientras están en Viña del Mar. Lee la respuesta del mesero y escribe todos los mandatos formales afirmativos en el orden en que aparecen (*they appear*) en el párrafo. ¡No incluyas los mandatos negativos!

Si van a otros restaurantes, pueden encontrar buena comida. ¡Aquí tenemos la mejor comida! Coman aquí todos los días si quieren. A las personas que prueban diferentes platos, a veces no les gusta todo, pero siempre es bueno probar nuevas comidas. ¡Prueben de todo, chicos! Joven, la próxima vez, invite a su amiga. Es decir: ¡pague por ella! Y Antonia, si él no invita, venga con otro chico. ¡Ja ja ja! ¡Es una broma! Busquen piedras interesantes y conchas en la playa. Caminen por la playa, pero no duerman en la playa. ¡Duerman en uno de los muchos hoteles bonitos de Viña! Vuelvan a Viña durante el Festival Internacional de la Canción de Viña. El festival es excelente y vienen muchos cantantes famosos. A veces vuelven los mismos artistas y otras veces vienen artistas diferentes. Si tienen tiempo, vayan a Valparaíso, la capital de la región. ¡Es una ciudad bonita! Pero no lo duden: ¡Viña es mejor! Joven, cuide de su amiga. Antonia, él no habla español perfectamente así que ayúdelo cuando sea necesario. Y lo más importante: ¡diviértanse! Si se divierten, van a querer volver. Ahora, conozcan nuestra ciudad encantadora. ¡Nos vemos!

1. _____
2. _____
3. _____
4. _____
5. _____
6. _____
7. _____

8. _____
9. _____
10. _____
11. _____
12. _____
13. _____
14. _____

7.2-09 Una noche en Santiago de Chile Ariel y Antonia están una noche en Santiago de Chile. Quieren salir a comer a un restaurante elegante, pero tienen muchas preguntas. Un amigo chileno les indica cómo hacerlo. Completa los consejos que el amigo les da con mandatos formales plurales. Usa cada verbo solo una vez.

| llegar   divertirse   ir   pedir   hacer   empezar   pagar   buscar   dejar   probar   preguntarle |

Aunque (*although*) los jóvenes generalmente salen a comer tarde, ¡_____$_1$ la noche temprano porque hay mucho que hacer en Santiago! _____$_2$ un buen restaurante en las guías de Santiago en Internet. _____$_3$ una reservación. _____$_4$ al restaurante un poco temprano para no perder la reservación. _____$_5$ un primer plato, un segundo plato, postre y, por supuesto, una copa de vino chileno. _____$_6$ la comida típica de Chile. Si no saben qué es algo, _____$_7$ al mesero. _____$_8$ la cuenta. _____$_9$ una propina solo si piensan que el servicio era bueno. La propina no es obligatoria. Después de cenar, ¡_____$_{10}$ a escuchar música o a bailar en una discoteca! ¡Y _____$_{11}$!

7.2-10 La vida culinaria de Chile Lee la descripción de la vida culinaria de Chile y busca las once formas del *se* pasivo e impersonal. En la primera línea, escribe la construcción verbal con *se*. En la segunda línea, escribe el sujeto de la construcción o escribe *impersonal* si la construcción es impersonal. Escríbelos en el orden en que aparecen (*they appear*) en el párrafo.

MODELO:

> *se come*   *impersonal*
> *se comen*   *diferentes tipos de comida*

En Chile <u>se come</u> muy bien. La vida culinaria es bastante variada y en cada región <u>se comen</u> diferentes tipos de comida. En la costa, por ejemplo, se sirve una gran variedad de platos de mariscos. Los mariscos se preparan a la plancha (*grilled*) o al horno, por ejemplo. En Santiago, se preparan deliciosos platos de carne asada. Aunque hay muchas diferencias regionales, algunas comidas se encuentran en las cartas de todo el país. La palta (*avocado*), por ejemplo, se sirve con ensaladas o bistec en Santiago o con salmón en la costa. ¡Es una fruta omnipresente! Se venden ricas frutas por todo el país, como la chirimoya (*custard apple*) y frutas del bosque, o *berries*, como todos las llaman últimamente. Y no hay que olvidarse de los vinos chilenos. El vino tinto se toma con frecuencia con la carne y el vino blanco se toma con el pescado. Los vinos de Colchagua se conocen como unos de los mejores vinos de Chile y del mundo. ¡Vaya a Chile donde el vino nunca se acaba y donde siempre se come como un rey!

1. _____   _____

2. _____   _____

3. _____   _____

4. _____   _____

5. _____   _____

6. _____   _____

7. _____   _____

8. _____   _____

9. _____   _____

10. _____   _____

11. _____   _____

7.2-11 Los plátanos amarillos fritos Antonia y Ariel fueron a una fiesta en Chile y Antonia preparó plátanos amarillos fritos, un plato típico de Puerto Rico, para la fiesta. Antonia escribió la receta para ayudar a Ariel con el se pasivo. Completa la receta con los verbos de la lista en el se pasivo y no repitas el uso de ningún verbo.

All photos Marcus Welsh and Stephanie Bewley

| pelar | poner | agregar | cortar | comprar | sacar | necesitar | poner | freír | comer |

☑ Primero _____1 los ingredientes en el supermercado:
  ● amarillos (plátanos maduros (*ripe*), no verdes)
  ● aceite vegetal

☑ También _____2:
  ● platos
  ● un cuchillo
  ● una sartén
  ● servilletas

☑ Después de comprar los ingredientes, _____3 todo en la mesa.

☑ _____4 el aceite a la sartén.

☑ Luego, _____5 los plátanos.

☑ _____6 los plátanos.

☑ Después, _____7 los plátanos en el aceite.

☑ _____8 los plátanos de los dos lados en el aceite caliente.

☑ Cuando estén bien fritos con un color caramelo oscuro, _____9 los plátanos de la sartén.

☑ _____10 los plátanos. ¡Qué ricos!

7.2-12 De Mendoza a Buenos Aires Antonia conversa con un argentino en el autobús y practica el *voseo*. Mira las respuestas de su nuevo amigo argentino y escribe las preguntas que ella le hizo utilizando el *voseo*.

1. Antonia: _____

   Cristos: Me llamo Cristos.

2. Antonia: _____

   Cristos: Tengo 18 años.

3. Antonia: _____

   Cristos: Sí, soy estudiante.

4. Antonia: _____

   Cristos: Estudio en la Universidad de Mendoza.

5. Antonia: _____

   Cristos: Vivo con dos amigos.

6. Antonia: _____

   Cristos: Viajo a Buenos Aires.

7.2-13 Los porteños Isabel organiza una comida para sus amigos en Estados Unidos. Ella piensa preparar porteños, un tipo de sándwich que se prepara con salchichas (*franks*). Escucha el audio y selecciona la respuesta correcta.

1. Isabel decide preparar porteños porque...
   a) necesita muchos invitados.
   b) necesita algo rápido.
   c) necesita comer salchichas.

2. Los porteños...
   a) son un tipo de sándwich.
   b) son un tipo de salchicha.
   c) son un tipo de pan.

3. Para preparar perritos calientes...
   a) las salchichas se hierven.
   b) las salchichas se fríen.
   c) las salchichas se asan.

4. Los acompañamientos para los porteños...
   a) son queso y jamón.
   b) son panes y salsas.
   c) son mayonesa, kétchup y mostaza.

5. Para preparar los porteños en Uruguay, las salchichas...
   a) se asan.
   b) se hornean.
   c) se hierven.

7.2-14 Los chilenitos Antonia y Ariel piden chilenitos, un postre en el restaurante. El mesero les explica cómo se preparan. Escucha la descripción y contesta las preguntas con frases completas.

1. ¿A qué postre se parecen los chilenitos?

   _____

2. ¿Cuál es el ingrediente principal de los chilenitos?

   _____

3. ¿Qué se hace primero para preparar los chilenitos?

   _____

4. ¿Con qué se prepara el merengue para cubrir los chilenitos?

   _____

5. ¿Por qué no se debe poner más dulce de leche en los chilenitos?

   _____

¿Cómo es...?

Escucha el siguiente segmento sobre el consumo de carne de vaca en Argentina y decide si las oraciones son **ciertas (C) o falsas (F)**. Si son falsas, corrígelas.

VOCABULARIO:

salado   *salty*

1. El origen de la pizza es Estados Unidos.

   C · F _____

2. La influencia de la cultura italiana en Argentina es más visible en la arquitectura.

   C   F _____

3. La milanesa a la napolitana es un plato típico de Nápoles, en Italia.

   C   F _____

4. La milanesa a la napolitana se prepara con carne, pan, salsa y queso reggianito.

   C   F _____

5. El queso reggianito es un queso similar al queso parmesano pero más pequeño.

   C   F _____

Entérate

En esta sección debes seleccionar la lectura que más te interese. Selecciona solamente **una** lectura y contesta las preguntas.

1. Deportes / Pasatiempos: Una breve historia del tango argentino

2. Sociedad / Religión: El papa Francisco

3. Historia / Política: Las leyes progresistas en Uruguay

4. Ciencia / Tecnología: El Partido de la Red

5. Cultura popular / Arte: Valpo Street Art Tours

1. Pasatiempos: Una breve historia del tango argentino

La historia del tango argentino es compleja y no se sabe con exactitud cuáles fueron los orígenes del baile, de la música o de la palabra *tango*. Posiblemente viene del latín *tanguere* que significa *tocar*. El uso de la palabra en Argentina originalmente se refería a los lugares donde los esclavos africanos y los africanos libres se juntaban a bailar.

En la segunda mitad del siglo XIX y la primera mitad del siglo XX, hubo una explosión de inmigrantes en Argentina que llevaron su propia cultura y música que influyeron en la cultura y la música del país. De los tangos afroargentinos de los barrios pobres, los compadritos (hombres jóvenes) llevaron el baile a Corrales Viejos, un distrito de Buenos Aires de bares, burdeles (*brothels*) y salones de bailes. Ahí los ritmos africanos se fusionaron con la milonga, una polca de ritmo rápido, creándose nuevos pasos (*steps*). Al principio, la gente de la clase alta

▲ *El tango argentino*

pensaba que era un baile y música de los pobres, pero finalmente el interés creció y se hizo un baile popular sin distinción de clases sociales.

En los años cincuenta, el país empezó a sufrir problemas económicos y políticos por lo que la edad dorada del tango empezó a perder fuerza y los grandes salones de baile se cerraron. No fue hasta los años ochenta, con el éxito de un show en París, *Tango Argentino*, que el tango experimentó un renacimiento (*rebirth*). Ahora se lo considera el baile nacional y tanto los artistas clásicos, como Carlos Gardel, los innovadores del tango nuevo, como Astor Piazzolla, o los más contemporáneos, como Bajofondo, Tanguetto y Gotan Project, se bailan por todo el mundo.

1. ¿De dónde viene la palabra *tango* y a qué se refería originalmente en Argentina?

_____

2. ¿En qué tipo de barrios se bailaba el tango al principio?

_____

3. ¿Cómo influyeron los inmigrantes en la historia del tango?

_____

4. ¿Por qué al principio no le interesaba el tango a la gente de la clase alta?

_____

5. ¿Por qué perdió popularidad el tango alrededor de 1955?

_____

2. Religión: El papa Francisco

El 13 de marzo de 2013, el cardenal Jorge Mario Bergoglio fue elegido papa por el cónclave de cardenales de la Iglesia Católica. Al aceptar el honor de ser el líder de los católicos del mundo, Bergoglio adoptó el nombre Francisco en honor a San Francisco de Asís, un santo que vivía una vida humilde, trabajaba con los pobres y amaba la naturaleza y los animales.

▲ *El papa Francisco*

Antes de ser ordenado sacerdote (*priest*) jesuita en 1969, ya se dedicaba a la vida religiosa desde que entró al seminario a los 21 años. Antes de ser sacerdote, fue profesor de filosofía y literatura y trabajó como técnico químico. Cuando era sacerdote también fue profesor de teología. Además de español, habla latín, italiano, alemán, francés e inglés. Como sacerdote argentino, se conocía por su inteligencia, su humildad y su trabajo con los pobres y los enfermos. En 2001 el papa Juan Pablo II lo nombró cardenal, y a pesar de su título, usaba el transporte público, preparaba su propia (*own*) comida y siguió viviendo en su apartamento en vez de vivir en un palacio como muchos cardenales.

De ascendencia italiana y de nacionalidad argentina, el papa Francisco es el primer papa americano, es decir, de las Américas, y por eso su elección inspiró a muchos latinoamericanos, especialmente a los argentinos. El papa despertó una "papamanía", como dicen en Argentina, cuando dejó subir al papamóvil a un joven con problemas mentales y aficionado de Lionel Messi. El muchacho llevaba una camiseta de la selección de fútbol argentina azul y blanca con el número 10 y el apellido de Messi en la espalda. Cada semana, al terminar su audiencia de los miércoles, el papa saluda a un grupo de minusválidos (*handicapped*), conversa con ellos y les da la bendición (*blessing*). Algunos autores de tango escriben tangos dedicados al nuevo papa de 76 años. El tango "El papa Francisco", escrito por Enrique Bugatti y musicalizado por Daniel Ursini, habla de sus orígenes en Flores, un barrio de Buenos Aires. Los porteños, los habitantes de Buenos Aires, también honran al papa con exposiciones y un tour papal organizado por la ciudad.

1. ¿Cómo se llamaba el papa antes de adoptar el nombre Francisco?

_____

2. ¿Por qué características era conocido el papa Francisco cuando era sacerdote?

_____

3. ¿En qué barrio y qué ciudad vivía el papa Francisco?

_____

4. ¿Por qué crees que existe la "papamanía" en Argentina?

_____

5. ¿Cuáles son unas de las maneras en que la gente de Argentina honra al papa Francisco?

_____

3. Política: Las leyes progresistas en Uruguay

Hoy en día, Uruguay se conoce como un país que respeta la diversidad sexual. Este país tiene una larga historia de leyes progresistas y de tolerancia en general. En 1934, la homosexualidad fue despenalizada, y en 2003 y 2004 el gobierno aprobó legislación contra la discriminación que incluía una ley contra crímenes de odio (*hate crimes*). Antes de estas leyes, los crímenes de odio no eran ilegales.

En 2005, Montevideo fue la primera ciudad en América Latina en tener un monumento dedicado a la diversidad sexual. Antes del monumento en Montevideo solo había tres otras ciudades en el mundo —Ámsterdam, Nueva York y San Francisco— con monumentos similares. La Plaza de la Diversidad Sexual está en pleno centro de la Ciudad Vieja, el casco antiguo de la ciudad. Está a solo unos 100 metros de la catedral y del monumento dedicado a José Gervasio Artigas, héroe de la independencia de Uruguay. En una placa en la base del monolito se lee: "Honrar la diversidad es honrar la vida. Montevideo por el respeto a todo género de identidad y orientación sexual. Año 2005".

En 2008, Uruguay se convirtió en el primer país de América Latina en permitir la unión civil entre parejas del mismo sexo o de sexo opuesto (*opposite*). Antes de eso, las parejas del mismo sexo no tenían una forma de unirse legalmente. Desde 2009, las parejas del mismo sexo en uniones civiles pueden adoptar niños, pueden servir abiertamente en las fuerzas militares, y las personas trans (transgéneros y transexuales) pueden cambiar de sexo y de nombre oficialmente para reflejar su identidad sexual. Antes de 2009, no tenían esas mismas protecciones legales.

En 2013 se aprobó una nueva ley que permite el matrimonio entre parejas del mismo sexo. Antes de 2013, la ley de matrimonio definía el matrimonio como la unión entre "marido y mujer". La ley también autoriza a todo matrimonio, sin distinción de sexos, el derecho de elegir el orden de los apellidos de sus hijos y permite la adopción de niños por matrimonios del mismo sexo.

Decide si las declaraciones son **ciertas** (C) o **falsas** (F). Si la oración es falsa, escribe una oración verdadera.

1. La homosexualidad fue ilegal en Uruguay hasta 2003.

    C   F _____

2. Montevideo fue la cuarta ciudad del mundo en tener un monumento dedicado a la diversidad sexual.

    C   F _____

3. Las uniones civiles solo son para las parejas homosexuales.

    C   F _____

4. No hay leyes específicamente para las personas trans.

    C   F _____

5. La nueva ley de matrimonio de 2013 autoriza a parejas heterosexuales y homosexuales el derecho de escoger el orden de los apellidos de sus hijos.

    C   F _____

4. Tecnología: El Partido de la Red

En Argentina, el Partido de la Red es un partido político bastante nuevo que desea modernizar la democracia con el uso de Internet. La idea empezó con un grupo de jóvenes que quería cambiar la forma de hacer política. Quería ofrecer la experiencia de Internet a todos los ciudadanos para poder participar directamente en el voto del Poder Legislativo del país. Por lo tanto, dos informáticos, Esteban Brenman y Santiago Siri, crearon el Partido de la Red con el uso de un software de código abierto (*open-source*).

Este partido político sabe que no es nada nuevo usar la tecnología para transformar la comunicación, la cultura y la sociedad. Entienden muy bien que los políticos de hoy día usan las redes sociales para promoverse (*promote themselves*). Por eso, el Partido de la Red propone el uso político de las tecnologías para que más personas puedan participar e interactuar directamente con los diputados (*representatives*).

El Partido de la Red no promueve ideas políticas particulares. Su único propósito (*purpose*) es servir como una plataforma en que los ciudadanos pueden proveer sus opiniones a los políticos. Es una manera de promover los valores liberales clásicos como el libre (*free*) acceso a la cultura, a la información y a la participación política. Desafortunadamente, la realidad es que no todo ciudadano tiene acceso a Internet y eso es una desventaja (*disadvantage*) bastante seria.

Decide si las declaraciones son **ciertas** (C) o **falsas** (F). Si la oración es falsa, escribe una oración verdadera.

1. Hace muchos años que existe el Partido de la Red.

   C   F _____

2. Esteban Brenman y Santiago Siri crearon el Partido de la Red con un software de código abierto.

   C   F _____

3. Hoy día los políticos usan las redes sociales solo para votar.

   C   F _____

4. El Partido de la Red representa partidos políticos.

   C   F _____

5. Una desventaja del Partido de la Red es que no todos los ciudadanos tienen acceso a Internet.

   C   F _____

5. Arte: Valpo Street Art Tours

Valpo Street Art Tours fue el primer tour del arte urbano de Chile, mejor conocido como el grafiti. El nombre Valpo vino del nombre de la ciudad de Valparaíso, que está situada sobre la costa oeste en el centro del país. Cuando empezaron los tours, Valparaíso era una ciudad conocida por su arquitectura original, sus colores y también su arte callejero (*street art*). En Chile, esta ciudad siempre fue y sigue siendo el centro cultural y la capital del grafiti. En el resto de América del Sur, se decía frecuentemente que era una de las tres capitales principales del arte callejero.

En el año 2012, *Valpo Street Art Tours* ofrecía dos tours diferentes. El primer tour se llamaba Enfoque Cerro Cárcel y era de tres horas. Esta ruta estaba enfocada en las calles del Cerro Cárcel, de la Calle Panteón, de la Calle Miraflores y de la Calle Alegre. En este tour se podía ver arte de Inti, CharquiPunk, LaRobotdeMadera y Dana Pink, entre otros.

▲ *Ren Grafiti en Chile*

Además, se podía visitar una galería de grafiti. El segundo tour se llamaba Enfoque Cerro Concepción y Cerro Alegre y era de dos horas. Esta ruta pasaba por las calles Alegre y Concepción y se podía ver el arte de artistas tales como Fisek, Juanita Perez, Els, Teo y muchos más. Además del arte grafiti, pasaba por las vistas al mar extraordinarias.

El primer tour empezaba a las 10:30 de martes a sábado y costaba $10.000 (pesos chilenos). El segundo tour tenía dos horas posibles a las 10:30 y a las 15:00 de martes a domingo y costaba $6.000 (pesos chilenos). Los dos tours necesitaban un mínimo de dos personas y ambos (*both*) tours ofrecían guía profesional. Estos tours eran una buena manera de recorrer la ciudad de una forma diferente y de aprender sobre la cultura urbana en Valparaíso.

1. ¿De dónde viene el nombre Valpo?

_____

2. ¿La ciudad de Valparaíso es conocida por qué cosas?

_____

3. ¿Cuántos tours ofrecía *Valpo Street Art Tours*? ¿Cuál es una diferencia entre los tours?

_____

4. Si (*if*) se quería ver el océano también, ¿qué tour se tomaba?

_____

5. ¿Qué ofrecían los dos tours?

_____

En tus propias palabras

Selecciona **un** tema para escribir. Puedes escribir sobre lo que leíste en la sección anterior, **Entérate**.

1. **Pasatiempos:** ¿Te gusta la música del tango? ¿Qué cantantes o grupos conoces? ¿Conoces otros tipos de música sudamericana? ¿Tomaste clases de tango o de algún otro baile? ¿Cuándo y adónde sales a bailar? ¿Te gustaba bailar cuando eras niño/a? ¿Bailabas cuando eras adolescente?

2. **Religión:** ¿El papa Francisco es importante para ti? ¿Qué piensas de él? ¿Los líderes religiosos son importantes para ti? ¿Crees que es importante tener un papa hispano? ¿Qué importancia tenía la religión para ti cuando eras pequeño/a? ¿Ibas a algún servicio religioso cuando eras niño/a? ¿De qué tipo era?

3. **Política:** ¿Hay leyes para proteger los derechos (*rights*) de la diversidad sexual en tu estado? ¿Cómo son? ¿Hay leyes en tu país o tu estado en contra de diferentes tipos de discriminación? ¿Cómo son? ¿Cómo era la realidad de una pareja homosexual antes de estas leyes? Cuando eras adolescente, ¿cómo trataba la gente a los homosexuales donde vivías? ¿Y ahora?

4. **Tecnología:** ¿Para qué usas tú la tecnología? ¿Cuáles son tus plataformas preferidas? ¿Por qué? ¿Para qué se usan estas plataformas? ¿Usas tú una plataforma por razones políticas? ¿Por qué? ¿Cómo la usas? ¿Cuáles son las ventajas (*advantages*) y desventajas (*disadvantages*) de usar la tecnología para la política? ¿Para qué usabas la tecnología cuando eras pequeño/a?

5. Arte: ¿Viste grafiti alguna vez? ¿Dónde? Describe los colores que viste. ¿Qué piensas del grafiti en general? ¿Lo consideras una forma de arte? ¿Te gusta o no te gusta? ¿Por qué? ¿Dónde podemos ver mucho grafiti? ¿Debemos eliminar el grafiti de las ciudades? ¿Por qué sí o no? Cuando eras niño/a, ¿escribías en las paredes? ¿Eras artístico/a?

_____

_____

_____

_____

_____

_____

_____

_____

_____

_____

Así es la vida

En 2013 eligieron al argentino Jorge Mario Bergoglio como el primer papa de las Américas. En Argentina, la elección del papa Francisco, como se le conoce, inspiró una "papamanía" e incluso hay unos tangos nuevos que lo honran. Uno de los más famosos es "El papa Francisco", escrito por Enrique Bugatti y musicalizado por Daniel Ursini. Busca la versión completa en Internet (dura aproximadamente 2 minutos y 30 segundos), escúchala y marca cuáles **cuatro** de estas afirmaciones son ciertas.

La canción menciona...

☐ que el papa Francisco es "Jorge de Flores".

☐ Flores, el barrio porteño donde nació el papa Francisco.

☐ cómo se llamaba la mamá del papa Francisco.

☐ cómo era la casa del papa Francisco en Argentina.

☐ que Jorge de Flores imitaba a Jesús.

☐ que Jorge de Flores andaba con los pobres.

☐ que al papa Francisco le gusta la carne asada.

En resumidas cuentas

Lee la siguiente lista para el examen del **Capítulo 7** y asegúrate (*make sure*) de que puedes:

☐   Hablar sobre comida.

☐   Usar los verbos con un cambio en la raíz en el presente.

☐   Hablar de cómo eran las cosas antes usando el imperfecto.

☐   Expresar tamaño y afecto con el diminutivo.

☐   Hablar de los restaurantes y de cocinar.

☐   Usar las expresiones con *tener*.

☐   Usar mandatos formales.

☐   Hablar de forma impersonal.

☐   Usar la forma *vos*.

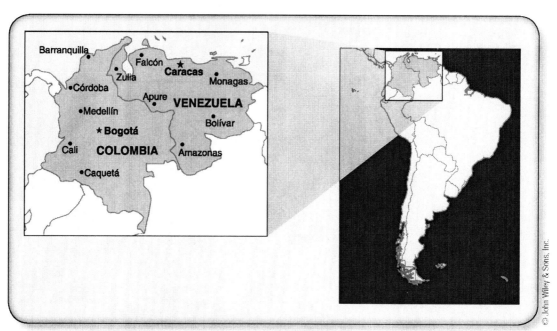

Capítulo 8

El mundo del entretenimiento

▲ *Colombia y Venezuela*

Presentación personal

Escucha la presentación personal de Sergio y contesta las preguntas con frases completas.

1. ¿Qué hace Sergio para divertirse?

_____

2. ¿Qué lugares hay para divertirse en Bogotá? Escribe dos ejemplos.

_____

3. ¿Cuáles son algunas ciudades grandes en Colombia? Escribe dos ejemplos.

_____

▲ *Sergio*

SECCIÓN 1: Los juegos y los deportes

Palabra por palabra

8.1-01 Los deportes en la Pontificia Universidad Javeriana Sergio le cuenta a Daniel de todos los deportes y las actividades que se ofrecen en la Pontificia Universidad Javeriana. Identifica los deportes o actividades que se ofrecen en esta universidad.

1.
   a. montar en bicicleta
   b. montar a caballo
   c. andar en patineta

2.
   a. levantar pesas
   b. la natación
   c. hacer senderismo

3.
   a. el voleibol
   b. el fútbol
   c. el fútbol americano

4.
   a. el hockey
   b. andar en patineta
   c. patinar en línea

5.
   a. el ciclismo
   b. el béisbol
   c. el baloncesto

6.
   a. el rugby
   b. el ciclismo
   c. la natación

7.
   a. hacer esquí acuático
   b. hacer senderismo
   c. hacer snowboarding

All Illustrations © John Wiley & Sons, Inc.

8.

    a. pescar

    b. levantar pesas

    c. hacer esquí acuático

9.

    a. el béisbol

    b. el baloncesto

    c. el atletismo

10.

    a. la natación

    b. el atletismo

    c. el fútbol

All Illustrations © John Wiley & Sons, Inc.

8.1-02 El equipo necesario Ayuda a Daniel a memorizar el vocabulario necesario para hablar de deportes. Escribe tres palabras o frases que se asocian con los deportes y las actividades siguientes.

1. El baloncesto

_____ _____ _____

2. El fútbol

_____ _____ _____

3. El rugby

_____ _____ _____

4. El tenis

_____ _____ _____

5. El hockey

_____ _____ _____

8.1-03 Parejas perfectas Cuando pensamos en ciertas cosas, pensamos en otras. Empareja los elementos de cada columna.

1. los dados	a. consola, televisor, control
2. las damas	b. el rojo y el negro
3. el ajedrez	c. cubos con números representados por puntos negros
4. las cartas	d. los reyes, dos caballos, dos torres, ocho peones
5. los videojuegos	e. Scrabble, Monopolio, Risk
6. el tablero	f. Solitario

8.1-04 Los juegos y las cosas que se necesitan Adivina qué juego o qué cosa se necesita para jugar los juegos que Sergio le describe a Daniel.

1. Este juego tiene un tablero de cuadros de dos colores diferentes: rojo y negro.

_____

2. Los juegos que se pueden jugar en la televisión con Xbox o PlayStation.

_____

3. Las tarjetas (*cards*) de bingo que llevan las letras y los números.

_____

4. Tiene un tablero de cuadros y muchas fichas, por ejemplo, un rey y una reina, dos caballos, dos torres, etc.

_____

5. En muchos juegos se necesitan dos cubos con los números del uno al seis en cada uno de sus lados. Generalmente son de color blanco y negro.

_____

6. El jugador necesita esto para darle a la pelota en el béisbol.

_____

7. Se necesitan para jugar al póquer.

_____

8.1-05 Los juegos y las actividades Sergio le pregunta a Daniel sobre sus pasatiempos en la universidad. Escucha su conversación y selecciona las respuestas correctas.

1. En la universidad, Sergio era…
   a. entrenador.
   b. jugador.
   c. arquero.

2. En la universidad, Daniel…
   a. jugaba al hockey en el invierno.
   b. jugaba al hockey en Colombia.
   c. practicaba más deportes en invierno.

3. Daniel dice que la playa…
   a. es la cancha de voleibol ideal.
   b. es la cancha ideal para el tenis.
   c. es ideal para jugar al hockey.

4. Daniel se sorprende porque…
   a. Sergio sabe montar a caballo.
   b. Sergio es aficionado a los caballos.
   c. Sergio tiene caballos en la playa.

5. Daniel…
   a. juega al solitario con Sergio.
   b. juega al solitario en computadora.
   c. juega al solitario con cartas.

8.1-06 El partido de los Vaqueros de Dallas Daniel invita a Sergio a mirar un partido de fútbol americano en la televisión. Sergio no entiende muy bien el deporte. Escucha su conversación y contesta las preguntas con frases completas.

1. ¿Por qué hay chicas en la cancha?

_____

2. ¿Qué tipo de deporte es el fútbol americano según Sergio?

_____

3. ¿Por qué lleva una radio el entrenador?

_____

4. ¿Por qué los entrenadores no gritan las jugadas?

_____

Hablando de gramática I & II: • Formal commands • The present participle • The preterit vs. the imperfect tense

8.1-07 En el mundo de deportes Los entrenadores siempre gritan a los jugadores. Elige el verbo correcto y conjúgalo con un mandato formal en forma plural para ver qué les dicen los entrenadores a sus jugadores.

jugar	hacer	perder	guardar	correr	practicar	levantar	ir

1. El entrenador de esquí: Cuando bajen la montaña, ¡_____ muy rápido uno después del otro!

2. El entrenador de atletismo: ¡_____ cada día cinco millas por lo menos!

3. El entrenador de voleibol: ¡_____ bien su territorio!

4. El entrenador de rugby: En su tiempo libre, ¡_____ pesas en el gimnasio!

5. El entrenador de hockey: ¡No _____ contra el otro equipo! Queremos competir para la *Stanley Cup*.

6. El entrenador de natación: ¡No solo _____ de vez en cuando en la piscina!

7. El entrenador de baloncesto: ¡_____ en la cancha de la universidad después de sus clases!

8. El entrenador de snowboarding: ¡No _____ snowboarding en lugares peligrosos!

8.1-08 El pasado de Sergio Sergio le cuenta a Daniel cómo era su vida de estudiante en la Pontificia Universidad Javeriana. Elige entre el pretérito y el imperfecto para completar lo que dice Sergio de forma lógica.

Cuando yo **empecé / empezaba**₁ mis estudios en la Pontificia Universidad Javeriana **supe / sabía**₂ que **quise / quería**₃ participar en los deportes que **ofreció / ofrecía**₄ la universidad. A principios del año académico, en 2007, **probé / probaba**₅ (*tried*) muchos deportes individuales, por ejemplo, el ciclismo y la natación. Todos los fines de semana **tuve / tenía**₆ que montar en bicicleta y recorrer ciertas áreas de las montañas por muchas horas. Para la natación, **tuve / tenía**₇ que estar en la piscina cada día a las 5:30 de la mañana. Aunque (*even though*) estos deportes **fueron / eran**₈ muy divertidos, un día me **di / daba**₉ cuenta (*realized*) de que **tuve / tenía**₁₀ ganas de participar en un deporte de equipo. Entonces, cuando **comenzó / comenzaba**₁₁ el segundo semestre del mismo año académico, **hablé / hablaba**₁₂ con el entrenador del equipo de fútbol y él me **dijo / decía**₁₃ de venir a la práctica al día siguiente. El día de la práctica, el entrenador me **dio / daba**₁₄ la oportunidad de jugar con los otros jugadores. Ese día, yo **jugué / jugaba**₁₅ en varias posiciones, por ejemplo, de delantero (*forward*), mediocampista (*midfielder*) y defensa. Durante la práctica, los jugadores **estuvieron / estaban**₁₆ impresionados con mis habilidades y luego me **pidieron / pedían**₁₇ ser arquero por un tiempo. Al final, **fue / era**₁₈ ese día el que **cambió / cambiaba**₁₉ mi vida. La semana siguiente yo **fui / era**₂₀ el arquero oficial del equipo durante el resto de mis años en la Pontificia Universidad Javeriana.

8.1-09 La explicación de Alberto Alberto le explica qué pasó cuando Daniel estaba en el partido de fútbol. Completa la conversación que tienen Alberto y Daniel con el verbo correcto y conjúgalo en el pretérito o el imperfecto, según el caso. Presta atención a los pronombres reflexivos también.

saber	estar	mirar	silbar	pasar	meter

Daniel: Alberto, ¿Qué _____₁? No entiendo por qué todos los espectadores me

_____₂ de repente con sus ojos tan intensos.

Alberto: Bueno, tú _____₃ muy fuerte y aquí en Colombia silbar no significa lo mismo

que en Estados Unidos.

Daniel: ¡Ay, caramba! Yo no _____₄. El jugador número once _____₅

el gol de chiripa y yo _____₆ muy emocionado en el momento.

perder	estar	animar	considerarse	sentirse	jugar

Alberto: En Colombia, silbar siempre _____₇ como algo (*something*) negativo y todavía

se considera así.

Daniel: ¡Ay! Ahora entiendo. En el momento yo _____₈ muy mal y luego

_____₉ muy confundido.

Alberto: Por eso, durante el partido nosotros _____₁₀ a los jugadores mientras ellos

_____₁₁.

Daniel: Pero al final… ¡Yuca! Nosotros _____₁₂ el partido 2 a 1.

8.1-10 Interrupciones Alberto le cuenta a Daniel sobre unos eventos que ocurrieron cuando practicaba los deportes diferentes en la Pontificia Universidad Javeriana. Usa el imperfecto progresivo y el pretérito para describir qué acción estaba ocurriendo cuando otra acción interrumpió la primera.

MODELO:

Yo – montar en bicicleta en las montañas / empezar a llover
Yo estaba montando en bicicleta en las montañas cuando empezó a llover.

1. Mis amigos y yo – recorrer unas áreas especiales de las montañas / las llantas (*tires*) – explotar

_____

2. El equipo de natación – nadar en la piscina a las 5:30 / yo – llegar a las 5:35

_____

3. Los estudiantes – animar al equipo de natación / empezar el campeonato

_____

4. Yo – hablar con el entrenador de fútbol / el entrenador – invitarme a jugar

_____

5. Los otro jugadores – mirarme / yo – parar muchos goles

_____

8.1-11 El partido de los Millonarios Daniel le explica a Sergio sus experiencias en el partido de los Millonarios de Bogotá. Escucha su explicación y selecciona la respuesta correcta.

1. Sergio no vio…
   a) la entrada al partido de los Millonarios.
   b) el partido de los Millonarios.
   c) los goles fenomenales de los Millonarios.

2. El Deportivo Cali…
   a) paró muchos goles.
   b) jugó fenomenal.
   c) marcó un gol.

3. Alberto…
   a) compró las entradas del partido.
   b) apoyaba al Deportivo Cali.
   c) perdió las entradas del partido.

4. Daniel y Alberto…
   a) veían a Sergio en el estadio.
   b) veían todo lo que pasaba del partido.
   c) hablaban con los jugadores del partido.

5. Alberto…
   a) animó a Daniel a silbar.
   b) le explicó a Daniel lo bueno del partido.
   c) le explicó a Daniel que es malo silbar.

8.1-12 En mi niñez Sergio habla de sus actividades cuando era niño. Escucha a Sergio y contesta las preguntas con frases completas.

MODELO:

Pregunta: ¿Con quién jugaba al Monopolio Sergio?
Escribes: *Sergio jugaba al Monopolio con sus primos.*

1. ¿Cuáles eran los juegos favoritos de Sergio?

_____

2. ¿Quién ganaba siempre en las damas chinas?

_____

3. ¿Qué le gustaba hacer a Carlos?

_____

4. ¿Qué olvidaron Sergio y Carlos en el parque?

_____

5. ¿Cómo jugaba Sergio al fútbol?

_____

SECCIÓN 2: El cine y la televisión
Palabra por palabra

8.2-01 **Los diferentes tipos de entretenimiento** Escribe oraciones completas y describe cada forma de entretenimiento. Ojo, usa el verbo ser y los adjetivos apropiados de la lista en las formas correctas. Es posible usar los adjetivos más de una vez.

> aburrido/a   actual   animado/a   emocionante
> dramático/a   entretenido/a   gracioso/a

MODELO:

Una revista *es entretenida y actual.*

1. Un documental _____.

2. Una película de suspenso _____.

3. El noticiero _____.

4. Una telenovela _____.

5. Los dibujos animados _____.

6. Un concurso _____.

7. Los comerciales _____.

8. La ciencia ficción _____.

9. Las comedias _____.

10. Los efectos especiales _____.

8.2-02 **El mundo del entretenimiento** Un día, cuando Samuel y Marcelo no tenían mucho que hacer, encontraron el siguiente crucigrama sobre el mundo del entretenimiento en el periódico. Ayúdalos a completarlo.

Horizontales

1. A muchas personas les gustan las películas de _____, pero a otras no les gustan porque tienen miedo.

4. Cuando un actor interpreta un personaje muy bien, a veces gana un _____.

5. Antes solo era posible escuchar su _____ favorita en la radio; ahora también es posible escucharla en Internet.

8. Para ver una película en el cine, primero hay que comprar una _____.

11. Nos informamos de las noticias por el _____.

12. En Venezuela y en Colombia las películas de Hollywood son populares, pero es común verlas con _____ porque no todos los espectadores comprenden el inglés.

13. Muchas personas prefieren leer _____ o periódicos en Internet.

Verticales

2. En una _____ de teatro, los actores actúan frente a los espectadores en vivo.

3. Las _____ son series dramáticas muy populares en Latinoamérica.

4. El _____ de una película o programa de televisión es el personaje principal.

6. Un _____ es una película basada en la realidad.

7. Algunos _____ animados son solamente para los niños, pero otros, como el *anime* de Japón, son para públicos en general.

9. Las comedias generalmente tratan de una situación _____ y no tan seria.

10. Las noticias generalmente tratan de la _____, es decir, del presente, y no del pasado o el futuro.

8.2-03 Los programas de televisión Samuel y Marcelo deciden qué programas mirar en la televisión. Escucha su conversación y selecciona la respuesta correcta.

1. ... va a empezar.
   a) El programa de concurso
   b) El programa de comerciales
   c) El programa de los lunes

2. A Marcelo no...
   a) le gustan los presentadores de noticias.
   b) le gustan los programas de novelas.
   c) le gustan las repeticiones.

3. Según Samuel, los _____ son graciosos.
   a) premios
   b) concursos
   c) presentadores

4. Los lunes en ese canal...
   a) hay solo repeticiones y no hay novelas.
   b) hay novelas, concursos y noticieros.
   c) hay concursos y repeticiones de novelas.

5. Samuel y Marcelo deciden ver...
   a) el noticiero.
   b) el programa de concursos.
   c) la novela.

8.2-04 El programa de concursos Sergio describe su programa favorito en Venezuela. Escucha su descripción y contesta las preguntas con frases completas.

MODELO:

Escuchas: ¿Cuándo es el programa?
Escribes: *El programa es los domingos.*

1. ¿Qué tipo de programa le gusta mirar a Sergio los domingos?

_____

2. ¿Por qué dice Sergio que hay mucho suspenso en el programa?

_____

3. ¿Cómo se llamó la actividad de la semana pasada?

_____

4. ¿Quién es Nelson Bustamante?

_____

5. ¿Quién es el juez en los concursos?

_____

Hablando de gramática I & II: • *Parecer* + adjective • Negative and indefinite words • Double object pronouns

8.2-05 ¿Qué les parecen estas actividades? En las preguntas 1 a 5, reescribe las opiniones de Samuel y Marcelo con el verbo *parecer*, y en las preguntas 6 y 7, escribe tus propias opiniones sobre las actividades mencionadas utilizando el verbo *parecer* en tus respuestas.

MODELO:

Samuel: "Los deportes son divertidos".
   A Samuel le parecen divertidos los deportes.

1. Samuel: "El baloncesto es aburrido".

_____

2. Marcelo y Samuel: "Los deportes extremos son emocionantes".

_____

3. Samuel: "Los deportes acuáticos son difíciles".

_____

4. Marcelo: "El senderismo no es peligroso".

_____

5. Marcelo y Samuel: "El fútbol es entretenido".

_____

6. ¿Y qué te parecen los deportes extremos a ti?

_____

7. ¿Y qué les parece el fútbol a ti y a tus amigos?

_____

8.2-06 Una decisión difícil Marcelo y Samuel quieren ver un programa en la televisión. Completa su conversación con las palabras indefinidas y negativas de la lista. Puedes usar algunas palabras más de una vez.

nada	también	algún	alguien	ningún	o	algunos
nadie	algo	siempre	nunca	tampoco	ni	

Samuel: ¿Hay _____1 interesante en la televisión hoy?

Marcelo: No, no hay _____2 interesante.

Samuel: ¿Quieres mirar _____3 programa específico?

Marcelo: No, no quiero mirar _____4 programa específico, pero podemos mirar _____5 noticiero o _____6 dibujos animados, ¿no?

Samuel: Bueno, _____7 podemos ver a _____8 famoso compitiendo en un concurso.

Marcelo: No, no hay _____9 famoso en esos programas, solo hay gente normal como tú y yo.

Samuel: Ah, mira: hay una telenovela buenísima, pero _____10 quieres ver telenovelas conmigo (*with me*).

Marcelo: ¡No, pero tú sí las quieres ver _____11! Ah, mira, un documental. _____12 me gustan los documentales, pero a ti sí, ¿no?

Samuel: No, a mí no me gustan _____13. Mira, me parece que tenemos dos opciones más: _____14 podemos mirar una película romántica _____15 podemos mirar una de ciencia ficción.

Marcelo: ¡No! No me gustan _____16 las películas románticas _____17 las de ciencia ficción.

Samuel: ¡Me parece que no vamos a ver _____18!

8.2-07 El amigo negativo Marcelo y Samuel no encuentran nada para ver en la televisión. Marcelo está de mal humor y responde negativamente a todo. Responde por él a las preguntas con oraciones completas, prestando atención especial a las palabras subrayadas (*underlined*).

MODELO:

¿<u>Siempre</u> sales los fines de semana?
No, *<u>nunca</u> salgo los fines de semana.*

1. ¿Quieres hacer <u>algo</u> esta noche?

No, _____.

2. ¿Hay <u>alguna</u> película interesante en el cine?

No, _____.

3. ¿<u>Alguien</u> de tu familia va con nosotros a la playa mañana?

No, _____.

4. ¿Quieres pasar el fin de semana en Maracaibo o en Caracas?

No, _____.

5. ¿<u>Todos</u> tus amigos van a pasar el fin de semana con nosotros?

No, _____.

8.2-08 ¡Qué drama! Samuel conversa con doña Juanita, la madre de Marcelo, mientras ven la telenovela venezolana *La viuda joven*. Después de leer la conversación, indica a qué persona o concepto se refiere cada pronombre. Las opciones se encuentran abajo. No se usan todas las opciones y algunas se usan más de una vez.

Claro, doña Juanita. Se$_1$ los$_2$ paso en un momento. ¿Qué novela está viendo? Generalmente no me gustan las telenovelas.

Esta telenovela es triste, Samuel. ¿Me pasas los pañuelos por favor?

Cuidado, Samuel. ¡Esta novela es la mejor! Se llama *La viuda joven* y me$_3$ la$_4$ recomendó mi vecina. Te$_5$ la$_6$ recomiendo también.

Bueno, doña Juanita.

Entonces, ¿cree que me va a gustar?

¡Sí! Te$_7$ lo$_8$ aseguro. Aquí tienes unas galletas. Pero dejemos algunas para Marcelo y también para Juan. Se$_9$ las$_{10}$ dejo en la cocina. ¿Se$_{11}$ lo$_{12}$ puedes decir más tarde?

Claro que se$_{13}$ lo$_{14}$ digo. Gracias por las galletas.

Pero te$_{15}$ las$_{16}$ di sin nada de tomar. Aquí tienes un vaso de limonada. Te$_{17}$ la$_{18}$ sirvo bien fría.

Muchísimas gracias, doña Juanita. Pero ahora, ¿por qué está enojada?

Es que la baronesa Inma le dijo la verdad al cura. ¡Se$_{19}$ la$_{20}$ dijo al cura, pero él no se$_{21}$ la$_{22}$ puede decir al detective! ¡Qué drama!

© John Wiley & Sons, Inc.

la verdad   doña Juanita   Samuel   Marcelo y Juan   la telenovela   que a Samuel le va a gustar la telenovela
las galletas   los pañuelos   Marcelo   el acto de servir la limonada   el detective   el cura
la vecina   la limonada   que hay galletas en la cocina

1. _____   12. _____

2. _____   13. _____

3. _____   14. _____

4. _____   15. _____

5. _____   16. _____

6. _____   17. _____

7. _____   18. _____

8. _____   19. _____

9. _____   20. _____

10. _____   21. _____

11. _____   22. _____

8.2-09 El director eficiente Para evitar la repetición, el director de la telenovela *La viuda joven* está revisando el diálogo del próximo episodio porque quiere incluir pronombres de objeto directo e indirecto. En el primer espacio, escribe el diálogo revisado, utilizando las opciones de la lista. En el segundo espacio, escribe a quién o a quiénes se refiere el pronombre de objeto indirecto. En el tercer espacio, escribe a qué se refiere el pronombre de objeto directo.

me lo va a decir   se lo di   me lo dijo   decírselo   se los di   se lo dije

MODELO:

Detective Abraham: Hace muchos años Inma <u>me dijo que me quería</u>.

Diálogo revisado:	Objeto indirecto:	Objeto directo:
me lo dijo	*me = a mí*	*lo = que me quería*

1. Detective Abraham: <u>Le di los mejores años de mi vida a Inma</u>, pero ahora quiero la justicia.

Diálogo revisado:	Objeto indirecto:	Objeto directo:

2. Baronesa Inma Von Parker: <u>Les di todo mi amor a todos mis esposos</u>. Los extraño mucho.

Diálogo revisado:	Objeto indirecto:	Objeto directo:

3. Baronesa Inma Von Parker: Quería mucho a cada uno de mis esposos. <u>Les dije a cada uno que lo quería</u>.

Diálogo revisado:	Objeto indirecto:	Objeto directo:

4. El cura: La baronesa Inma <u>me dijo que mató a sus esposos</u>.

Diálogo revisado:	Objeto indirecto:	Objeto directo:

5. El cura: No sé si debo <u>decirle al detective que la baronesa Inma mató a sus esposos</u> o no.

Diálogo revisado:	Objeto indirecto:	Objeto directo:

6. Detective Abraham: Sé que la baronesa Inma mató a sus esposos, aunque no tenemos muchas pistas (*clues*). No <u>nos dejó muchas pistas a nosotros</u>.

Diálogo revisado:	Objeto indirecto:	Objeto directo:

8.2-10 Al cine Marcelo invitó a Samuel al cine. Escucha su conversación y selecciona la respuesta correcta.

1. Marcelo invitó a Samuel al cine porque…
   a) Samuel es de Venezuela.
   b) Samuel es un invitado en Venezuela.
   c) Samuel invitó a Sergio primero.

2. Marcelo es el primero en ver la película porque…
   a) todos sus amigos compraron entradas.
   b) algunos de sus amigos compraron entradas.
   c) ninguno de sus amigos compró entradas.

3. Marcelo dice que…
   a) nadie quiere saber de qué trata una película.
   b) sus amigos quieren saber de qué trata la película.
   c) todos quieren saber de qué trata una película.

4. Samuel…
   a) nunca lee las recomendaciones de las películas en las revistas.
   b) siempre lee las recomendaciones de las películas en los periódicos.
   c) siempre recomienda las películas de los periódicos a sus amigos.

5. Marcelo…
   a) nunca recuerda nada de las películas.
   b) siempre dice la trama de las películas.
   c) nunca recuerda los personajes de las películas.

8.2-11 Los noticieros Samuel y Marcelo hablan sobre las noticias. Escucha su conversación y contesta las preguntas con frases completas usando pronombres de objeto directo o indirecto en tus respuestas.

MODELO:

Preguntas: ¿Cuándo mira el noticiero Sergio?
Escribes: *Sergio siempre lo mira por las noches.*

1. ¿Samuel mira el noticiero todos los días?

   _____

2. ¿Dónde lee las noticias Samuel?

   _____

3. ¿Dónde puede ver Marcelo si hay algo interesante en la ciudad?

   _____

4. ¿Le va a decir Marcelo a Samuel sobre el festival?

   _____

5. ¿Le promete Samuel a Marcelo ir al festival con él?

   _____

¿Cómo es…?

Escucha el siguiente segmento sobre los estratos socioeconómicos en Colombia y decide si las oraciones son **ciertas** (C) o **falsas** (F). Si son falsas, corrígelas.

VOCABULARIO:

vivienda	*housing*
estrato social	*social stratum*
servicios públicos	*public utilities*
tarifas	*rates*
impuesto predial	*property taxes*

1. En Colombia, los estratos socioeconómicos clasifican a las personas y las viviendas.

   C   F _____

2. Los estratos se usan para calcular las tarifas de luz y agua, pero no de teléfono.

   C   F _____

3. El gobierno de Colombia establece los estratos.

   C   F _____

4. El tipo de materiales de construcción no afecta el nivel de clasificación.

   C   F _____

5. Los estratos sirven para calcular el impuesto predial.

   C   F _____

Entérate

En esta sección debes seleccionar la lectura que más te interese. Selecciona solamente **una** lectura y contesta las preguntas.

1. Deportes / Pasatiempos: Los toros coleados

2. Sociedad / Religión: El concurso de belleza *Miss Venezuela*

3. Historia / Política: Colombia y el conflicto armado

4. Ciencia / Tecnología: La televisión en Venezuela

5. Cultura popular / Arte: Shakira

1. Deportes: Los toros coleados

El coleo, también llamado "toros coleados", es un deporte que se practica en Venezuela y en algunas partes de Colombia, México y Brasil, con algunas variaciones de estilos y reglas entre estos países. El coleo es similar a algunos eventos de los rodeos de Estados Unidos y México, pero es muy distinto también. En Venezuela, los participantes del coleo son el coleador (*bull flipper*), el caballo, el toro y los jueces. Cuatro coleadores compiten a caballo simultáneamente. Cuando el toro entra a la pista, los coleadores intentan agarrarlo por la cola (*tail*). Cuando uno de ellos toma la cola del toro, los otros coleadores tienen que distanciarse. Siempre montando el caballo, el coleador intenta tumbar (*knock over*) al toro. Los coleadores tienen turnos de cinco minutos para tumbar al toro, y gana el que lo tumba la mayor cantidad de veces.

▲ *El Bicampeón Nacional venezolano Nelson Guayapero intenta tumbar a un toro.*

El origen de los toros coleados tiene que ver con la historia de la ganadería (*cattle raising*). Se dice que con la formación de las primeras haciendas ganaderas en Venezuela en el siglo XVI, los vaqueros (*cowboys*) tuvieron que aprender a atrapar a los toros que intentaban escaparse. Uno de los métodos de atrapar a los toros que se escapaban era el de agarrarlos por la cola y tumbarlos. Hay documentos históricos que indican que para 1780 ya era una costumbre común, ya que algunas personas se quejaban (*complained*) oficialmente ante la justicia sobre la crueldad de la costumbre.

Durante los años, la costumbre se convirtió en un deporte en que compiten el hombre, el caballo y el toro. Según los aficionados del coleo, es un deporte porque tiene reglas, categorías, campeonatos y eliminatorias, estadios u otros lugares de competencia, requiere entrenamiento y destrezas (*skills*), y por su carácter competitivo y recreativo. Según otras personas, es una actividad cruel que no se debe permitir.

1. ¿Por qué crees que la lectura dice que el coleo y el rodeo de Estados Unidos son similares pero también distintos?

_____

2. ¿Cuántos animales (caballos y toros) hay en la pista durante un turno?

_____

3. ¿Por qué crees que este deporte se llama "el coleo" o "los toros coleados"?

_____

4. ¿Estaban todos a favor de la costumbre del coleo en el siglo XVIII? Justifica tu respuesta.

_____

5. ¿De qué manera el coleo es similar a otros deportes en general?

_____

2. Sociedad: El concurso de belleza *Miss Venezuela*

¿Qué hay en la tele en Venezuela en septiembre? ¡Probablemente
es el concurso de *Miss Venezuela*! Este concurso de belleza
comenzó en 1952 y es una tradición venezolana popular. Después
de varios meses de preparación, el concurso es tradicionalmente
en septiembre. Antes de llegar a la competencia nacional, hay
varias competencias regionales, y las ganadoras de las diferentes
regiones representan a su región a nivel nacional. Cada año hay
miles de concursantes.

▲ *Un cartel con una foto de la candidata Irene Sáez*

El concurso dura cuatro horas y se transmite por Venevisión, una
de las cadenas (*chains*) de televisión más grandes de Venezuela. El
concurso no es solamente popular en Venezuela, sino que también
muchas personas lo miran en otras partes de América Latina y en
Estados Unidos. Antes de competir, las concursantes reciben entrenamiento físico, sobre cómo hablar en público,
cómo maquillarse, cómo modelar y otras destrezas (*skills*) necesarias para poder competir en el concurso de
cuatro horas. Durante esas cuatro horas, tienen que bailar, cantar, modelar y responder a varias preguntas sobre
la actualidad y el mundo, entre (*among*) otras actividades. Una de las actividades favoritas de los espectadores es
cuando las concursantes modelan los vestidos de noche creados por los diseñadores más famosos de Venezuela.

La ganadora de *Miss Venezuela* normalmente representa a Venezuela en los concursos internacionales, como
Miss Universo, Miss International y *Miss Mundo*. Muchas veces la ganadora de *Miss Venezuela* tiene éxito
en las competencias internacionales. Aparte de la oportunidad de representar a Venezuela en los concursos
internacionales, la ganadora también recibe como "premio" la oportunidad de trabajar en la industria del
espectáculo, como modelo o en la televisión, por ejemplo, o en otros trabajos también. ¡Una *Miss Venezuela*
particularmente famosa es Irene Sáez, que también fue *Miss Universo*, embajadora cultural en las Naciones
Unidas, alcaldesa (*mayor*) de Chacao (un municipio de Caracas), gobernadora del estado de Nueva Esparta y
candidata a la presidencia de Venezuela en 1998!

1. ¿Por qué se puede decir que el concurso de *Miss Venezuela* es muy competitivo?

_____

2. ¿Qué tienen que hacer las concursantes antes de llegar al concurso nacional?

_____

3. ¿Cuáles son algunas de las actividades del concurso?

_____

4. ¿Qué tipo de oportunidades hay para la ganadora de *Miss Venezuela*?

_____

5. ¿Por qué crees que la palabra "premio" está entre comillas (*in quotation marks*)?

_____

3. Política: Colombia y el conflicto armado

El conflicto armado en Colombia es una guerra civil de más de cincuenta años
que involucra a varios grupos diferentes. Históricamente, los principales grupos
de este conflicto fueron la guerrilla, los paramilitares y las fuerzas armadas
colombianas.

Los guerrilleros marxistas-leninistas, como las Fuerzas Armadas
Revolucionarias de Colombia (las FARC) y el Ejército de Liberación Nacional
(el ELN), reclaman por la injusticia económica que hay en el país, la violencia
del gobierno colombiano y la influencia de Estados Unidos en los asuntos

▲ *La bandera de Colombia*

nacionales colombianos, entre (*among*) otras cosas. Aunque proclaman representar a la gente pobre del país, los gobiernos de Colombia, Estados Unidos y la Unión Europea los consideran grupos terroristas.

Debido a que el gobierno colombiano no tuvo éxito en la lucha contra la guerrilla, se crearon grupos paramilitares, como las Autodefensas Unidas de Colombia (las AUC), para combatir la guerrilla y proteger las tierras de los hacendados ricos. Políticamente de derecha (conservadores), estos grupos proclamaban la defensa de sus patrocinadores (*sponsors*), pero varios gobiernos, como el de Estados Unidos y el de la Unión Europea, los consideran también grupos terroristas. Hay evidencia de que estos grupos operaban como la mano derecha del gobierno colombiano. Entre 2003 y 2006, el gobierno del presidente colombiano Álvaro Uribe entró en negociaciones con las AUC, y el resultado fue la desmovilización de miles de paramilitares a cambio de concesiones políticamente controversiales para ellos. Desafortunadamente, recientemente hubo nuevos problemas, como la influencia de las "bacrim", **ba**ndas **crim**inales, formadas en parte por algunos exparamilitares.

Sin embargo, en años recientes hubo muchos menos problemas relacionados con el conflicto armado colombiano. En 2013 las FARC entraron en negociaciones con el gobierno colombiano y parece que hay más posibilidades de paz en este país que en cualquier otro momento de los últimos cincuenta años. Como resultado de estos avances, Colombia está experimentando muchos cambios positivos, como un aumento (*increase*) en el turismo nacional e internacional y mayor comercio internacional.

Para los números 1 a 3, escribe la/s letra/s más lógica/s en el espacio apropiado.

_____ 1. los guerrilleros

_____ 2. los paramilitares

_____ 3. el gobierno colombiano

a. En la primera década del siglo XXI entró en negociaciones con las FARC y con las AUC

b. Un grupo de izquierda que, según ellos mismos (*themselves*), pelean por los derechos de los colombianos pobres.

c. Un grupo de derecha que se formó, según ellos mismos, para proteger la tierra de sus patrocinadores.

d. Algunos gobiernos los califican como terroristas.

e. Algunas personas dicen que cooperaba con los paramilitares.

4. ¿Cuál fue una desventaja de la desmovilización de las AUC?

_____

5. ¿Por qué crees que la lectura dice que hay más posibilidades de paz ahora que en los últimos cincuenta años?

_____

4. Tecnología: La televisión en Venezuela

Venezuela fue el noveno país en el mundo en recibir la televisión. Empezó el 22 de noviembre de 1952 con un canal llamado Televisora Nacional bajo el poder del presidente de aquella época, Marcos Pérez Jiménez. El uso de la televisión en Venezuela aumentó rápidamente a través de los años: el 25% de los hogares (*homes*) tenían televisión en 1963, el 45% en 1969, el 85% en 1982 y más o menos el 95% hoy día.

Durante los primeros años de la televisión en Venezuela se ofrecían varios canales, algunos privados y otros públicos. A la vez (*At the same time*), ocurrieron problemas cuando el gobierno trató de controlar este medio de comunicación al obtener control de ciertos canales. Bajo el control del gobierno, muchos se sentían oprimidos y frustrados porque no podían expresarse libremente. Durante ese tiempo se eliminó la publicidad comercial de la televisión, pero 30 años después, se restableció por razones económicas. Por muchos años se veía la televisión como un medio de comunicación de un punto de vista u otro favorable o no al gobierno. El lado "prensa favorable al gobierno" apoyaba las ideas de la libertad de la prensa emitidas por el gobierno, y el otro lado "prensa desfavorable al gobierno" se veía como crítico de las ideas gubernamentales.

Actualmente, las telenovelas son muy populares en Venezuela. Las telenovelas generalmente muestran un mundo de fantasía y a los televidentes (*TV viewers*) les gustan muchísimo. Cada año, empezando en 1953, se introducen diversas telenovelas. Desde su nacimiento, el número de telenovelas producidas cada año va creciendo, con un promedio (*average*) de alrededor de ocho que salen (*come out*) cada año. De las telenovelas más famosas en la historia se encuentran: *Estefanía* (1979), *Leonela* (1984), *Cristal* (1985), *El desprecio* (1991), *Kassandra* (1991), y muchas más. Son tan populares que se puede encontrar mucha información sobre las telenovelas venezolanas en Internet. ¡Prueba, busca!

Decide si las declaraciones son **ciertas** (C) o **falsas** (F). Si la oración es falsa, escribe una oración verdadera.

1. Aproximadamente el 5% de los hogares hoy día no tiene televisión.

   C   F _____

2. Cuando el gobierno trató de controlar la televisión en Venezuela todos se sentían bien con la decisión.

   C   F _____

3. El gobierno eliminó la publicidad comercial durante 25 años.

   C   F _____

4. Las telenovelas típicamente muestran un mundo de sueño (*dream*).

   C   F _____

5. Salen más o menos ocho telenovelas por año.

   C   F _____

5. Cultura popular: Shakira

Shakira Isabel Mebarak Ripoll nació el 2 de febrero de 1977 en Barranquilla, Colombia, y se la conoce simplemente como Shakira en el resto del mundo. Se dice que no viene de una familia típica. En realidad, es hija única, pero tiene ocho medio hermanos mayores paternos. Por su padre, es de descendencia libanesa, y española e italiana por su madre. Se dice que Shakira personifica a las culturas que representa en todo lo que hace. Shakira tiene muchos talentos: es cantautora, productora de música, bailarina, modelo, diseñadora de moda, empresaria (*entrepreneur*), actriz, música, filántropa y embajadora de buena voluntad (*good will*) de la UNICEF colombiana.

Empezó su carrera de música en la década de 1990 cuando lanzó varios discos, por ejemplo, *Magia, Peligro, Pies descalzos* y *¿Dónde están los ladrones?* Algunos álbumes fueron más famosos que otros. El álbum *Pies descalzos* salió en el año 1995 en América del Sur y en 1996 internacionalmente, y tuvo una recepción excepcional por todo el mundo. En Colombia, vendió más de un millón de copias y recibió la certificación de Diamante. Fue el álbum más vendido en este país en aquel tiempo. El álbum *¿Dónde están los ladrones?* vendió aún (*even*) más copias, alrededor de siete millones de copias, y por fin Shakira recibía atención de nuevos aficionados en otros países como Francia, Suiza, Canadá y Estados Unidos. En la primera década del siglo XXI, Shakira produjo otros discos, como *Servicio de lavandería* (conocido como

▲ *Shakira*

Laundry Service en Estados Unidos) en inglés, *Fijación oral Vol. 1*, que recibió una certificación de Diamante otra vez en Colombia y *Oral Fixation Vol. 2*, que recibió una certificación de Oro en su país natal. *Loba*, con una certificación dos veces Platino en Colombia, y *Sale el sol*, que hasta ahora vendió cuatro millones de copias, y su fama internacional a través de los años, son las razones por las cuales apareció en el programa de telerrealidad *The Voice* en varias temporadas.

Cuando tenía 18 años, Shakira creó la Fundación Pies Descalzos en Barranquilla, Colombia, que trata de mejorar la educación, la nutrición y la salud de los jóvenes más vulnerables. El propósito (*purpose*) de la fundación es ofrecer programas de apoyo (*support*) a los niños y a sus familias para que todos puedan tener éxito en la sociedad. Shakira también ayuda a los niños fuera de Colombia con sus otras fundaciones, Barefoot Foundation en Estados Unidos y Fundación América Latina en Acción Solidaria en la Ciudad de Panamá. Como Embajadora de Buena Voluntad de UNICEF, Shakira continuamente defiende la importancia de ofrecer acceso a la educación a todos los niños del mundo.

1. ¿Por qué representa Shakira una mezcla de varias culturas?

_____

2. ¿Cuáles dos álbumes recibieron una certificación de Diamante en Colombia?

_____

3. ¿Cuál fue el primer disco en que Shakira cantó en inglés?

_____

4. ¿Cómo se llaman las organizaciones en que trabaja Shakira?

_____

5. ¿Qué hace Shakira como Embajadora de Buena Voluntad de UNICEF?

_____

En tus propias palabras

Selecciona **un** tema para escribir. Puedes escribir sobre lo que leíste en la sección anterior, **Entérate**.

1. **Deportes:** ¿Miraste alguna vez los toros coleados en YouTube? ¿Qué piensas de esta práctica? ¿La consideras un deporte? ¿Por qué sí o por qué no? Para ti, ¿cuál es la definición de *deporte*? ¿Fuiste alguna vez a un rodeo? ¿Te gustó? ¿Por qué sí o por qué no? ¿Crees que son similares los rodeos estadounidenses y los toros coleados?

2. **Sociedad:** ¿Miraste alguna vez el concurso de belleza *Miss Venezuela* en la televisión? ¿Te gustó? ¿Miraste alguna vez otro concurso de belleza, como *Miss USA* o *Miss Universo*? ¿Te gustó? ¿Qué actividades hicieron las concursantes? ¿Qué piensas de los concursos de belleza en general? ¿Hay concursos de belleza de hombres? ¿Por qué crees que es así?

3. **Política:** ¿Sabes otras cosas sobre Colombia? ¿Qué cosas positivas sabes? ¿Tienes algún amigo colombiano? ¿De qué ciudad es? ¿Cómo es esa ciudad?

4. **Tecnología:** ¿Te gusta mirar la televisión? ¿Qué tipo de programas prefieres? ¿Miraste alguna vez una telenovela? ¿Cómo se llamaba? ¿De qué se trataba? ¿Qué piensas de las telenovelas en general? ¿Te gustan o no te gustan? ¿Por qué?

5. **Cultura popular:** ¿Conoces a alguien famoso de Colombia? ¿Qué hace esta persona? Escribe una pequeña biografía de esta persona.

_____

_____

_____

_____

_____

_____

_____

_____

_____

Así es la vida

En el mundo hispano hay varias versiones de chistes con los personajes Tonto (*Dumb*), Nadie y Ninguno.
Completa el chiste con los siguientes verbos en el pretérito o el imperfecto, según el caso. Luego, responde a la
pregunta, ¿Por qué es gracioso el chiste?

> escuchar   correr   jugar   llamar   estar   caerse   decir   hablar   responder   preguntar

Había tres amigos que se _____₁ Tonto, Nadie y Ninguno, y un día _____₂

jugando al lado de una piscina. Mientras _____₃, uno de ellos, Nadie, _____₄

a la piscina. Tonto _____₅ para buscar ayuda y se encontró con (*found*) un policía. Tonto le

_____₆ al policía: "Nadie se cayó a la piscina y Ninguno lo está ayudando". Mientras Tonto

_____₇, el policía _____₈, confundido, y por fin le _____₉:

"¿Pero usted es tonto?". "Sí, ¡mucho gusto!", _____₁₀.

11. ¿Por qué es gracioso el chiste?

_____

_____

_____

En resumidas cuentas

Lee la siguiente lista para el examen del **Capítulo 8** y asegúrate (*make sure*) de que puedes:

- ☐ Hablar de los deportes y de los juegos.
- ☐ Usar los mandatos formales.
- ☐ Usar el gerundio.
- ☐ Narrar los eventos en el pasado.
- ☐ Hablar sobre el cine, la televisión y los medios de comunicación.
- ☐ Usar el verbo *parecer* con un adjetivo
- ☐ Expresarte con palabras indefinidas y negativas.
- ☐ Reconocer el uso de los pronombres dobles para evitar repetición.

Nuestro planeta

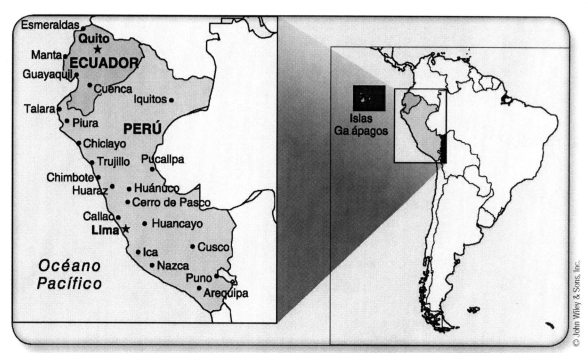

▲ *Ecuador y Perú*

Presentación personal

Escucha la presentación personal de Fernando y contesta las preguntas con frases completas.

1. ¿Por qué dice Fernando que las islas Galápagos son un lugar espectacular?

   _____

2. ¿Qué significa *isla volcánica*?

   _____

3. ¿Cómo podemos conservar el medio ambiente?

   _____

▲ *Fernando*

SECCIÓN 1: La geografía y el clima
Palabra por palabra

9.1-01 La geografía en Ecuador Tito recuerda muy bien los nombres de los lugares que visitó en Ecuador, pero tiene problemas en recordar a qué tipo de geografía se refiere cada nombre. Selecciona a qué tipo de geografía se refiere cada lugar.

1. ____ Amazonas
   a. la playa
   b. el lago
   c. el río

2. ____ Occidental
   a. las montañas
   b. la cordillera
   c. la frontera

3. ____ Bolívar
   a. el puerto
   b. la playa
   c. la cordillera

4. ____ de Esmeraldas
   a. el lago
   b. las playas
   c. el río

5. ____ Cotopaxi
   a. el volcán
   b. el puerto
   c. la costa

6. ____ Galápagos
   a. las playas
   b. los ríos
   c. las islas

7. ____ Vilcabamba
   a. el puerto
   b. el río
   c. el valle

9.1-02 ¿Qué tipo de geografía es? Tito rememora (*reminisce*) sobre toda la geografía que vio durante su viaje a Ecuador. Identifica el lugar que describe Tito. Usa el artículo definido.

1. La zona geográfica sin mucha población (*population*), que no recibe mucha lluvia y no tiene mucha vegetación.

_____

2. El lugar donde esquiamos porque es una gran elevación natural del terreno.

_____

3. La parte situada entre dos montañas.

_____

4. La geografía similar a una montaña, pero que en algún momento salió o puede salir humo (*smoke*) y lava.

_____

5. Unas porciones de tierra rodeadas completamente de agua.

_____

6. Mi lugar favorito para tomar sol donde hay arena (*sand*) y el océano.

_____

7. El lugar en la costa donde entran y salen los barcos.

_____

8. Un lugar con muchos árboles y con mucha humedad.

_____

9. La línea divisoria entre Colombia y Ecuador.

_____

9.1-03 ¿Qué tiempo hace? El tiempo en Ecuador es muy variado. Empareja el dibujo del tiempo con la palabra apropiada.

_____ 1. Está nublado.

a.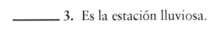

_____ 2. Hace frío.

b.

_____ 3. Es la estación lluviosa.

c.

_____ 4. Nieva.

d.

_____ 5. Hace calor.

e.

All art © John Wiley & Sons, Inc.

9.1-04 Los lugares y sus características Escucha a Tito describir diferentes lugares que visitó en Ecuador y después escribe el nombre del lugar.

| la selva tropical | la frontera | la montaña | el bosque | el lago |

1. Es _____.
2. Es _____.
3. Es _____.
4. Es _____.
5. Es _____.

9.1-05 El volcán Cotopaxi Tito y Jorge hablan sobre el volcán Cotopaxi. Escucha su conversación y completa las frases con la información que escuchas.

MODELO:

Escuchas: El volcán es muy alto, tiene una altura de 5.897 metros.
Escribes: El volcán tiene *una altura de 5.897 metros.*

1. El volcán Cotopaxi está _____.

2. Quito es la segunda ciudad capital _____.

3. El volcán Cotopaxi es _____.

4. Las personas en Quito piensan _____.

5. El volcán Cotopaxi se puede _____.

Hablando de gramática I & II: • Introduction to the subjunctive mood and formation of the present subjunctive • Present subjunctive with impersonal expressions and verbs of influence • *Deber, tener* and *hay que* • Indirect object pronouns

9.1-06 Unas recomendaciones Jorge le da muchas recomendaciones a Tito para su viaje a Ecuador. Lee lo que Jorge le dice a Tito e identifica todos los verbos en el subjuntivo con su infinitivo. Luego, contesta las preguntas sobre lo que dice con oraciones completas.

"Tito, después de este viaje vas a tener buena idea sobre la geografía que se ofrece en Ecuador. ¡Tengo muchos planes para nosotros! Primero, quiero que vayamos a la región del Oriente. Allí hace mucho calor y vas a ver la selva tropical. Sugiero que lleves un paraguas porque el clima es siempre lluvioso y llueve todos los días. Después de pasar unos días en el área del río Amazonas, recomiendo que viajemos a los Andes para hacer esquí. Podemos llevar nuestros abrigos y tomar lecciones para aprender a hacer *snowboarding* si nos queda tiempo suficiente. No creo que nos quedemos más de una semana en las montañas porque hace mucho frío y vamos a aburrirnos de la nieve. Luego, mis padres quieren que los veamos por unos días en nuestra casa en la costa. No quiero pasar mucho tiempo con ellos, pero sí quiero que conozcas a toda mi familia mientras estemos allí. Por último, es importante que yo te lleve a las islas Galápagos porque hay tanto que ver en esa región, especialmente en términos de la flora y la fauna. ¿Qué te parece el plan?"

Verbo en subjuntivo	Infinitivo
1. _____	_____
2. _____	_____
3. _____	_____
4. _____	_____
5. _____	_____
6. _____	_____
7. _____	_____
8. _____	_____

9. ¿Qué es lo primero que quiere Jorge?

_____

10. ¿Qué recomienda Jorge que hagan después de pasar unos días en el área del río Amazonas?

_____

11. ¿Por qué no cree Jorge que vayan a pasar más de una semana en las montañas?

_____

9.1-07 Las reacciones de Tito Tito reacciona a todo lo que planea Jorge para su viaje. Selecciona el verbo correcto y conjúgalo en el presente del subjuntivo para completar lo que dice Tito.

conocer   llevar   tener   ver   ir   poder   haber   hacer

"Jorge, veo que estás muy contento de que yo _____₁ a visitarte a Ecuador. Yo también estoy

emocionado, pero ¡no puedo creer que _____₂ tanto que hacer en ese país tan pequeño! Es

posible que yo no _____₃ espacio en mi equipaje para toda la ropa necesaria. Espero que tú me

_____₄ prestar las cosas que me hacen falta. Es probable que yo no _____₅

abrigo para los días de frío porque el que tengo es muy grande y requiere mucho espacio. De todas formas,

quiero que nosotros _____₆ una cosa más que no está en el plan… quiero que nosotros

_____₇ un volcán porque me parece algo interesante ver uno en persona. ¿Está bien? En fin,

es bueno que por fin tus padres me _____₈ porque hace mucho tiempo que me hablas de ellos.

¡Creo que este viaje va a ser una experiencia inolvidable!"

9.1-08 Unos comentarios Jorge le da algunas sugerencias a Tito antes de su viaje a Ecuador. Empareja lo que dice Jorge con la reacción más apropiada de Tito.

Jorge dice…

_____ 1. Recomiendo que mires la cordillera Oriental por la ventanilla del avión. ¡Es impresionante!

_____ 2. Es esencial que lleves tu pasaporte en todo momento.

_____ 3. Mis padres insisten en que pasemos unos días con ellos en la costa.

_____ 4. Es importante que sepas mi dirección y mi número de teléfono al viajar, por si acaso (*just in case*).

_____ 5. Sugiero que practiques el buceo (*scuba diving*) una vez más antes de venir a Ecuador.

_____ 6. En los Andes se prohíbe que los turistas hagan esquí solos.

_____ 7. Los ecuatorianos en general aconsejan a los turistas que no lleguen a la frontera con Colombia porque es un lugar peligroso.

Tito dice…

a) Pues, hice un curso de buceo el año pasado, pero tienes razón, debo practicar una vez más.

b) Creo que tienen razón. Hay que evitar los lugares peligrosos.

c) ¿Crees que debo llevar un regalo especial para tus padres?

d) Entonces, debo sentarme junto a la ventanilla.

e) Todavía tengo que memorizar tu dirección. Ya sé tu número de teléfono.

f) Bueno, entonces tienes que venir tú también cuando yo baje las montañas.

g) Tengo que verificar dónde está mi pasaporte.

9.1-09 Tus reacciones al viaje de Tito Tú reaccionas al viaje que va a hacer Tito para ver a su amigo Jorge en Ecuador. Reacciona a las situaciones siguientes y completa las oraciones de manera lógica usando el verbo entre paréntesis.

1. Tito y Jorge van a pasar unos días en la selva tropical. (olvidar)

   Recomiendo que los muchachos no _____.

2. Hace muchísimo calor cerca del río Amazonas. (beber)

   Es mejor que Tito _____.

3. Nieva mucho en los Andes. (llevar)

   Es importante que Tito y Jorge _____.

4. Jorge no sabe hacer *snowboarding*. (tomar)

   Insisto en que Jorge _____.

5. Tito va a visitar a la familia de Jorge en la costa. (comprar)

   Aconsejo que Tito _____.

6. Los padres de Jorge van a preparar toda la comida. (decir)

   Es esencial que Tito y Jorge _____.

7. En las islas Galápagos, Tito y Jorge deben investigar la flora y la fauna. (hacer *snorkel*)

   Sugiero que ellos _____.

8. Tito quiere recordar todos los detalles de su viaje a Ecuador. (escribir)

   Pido que Tito _____.

9.1-10 Una conversación con los padres Tito habla con sus padres, María y Juan, sobre los planes que tiene cuando vaya a Ecuador. Selecciona el pronombre de objeto indirecto correcto para completar su conversación.

Tito: ¡Mamá, papá! ¿Saben que solo me queda una semana antes de irme a Ecuador?

María: Sí, hijo mío. Supongo que hablaste con Jorge, ¿qué _____1 dijo?
        te   me   le

Tito: _____2 dio el plan para mi viaje.
      Te   Me   Le

Juan: ¡Qué bueno! Cuénta_____3 del plan.
        te   les   nos

Tito: ¡Ay, es un plan muy detallado! Pero, _____4 voy a dar una sinopsis. Primero,
        nos   me   les

vamos a ir a la región del Oriente, luego vamos a ir a los Andes, después vamos a

dar_____5 una visita a sus padres en la costa, y al final vamos a ver las islas Galápagos.
    les   me   le

María: ¿_____6 vas a mandar una tarjeta postal de cada lugar?
        Les   Nos   Le

Tito: ¡Por supuesto! _____7 voy a mandar muchas tarjetas postales. Y para ti mamá,
        Nos   Les   Me

_____8 voy a comprar algo auténtico de Quito cuando llegue. Para ti papá, porque
te   me   le

_____9 encanta la fotografía, _____10 voy a sacar muchas fotos
le   me   te   me   te   le

durante todo el viaje. ¿Qué _____11 parece?
                            nos   me   les

María y Juan: ¡Excelente!

9.1-11 La subida al volcán Cotopaxi Tito y Jorge hablan sobre sus planes para escalar el volcán Cotopaxi. Escucha su conversación y selecciona la respuesta correcta.

1. Tito y Jorge...
   a) suben al volcán Cotopaxi frecuentemente.
   b) suben volcanes en Ecuador frecuentemente.
   c) no escalan volcanes frecuentemente.

2. Jorge recomienda...
   a) subir al volcán.
   b) no estar nervioso.
   c) revisar los horarios.

3. Tito dice que después de las 7 de la mañana...
   a) puede haber problemas con la nieve.
   b) pueden tomar un tour con guía.
   c) pueden empezar a subir al volcán.

4. Jorge recomienda...
   a) estar preparados para el mal tiempo.
   b) estar informados para una emergencia.
   c) estar en contacto al subir.

5. Por la altitud...
   a) hace calor y frío.
   b) hace frío en la mañana.
   c) hace buen tiempo.

9.1-12 El Parque Nacional Cotopaxi Tito llama por teléfono a la línea de información del Parque Nacional Cotopaxi. Escucha el mensaje y contesta las preguntas con frases completas.

MODELO:

Pregunta: ¿Qué aconsejan sobre la subida al volcán?
Escribes: *Aconsejan que no suban al volcán los días de lluvia.*

1. ¿Qué deben hacer los visitantes antes de subir al volcán?

_____

2. ¿Qué prohíbe el parque?

_____

3. ¿Qué recomiendan sobre el clima?

_____

4. ¿Qué ofrece el parque para ayudar a los visitantes?

_____

5. ¿En qué insiste el mensaje?

_____

SECCIÓN 2: Los animales y el medio ambiente

Palabra por palabra

9.2-01 Cada uno en su lugar ¿Puedes poner estos animales en las categorías correctas? Es posible poner algunos de ellos en más de una categoría. Ojo, usa el artículo definido (*el* o *la*) con cada animal.

> araña   oveja   perro   pájaro   pez   gato   cuy   conejo   caballo   cerdo   mariposa   rana
> tortuga   alpaca   llama   delfín   cóndor   mosquito   serpiente

1. Animales que vuelan (*fly*):

_____ _____ _____ _____ _____ _____

2. Animales que nadan:

_____ _____ _____ _____ _____ _____

3. Animales que caminan y corren:

_____ _____ _____ _____ _____ _____

_____ _____ _____ _____ _____ _____

4. Animales que se deslizan (*slither*) o saltan:

_____ _____ _____

9.2-02 Los animales del mundo Bruno va a publicar algunas fotos y descripciones de animales en una revista sobre la flora y la fauna de América del Sur. Ayúdalo a escribir el nombre de cada animal en su forma singular para cada descripción.

_____ 1. Es un animal de la clase arácnida. Tiene ocho patas (pies y piernas de los animales) y algunas son venenosas.

_____ 2. Este animal vive en ríos, lagos y océanos. Algunas personas los tienen como mascotas.

_____ 3. Es un animal doméstico de la misma familia que los camellos. Es nativa de América del Sur. Es más pequeña que la llama.

_____ 4. En Estados Unidos se usa como mascota. En los Andes se come. En general es más pequeño que un conejo.

_____ 5. Es un animal muy inteligente. La mayoría vive en los océanos, pero algunos viven en ríos. Es de la misma familia de las orcas.

_____ 6. Es un reptil con caparazón (*shell*). Algunas son pequeñas y otras, como las que viven en las islas Galápagos, son grandes. Algunas viven en la tierra y otras en el mar.

_____ 7. Es una de las aves (la clase de animales que incluye los pájaros) más grandes del mundo. Hay una especie que vive en los Andes y otra que vive en la parte oeste de Estados Unidos y México.

_____ 8. Este animal de cuatro patas es generalmente grande y fuerte. Mucha gente lo tiene como mascota, pero nunca vive en la casa. Se organizan carreras (como el *Kentucky Derby*) con este animal.

_____ 9. Es un reptil sin patas. Se encuentra en todos los continentes excepto en la Antártida. Hay grandes y pequeñas y algunas son venenosas. Mucha gente les tiene miedo.

_____ 10. Es un insecto que vuela. La hembra (*female*) succiona la sangre de los humanos y de otros animales.

9.2-03 El cuaderno desorganizado Antes de trabajar para Ingenieros sin fronteras, Kenny tomó unas clases en la Universidad de San Francisco de Quito. Está revisando sus apuntes de las dos clases que tomó, pero su cuaderno está muy desorganizado. Ayúdalo a decidir qué apuntes son de qué clase. Selecciona **E** para "Estudios y problemas del medio ambiente" y **G** para "Geografía de América del Sur".

E G

1. Bolivia y Paraguay son los únicos dos países suramericanos que no tienen puerto marino.

2. El reciclaje del vidrio, del papel y de los envases desechables es importante.

3. La energía solar no es la alternativa más eficiente en todas las partes del mundo.

4. El río Amazonas es el segundo río más largo del mundo.

5. La cordillera de los Andes es la cordillera de montañas más larga del mundo.

6. La escasez de agua limpia es uno de los problemas más graves de este siglo.

7. Aunque algunas personas no creen que los humanos causen el cambio climático, en general la comunidad científica cree que sí.

E G

8. Hay muchas especies de animales que están en peligro de extinción por la contaminación del aire, del agua y de la tierra.

9. La frontera entre Ecuador y Perú es una zona de conflicto entre los dos países.

10. Muchas de las ciudades grandes del mundo sufren de esmog.

11. En vez de tirar tanta basura, es mejor usar menos productos desechables, reusar y reciclar.

12. La Amazonía es la selva tropical más extensa del mundo.

13. En muchas partes del mundo, los derrames de petróleo causan contaminación del agua subterránea.

9.2-04 Soluciones sin problemas Ahora que ayudaste a Kenny a organizar sus apuntes, él tiene otro problema: en su cuaderno encontró la siguiente lista de soluciones, ¡pero parece que no anotó los problemas! Usa palabras del Vocabulario para indicar los problemas que estas soluciones resuelven.

MODELO:

Problema: *El uso de pesticidas*
Solución: El uso de productos orgánicos

Problema	Solución
_____	1. estudiar el cambio climático
_____	2. adoptar formas más limpias de energía, como la energía renovable
_____	3. eliminar los derrames de petróleo
_____	4. proteger el hábitat natural de la flora y la fauna
_____	5. la reforestación
_____	6. el reciclaje

9.2-05 Los animales en Perú Bruno organiza las fotos de los animales que vio en Perú. Escucha las descripciones de los animales y escribe los nombres.

la serpiente   la rana   el cóndor   la llama   el cuy   la tortuga

MODELO:

Escuchas: Este animal vive en el mar y la tierra. Hay una especie en peligro de extinción en las islas Galápagos.
Escribes: *la tortuga*

1. _____
2. _____
3. _____
4. _____
5. _____

9.2-06 La conciencia ecológica Bruno reflexiona sobre sus experiencias tomando fotos en Perú. Escucha a Bruno y contesta las preguntas con frases completas.

MODELO:

Pregunta: ¿Qué especie de ave (*bird*) vio Bruno en Perú?
Escribes: *Bruno vio el cóndor.*

1. ¿En qué hábitats viven los animales en Perú? Escribe dos ejemplos.

_____

2. ¿Por qué dice Bruno que el cóndor está en peligro de extinción?

_____

3. ¿Cuáles son dos problemas serios en Perú?

_____

4. ¿Por qué usan energía renovable en Perú?

_____

5. ¿Qué recursos se conservan con el uso de energía renovable? Escribe los dos recursos.

_____

Hablando de gramática I & II: • Verbs like *gustar* • Present subjunctive with verbs of emotion • Present subjunctive with expressions of doubt • Superlatives and absolute superlatives

9.2-07 ¡Nos importa el mundo! Utiliza una palabra de cada lista para formar oraciones completas y lógicas. Ojo, todos los verbos de la lista son verbos que funcionan como el verbo *gustar*. No repitas el uso de ninguna palabra de las dos listas.

preocupar	encantar	~~fascinar~~	los carros eficientes	el calentamiento global	
importar	gustar	molestar	el medio ambiente	la energía renovable	
parecer + *adjetivo*	agradar	desagradar	~~los gorilas~~ los recursos naturales		
			la contaminación del agua	el reciclaje	

MODELO:

A Jane Goodall...
le fascinan los gorilas.

1. A mí...

_____.

2. Al presidente Obama...

_____.

3. A los ecologistas...

_____.

4. A los científicos marinos...

_____.

5. A nosotros (toda la gente del mundo)...

_____.

9.2-08 Una conferencia sobre el medio ambiente Bruno tiene la oportunidad de dar una presentación en una conferencia sobre el medio ambiente. Ayúdalo a escribir la primera parte de su presentación seleccionando la forma correcta de cada verbo.

"Gracias a todos por venir. ¡Me alegra **ver / ve / vea**$_1$ tanta gente interesada en el medio ambiente, pero es una lástima que no **haber / hay / haya**$_2$ políticos aquí. Me molesta que no **venir / vienen / vengan**$_3$ políticos a estos eventos. Me preocupa que nuestro mensaje no **llegar / llega / llegue**$_4$ a los oídos de la gente que puede cambiar las leyes. Me parece importante **cambiar / cambia / cambie**$_5$ eso. Tenemos que **educar / educa / eduque**$_6$ a los políticos. Es raro que los políticos **hacer / hacen / hagan**$_7$ cambios drásticos, pero podemos **intentar / intentamos / intentemos**$_8$. Y es más: si los políticos no **querer / quieren / quieran**$_9$ actuar, nosotros tenemos que hacerlo. Temo que todos **volver / volvemos / volvamos**$_{10}$ a la vida normal después de esta conferencia. Temo que no **seguir / seguimos / sigamos**$_{11}$ haciendo los esfuerzos necesarios para salvar el planeta. La situación actual es terrible. ¡Nos importa el planeta y este **necesitar / necesita / necesite**$_{12}$ nuestra ayuda! Es terrible que **ser / es / sea**$_{13}$ así, y es necesario **cambiar / cambiamos / cambiemos**$_{14}$ nuestra forma de tratar al planeta. Algún día los políticos nos van a ayudar con la causa...".

9.2-09 El político ideal En la segunda parte de su presentación, Bruno describe al político ideal. Completa cada oración con una frase lógica utilizando el subjuntivo cuando sea necesario.

MODELO:

Al político ideal le preocupa *el medio ambiente.*
Al político ideal le preocupa que *algunos animales <u>estén</u> en peligro de extinción.*

1. Al político ideal le molestan...

_____.

2. Al político ideal le molesta que...

_____.

3. Al político ideal le gusta...

_____.

4. Al político ideal le gusta que...

_____.

5. El político ideal dice: "Es necesario...

_____ ".

6. El político ideal dice: "Es necesario que...

_____ ".

7. El político ideal dice: "Es una lástima...

_____ ".

8. El político ideal dice: "Es una lástima que...

_____ ".

9.2-10 Agua limpia para un pueblo pequeño Kenny y Rob dan una presentación sobre la construcción del sistema de filtración de agua en un pueblo andino. Selecciona la forma correcta de cada verbo. Ojo, presta atención a las frases que requieren el uso del indicativo y a las otras que requieren el uso del subjuntivo.

"Como ya saben, fuimos a Ecuador y ayudamos a instalar un sistema de filtración de agua. No hay duda de que **es / sea**$_1$ mucho trabajo instalar un nuevo sistema, pero lo hicimos. Estamos seguros de que el sistema **va / vaya**$_2$ a funcionar bien. El pueblo no es muy grande y no es necesario que **instalan / instalen**$_3$ un sistema muy costoso. Además, no creemos que el pueblo **debe / deba**$_4$ invertir más dinero de lo necesario. No es cierto que los sistemas caros **limpian / limpien**$_5$ el agua mejor. Pensamos que **escogimos / escojamos**$_6$ un buen sistema para ellos. La filtración lenta con arena no es un sistema caro, pero igual, quizás **es / sea**$_7$ la mejor opción en muchas circunstancias. Además, es verdad que este sistema **elimina / elimine**$_8$ la mayoría de las bacterias y residuos sin pesticidas, y que **purifica / purifique**$_9$ el agua sin contaminar el medio ambiente. No creemos que **hay / haya**$_{10}$ mejores alternativas para ellos. No es verdad que los sistemas de filtración biológica **funcionan / funcionen**$_{11}$ mejor. Nos parece que los habitantes de este pueblo **trabajan / trabajen**$_{12}$ muy duro para conseguir agua potable, y ahora es posible que ya no **tienen / tengan**$_{13}$ que preocuparse nunca más. Suponemos que algunos de ustedes **tienen / tengan**$_{14}$ preguntas, y estoy seguro de que las **podemos / podamos**$_{15}$ contestar".

9.2-11 ¿Qué opinas sobre el medio ambiente? Usa el vocabulario y las expresiones abajo para expresar tus opiniones sobre los problemas y soluciones indicados. Para cada uno, usa solo una de las expresiones entre paréntesis. Usa el subjuntivo o el indicativo según el caso.

MODELO:

las leyes para proteger el medio ambiente (creo que, me parece que, es cierto que)
Me parece que las leyes para proteger el medio ambiente son necesarias.

1. el calentamiento global (creo que, pienso que, es cierto que)

_____

2. el esmog (no creo que, es posible que, tal vez)

_____

3. el petróleo (no es evidente que, no me parece que, no es posible que)

_____

4. la eliminación del uso de envases desechables agua (me parece que, estoy seguro de que, supongo que)

_____

5. los carros eficientes (me parece que, es verdad que, no hay duda de que)

_____

6. los programas obligatorios de reciclaje (quizás, no está claro que, es probable que)

_____

♻ **9.2-12 La geografía extrema** Kenny y Rob están hablando de la geografía más extrema del mundo. Kenny siempre usa una de las formas de expresar el superlativo y Rob usa la otra forma. Sigue el modelo para describir estos lugares.

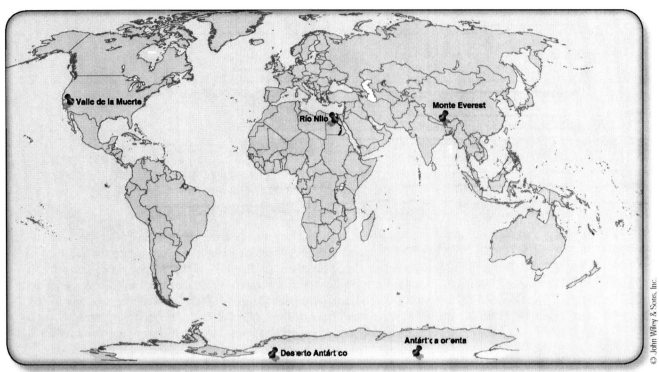

MODELO:

el Valle de la Muerte, California (Lluvia: menos de 2" / 5 cm por año) No hay otro lugar más seco en América del Norte.

    Kenny: ¡Es un lugar *sequísimo*!

    Rob: ¡Sí, es el lugar *más seco de América del Norte*!

1. Antártida oriental (Temperatura: −135,8 °F / −93,2 °C) No hay otro lugar más frío en el mundo.

    Kenny: ¡Es un lugar _____!

    Rob: ¡Sí, es el lugar _____!

2. el monte Everest (Altura: 29.029 pies / 8.848 m) No hay otra montaña más alta en el mundo.

    Kenny: ¡Es una montaña _____!

    Rob: ¡Sí, es la montaña _____!

3. el desierto Antártico (Área: 5.500.000 millas² / 14.244.934 km²) No hay otro desierto más grande en el mundo.

    Kenny: ¡Es un desierto _____!

    Rob: ¡Sí, es el desierto _____!

4. el río Nilo, Egipto (Longitud: 4.160 millas / 6.695 km) No hay otro río más largo en el mundo.

    Kenny: ¡Es un río _____!

    Rob: ¡Sí, es el río _____!

9.2-13 El reciclaje Kenny y Rob hablan sobre el reciclaje que observan en los Andes. Escucha su conversación y decide si cada frase es **cierta** (C) o **falsa** (F). Si es falsa, escribe la información correcta.

1. Kenny dice que los programas de reciclaje en los Andes son similares a los programas en Estados Unidos.

   C   F _____

2. Es bueno que las personas en los Andes reciclen en casas.

   C   F _____

3. Las personas caminan más en los Andes.

   C   F _____

4. Usar animales para el transporte evita el esmog.

   C   F _____

5. A Rob le alegra que usen los animales para el transporte.

   C   F _____

9.2-14 Conservemos el medio ambiente Myriam habla sobre la conservación del medio ambiente. Escucha a Myriam y contesta las preguntas con frases completas.

MODELO:

Pregunta: ¿Por qué es importante reciclar las bolsas plásticas?
Escribes: *Es importante reciclar las bolsas plásticas para evitar la contaminación.*

1. ¿Qué le interesa a Myriam?

   _____

2. ¿Qué es necesario que hagamos para proteger los árboles y el petróleo? Menciona una acción.

   _____

3. ¿Qué nos sugiere Myriam para que ahorremos agua en casa?

   _____

4. ¿Qué le alegra a Myriam?

   _____

5. Según Myriam, ¿qué está claro?

   _____

¿Cómo es...?

 Escucha el siguiente segmento sobre el cóndor en los Andes y decide si las frases son **ciertas** (C) o **falsas** (F). Si son falsas, corrígelas.

VOCABULARIO: ave (*bird*)

1. El hábitat natural del cóndor está solo en Ecuador.

   C   F _____

2. El cóndor es una de las aves más grandes del mundo.

   C   F _____

3. El cóndor usa las corrientes de aire para subir hasta 7.000 metros.

   C   F _____

4. El cóndor ayuda a limpiar el medio ambiente.

   C   F _____

5. La comida no es una razón del riesgo de extinción del cóndor.

   C   F _____

Entérate

En esta sección debes seleccionar la lectura que más te interese. Selecciona solamente **una** lectura y contesta las preguntas.

1. Deportes / Pasatiempos: El surf en Perú y Ecuador

2. Sociedad / Religión: Lima, "la ciudad jardín" del desierto peruano

3. Historia / Política: Machu Picchu

4. Ciencia / Tecnología: El buceo en las islas Galápagos

5. Cultura popular / Arte: Oswaldo Guayasamín

1. Deportes: El surf en Perú y Ecuador

▲ *Un surfista y su hijo en Lobitos, Perú*

Cada vez más, las playas de América Latina se están convirtiendo en un destino para los surfistas del mundo, y Ecuador y Perú no son ninguna excepción. Los dos países tienen un clima y playas ideales para este deporte acuático.

En Perú al surf se le conoce como tabla o *surfing*. Perú tiene 2.414 kilómetros (1.500 millas) de costa e innumerables playas para surfear. Perú tiene una larga historia de surf que empieza con los pescadores que usaban tablas para pescar. En los años treinta, el peruano Carlos Dogny fue a Hawái y conoció a Duke Kahanamoku, el fundador del surf moderno. Cuando volvió a Perú, Dogny fundó el Club Waikiki en las playas de Miraflores, Lima, y de ahí el deporte comenzó a conocerse en el país. El primer Campeonato Nacional de Tabla en Perú se realizó en 1950. En 1965 se realizó el segundo Campeonato Mundial de Surf en Punta Rocas; esta fue la primera competencia internacional en Perú. El ganador de la competencia fue el peruano Felipe Pomar. En 2004, la peruana Sofía Mulánovich

Nombre _____ Fecha _____

ganó el Campeonato Mundial de Surf. Otros peruanos que han ganado competencias internacionales importantes son Luis Miguel de la Rosa, ganador de la *ISA World Masters Surfing Championship* de 2007, y Cristóbal de Col, el *World Junior Champion* de 2011.

Es interesante que en Ecuador el surf tenga sus orígenes en los años sesenta cuando el surfista peruano Piti Block visitó la costa ecuatoriana e introdujo el deporte a los ecuatorianos. Aunque es un país relativamente pequeño, es sorprendente que en Ecuador haya 2.237 kilómetros (1.390 millas) de costa y más de cincuenta playas aptas para surfear. En 2004, la Copa Mundial de *Bodyboarding* tuvo lugar en Manta, en la provincia de Manabí. Las playas de Salinas, Ecuador, se hicieron famosas cuando se realizaron los *ISA World Junior Surfing Games* de 2009. Cada año hay una competencia internacional de surf en las playas de Montañita. Es verdad que esta competencia atrae a los mejores surfistas latinoamericanos. Punta Carnero es otra playa famosa por ser el sitio de varias competencias nacionales e internacionales. También se puede surfear en las islas Galápagos, especialmente en la isla de San Cristóbal.

Es cierto que en las playas de los dos países, el buen clima y las buenas olas (*waves*) se combinan con alojamiento (*lodging*) y comida económicos para crear condiciones atractivas que permiten hacer surf durante todo el año.

1. Indica cuáles son los dos verbos conjugados en el modo subjuntivo e indica cuál es el infinitivo de cada verbo.

       Verbos en subjuntivo   Infinitivos

       _____   _____

       _____   _____

2. ¿Quién introdujo el deporte del surf en Perú? ¿Y en Ecuador?

   _____

3. ¿Cuál, cuándo y en qué playa fue la primera competencia internacional de surf en Perú?

   _____

   _____

4. ¿En qué pueblo costeño de Ecuador hay competencias que atraen a los principales surfistas de América Latina cada año?

   _____

5. ¿Por qué Perú y Ecuador son buenos lugares para surfear?

   _____

   _____

2. Sociedad: Lima, la Ciudad Jardín del desierto peruano

▲ *Miraflores, Lima, Perú*

En 1535, el conquistador español Francisco Pizarro fundó la Ciudad de los Reyes en la costa del Virreinato (*Viceroyalty*) de Perú. Luego esa ciudad se llegó a conocer como Lima. Con casi nueve millones de habitantes, Lima es una de las ciudades más grandes de las Américas. Es una ciudad heterogénea con una mezcla interesante de arquitectura colonial, edificios modernos entre el esplendor natural del océano Pacífico y los retos (*challenges*) que presenta el desierto.

El área metropolitana de Lima está dividida en varios sectores más pequeños conocidos como distritos. Es interesante que cada distrito ofrezca algo distinto. ¡Es sorprendente, por ejemplo, que haya una cancha de golf en pleno centro de San Isidro, el distrito financiero! En el Cercado de Lima –el centro histórico y el distrito capitalino de la provincia de Lima– se encuentra el Parque de la Reserva, uno de los parques de fuentes (*fountains*) más grandes del mundo. Es posible que el parque sea una de las atracciones turísticas más populares de Lima. El distrito de Miraflores es uno de los sectores más modernos de la capital peruana. El Malecón (*esplanade*) de Miraflores es un conjunto (grupo) de parques y senderos (*walkways*) que se extiende por seis millas frente al mar. Ahí la gente puede caminar cerca de los acantilados (*cliffs*), ver el mar, correr, andar en bicicleta y ver esculturas y arte de varios artistas peruanos.

Perú es conocido por el ceviche, un plato típico de pescado crudo (*raw*), y el pisco, un aguardiente (*brandy*) de uvas. La cocina peruana, sin embargo, es mucho más variada, y desde hace unos años Lima está recibiendo mucha atención y fama internacional por su revolución culinaria. En 2010 se abrió el Bulevar de la Gastronomía en el distrito de Surquillo patrocinado (*sponsored*) por el gobierno peruano. El Bulevar de la Gastronomía es una zona de restaurantes que ocupa diez cuadras.

Es problemático que Lima esté situada en el desierto. En Lima cae menos de treinta milímetros de lluvia por año. El Cairo, Egipto, es la única otra capital que acumula anualmente menos lluvia. Es irónico, entonces, que la ciudad se conozca como la Ciudad Jardín. Según un estudio de la Universidad de East Anglia (en Inglaterra), Perú va a ser en el futuro el tercer país más afectado por el cambio climático, después de Honduras y Bangladesh. Con una cuarta parte de la población del país, es obvio que Lima va a sentir más los efectos del cambio climático que muchas otras ciudades peruanas.

1. Indica cuáles son los cinco verbos conjugados en el modo subjuntivo e indica cuál es el infinitivo de cada verbo.

Verbos en subjuntivo	Infinitivos
_____	_____
_____	_____
_____	_____
_____	_____
_____	_____

2. Escribe una lista de las seis expresiones impersonales –*es* + adjetivo + (*que*)– que se encuentran en la lectura. Ojo, cinco se usan con el subjuntivo y una con el indicativo.

_____

_____

3. De los distritos de Lima mencionados en la lectura, ¿cuál te parece más interesante y por qué?

_____

_____

4. ¿Qué es el Bulevar de la Gastronomía y en qué distrito está situado?

_____

_____

5. ¿Por qué es irónico que Lima se llame la Ciudad Jardín?

_____

3. Historia: Machu Picchu

Machu Picchu es un antiguo poblado incaico en los Andes situado a unos 100 kilómetros de Cusco, Perú, y a una altura de 2.430 metros (7.972 pies) sobre el nivel del mar. Esta ruina arqueológica se llama en quechua Machu (viejo) Pikchu (*peak*). Los incas abandonaron Machu Picchu unos 100 años después de su construcción, pero el porqué es uno de los grandes misterios. Se piensa que probablemente fue abandonado con la llegada de los españoles cuando varios jefes incas se fueron al exilio a Vilcabamba.

Machu Picchu se construyó durante el siglo XV. Los conquistadores españoles no descubrieron Machu Picchu, y es posible que por eso esté tan conservado todavía. Hay diferentes teorías sobre la función de Machu Picchu. Se cree que se construyó como residencia real (*royal*) o santuario religioso, pero es difícil saber con seguridad. Es evidente que la ciudad se divide en distintos sectores, incluyendo el agrícola, el residencial, el religioso y el real.

Algunos piensan que los incas usaron enormes piedras que ya estaban en la cima de la montaña para construir esta magnífica ciudad. Otros creen que trajeron las piedras de otros lugares. Los arqueólogos no están seguros de la verdad. De todas formas, es impresionante ver este lugar que los incas construyeron en un sitio tan aislado y sin materiales y tecnología modernos. Aunque los incas sabían usar argamasa (*mortar*), prefirieron no usarla. Es increíble que, en muchos casos, las piedras de Machu Picchu estén puestas una encima de la otra sin el uso de argamasa, ¡y no se puede insertar ni una tarjeta de crédito entre ellas!

En 1981 el gobierno de Perú nombró a Machu Picchu santuario cultural peruano, y en 1983 la UNESCO lo designó "Patrimonio de la Humanidad" (*World Heritage Site*). Según la UNESCO, Machu Picchu es un sitio cultural con mucha importancia arqueológica, arquitectónica y ecológica. Aunque se construyó en el siglo XV, es interesante que todavía sirva de modelo arquitectónico por el uso de materiales y recursos naturales del área. Es verdad que en el hábitat alrededor de Machu Picchu se encuentran varias especies de animales en peligro de extinción o vulnerables, incluyendo el cóndor andino, el oso (*bear*) andino, el ocelote, la boa y el gallo andino (*the Andean cock-of-the-rock*).

1. Indica cuáles son los tres verbos conjugados en el modo subjuntivo e indica cuál es el infinitivo de cada verbo.

Verbos en subjuntivo   Infinitivos

_____   _____

_____   _____

_____   _____

2. Escribe una lista de las seis expresiones impersonales -por ejemplo, *es* + adjetivo (+ *que*)- que se encuentran en la lectura. Ojo, tres se usan con el subjuntivo, dos con el indicativo y una con un infinitivo.

_____

_____

3. ¿Por qué los incas construyeron Machu Picchu?

_____

_____

4. ¿De dónde vinieron las piedras que se usaron para construir Machu Picchu? ¿Cuáles son dos posibilidades?

_____

_____

5. ¿Por qué crees que la UNESCO dice que Machu Picchu es un sitio de importancia ecológica?

_____

_____

4. Ciencia: El buceo en las islas Galápagos

Courtesy of Holly Schneider

▲ *Las islas Galápagos*

Las islas Galápagos también se conocen oficialmente como el archipiélago de Galápagos. Están situadas en el océano Pacífico a 972 km de la costa de Ecuador. El archipiélago consta de 13 islas grandes, 5 islas medianas y 215 islas pequeñas, y todas las islas constituyen una provincia de Ecuador. Las islas Galápagos son famosas por su extraordinaria flora y fauna que Charles Darwin investigó para proponer (*propose*) su teoría de la evolución por la selección natural.

Mucha gente llega a las islas Galápagos para bucear (*to scuba dive*) en sus aguas magníficas. Cuando están en las islas, es esencial que los turistas presten atención a los arrecifes (*reefs*) de coral, los leones marinos, las iguanas marinas, las tortugas, los tiburones (*sharks*), las ballenas (*whales*)

y los peces multicolores porque todos son únicos de las islas. Las personas que quieren bucear en estas aguas prístinas no deben ser principiantes. Los expertos recomiendan que los buzos (*suba divers*) ya tengan experiencia a un nivel medio o avanzado y que hablen con alguien en una tienda de buceo antes de bucear. Las personas que trabajan en las tiendas de buceo son expertos y saben sobre las condiciones de buceo alrededor de las islas Galápagos. Siempre les informan a los turistas sobre las corrientes, la profundidad, la estructura de los sitios de buceo, y sobre la temperatura y la fauna para que puedan elegir el mejor y más apropiado itinerario para su nivel.

A través de los años, las islas Galápagos han recibido (*have received*) mucha atención. En 1985 las Naciones Unidas las declaró "Reserva de la Biósfera" y en 1989 la organización internacional CEDAM las declaró "una de las siete maravillas submarinas del mundo". Para promover la conservación de las islas, en 1990 se prohíbe que se pesquen los tiburones y en 1992 se declara a las islas Galápagos "santuario de ballenas". Hoy día, existe el Proyecto AWARE, un programa dedicado a la conservación de los tiburones que viven alrededor de las islas. Para proteger el ambiente y educar al público acerca de los tiburones, se ofrecen cursos especializados de buceo para los turistas interesados en el proyecto. No es sorprendente que se declare a las islas Galápagos "Patrimonio Natural" en 2001.

1. Indica cuáles son los siete verbos conjugados en el modo subjuntivo e indica cuál es el infinitivo de cada verbo.

Verbos en subjuntivo	Infinitivos
_____	_____
_____	_____
_____	_____
_____	_____
_____	_____
_____	_____
_____	_____

2. ¿Cuántas islas forman parte de las islas Galápagos y de qué país forman parte las islas Galápagos?

_____

3. ¿Qué deporte les gusta hacer a los turistas en las islas Galápagos?

_____

4. ¿Qué recomiendan los expertos a los buzos que van a las islas Galápagos?

_____

_____

5. ¿Qué es el Proyecto AWARE?

_____

_____

5. Arte: Oswaldo Guayasamín

▲ *Oswaldo Guayasamín pintando*

Oswaldo Guayasamín nace el 6 de julio de 1919 en la capital de Ecuador en una familia de descendencia indígena, quechua en particular, y mestiza (*mixed race*). Desde pequeño, Oswaldo tiene un talento para las artes. Empieza con hacer caricaturas de sus compañeros y de sus maestros de la escuela. Además, pinta cuadros de paisajes y retratos de personas famosas sobre lienzo o cartón para vender en la Plaza de la Independencia. A los trece años, se matricula en la Escuela de Bellas Artes de Quito y nueve años más tarde se gradúa con un diploma de pintor y escultor.

Después de graduarse, Guayasamín hace una exposición de arte en la cual el famoso hombre de negocios estadounidense Nelson Rockefeller, compra algunos de sus cuadros y los dos hacen una amistad especial que sigue a lo largo de muchos años. Con el dinero que gana en esa exposición, Guayasamín decide irse a EE. UU. por seis meses. Luego viaja a México, donde consigue trabajo como el asistente del pintor José Clemente Orozco. A la vez, conoce al poeta Pablo Neruda y los dos se hacen amigos. Un año después, Guayasamín decide viajar por América del Sur, donde conoce las culturas indígenas oprimidas (*oppressed*). Es obvio que esta experiencia le afecta mucho porque este tema empieza a surgir (*emerge*) en sus obras desde entonces (*from then on*).

Más tarde en su vida, los miembros de la Casa de la Cultura Ecuatoriana le recomiendan a Guayasamín que sea el presidente de esta institución y él acepta. No es sorprendente que se muestre su arte por todo el mundo, incluso en Venezuela, Francia, México, Cuba, Italia, España, EE. UU., Brasil, Colombia y China, entre otros. En 1976, construye la Fundación Guayasamín para que se guarden las colecciones de su arte en su país natal. En los años siguientes, entra como miembro de honor en varias academias de arte de todo el mundo. En los años ochenta, pinta varios murales muy famosos, como el mural en el Aeropuerto de Barajas, en Madrid, dedicado al mundo hispano, y que está dividido en dos partes: una parte que representa a España y otra parte que representa a Hispanoamérica. Es una lástima que muera el 10 de marzo de 1999 en Baltimore, Maryland, después de vivir un tiempo con problemas de la vista.

1. ¿En qué ciudad nace Oswaldo Guayasamín?

   _____

2. ¿Para qué estudia Guayasamín?

   _____

3. ¿Qué aprende Guayasamín cuando viaja por América del Sur?

   _____

4. ¿En qué lugar guarda Guayasamín sus colecciones de arte?

   _____

5. ¿Qué representa el mural en el Aeropuerto de Barajas en Madrid?

   _____

En tus propias palabras

Selecciona **un** tema para escribir. Puedes escribir sobre lo que leíste en la sección anterior, **Entérate**.

1. **Deportes:** ¿Te gusta surfear? ¿Te gustan otros deportes acuáticos? ¿Cuáles? Describe tu experiencia con el surf o con otro deporte acuático. ¿Qué opinas sobre los deportes acuáticos en general?

2. **Sociedad:** ¿Fuiste alguna vez a Perú? ¿Visitaste la ciudad de Lima? ¿Qué te pareció? ¿Qué opinas sobre los diferentes distritos de la ciudad? ¿Probaste alguna vez la comida peruana? ¿Dónde la probaste? ¿Qué opinas sobre la comida peruana?

3. **Historia:** ¿Qué te parece Machu Picchu? ¿Fuiste alguna vez a Machu Picchu? ¿Viste fotos de Machu Picchu en libros o en Internet alguna vez? ¿Qué te pareció? ¿Qué opinas en general sobre el turismo de ruinas arqueológicas? ¿Crees que es necesario limitar el turismo en estos lugares?

4. **Ciencia:** ¿Te gusta viajar? ¿Viajaste alguna vez a Ecuador o a un lugar en América del Sur? ¿Dónde? ¿Buceaste (*have you ever been scuba diving*) alguna vez en el océano? ¿Dónde? ¿Te gusta bucear? ¿Por qué? ¿Qué opinas sobre la conservación del medio ambiente en los lugares como las islas Galápagos? ¿Participas tú en la conservación de nuestro planeta? ¿Cómo?

5. **Arte:** ¿Qué opinas sobre la representación de la opresión de los indígenas en el arte? ¿Qué opinas sobre la conservación de las comunidades (de personas o de animales) en el arte en general?

_____

_____

_____

Nombre _____ Fecha _____

_____
_____
_____
_____
_____
_____
_____
_____
_____
_____

Así es la vida

Los adultos aprendemos muchas referencias culturales cuando somos niños, en canciones y cuentos infantiles que recordamos toda la vida. Los animales son el tema de muchas canciones infantiles en español. Son también sujeto de algunos chistes de niños y de adultos. A ver si puedes completar el chiste y la canción infantil abajo. Los dos tienen que ver con animales.

Un chiste: La llama preguntona

1. ¿Qué le preguntó una llama a la otra?

_____

Una canción infantil: Un elefante se balanceaba

Puedes encontrar diferentes versiones de esta canción infantil en Internet. Antes de escucharla, ¿puedes llenar los espacios en blanco con las palabras correctas? Es posible usar algunas palabras más de una vez.

araña   balanceaban   resistía   veía   veían   llamar   tela (*web*)   fueron

Un elefante se balanceaba

sobre la _____₂ de una _____₃.

Como veía que _____₄

fue a _____₅ a otro elefante.

Dos elefantes se _____₆

sobre la _____₇ de una _____₈.

Como veían que _____₉,

_____₁₀ a _____₁₁ a otro elefante.

Tres elefantes...

Cuatro elefantes...

Cinco elefantes...

Etc.

En resumidas cuentas

Lee la siguiente lista para el examen del **Capítulo 9** y asegúrate (*make sure*) de que puedes:

- ☐ Hablar de la geografía.
- ☐ Hablar del tiempo.
- ☐ Formar el presente del subjuntivo.
- ☐ Expresar obligación y dar recomendaciones.
- ☐ Usar las expresiones *deber*, *tener que* y *hay que*.
- ☐ Usar los pronombres de objeto indirecto.
- ☐ Hablar sobre los animales.
- ☐ Hablar del medio ambiente.
- ☐ Expresar los gustos y desagrados con los verbos como *gustar*.
- ☐ Expresar reacciones subjetivas con los verbos de emoción.
- ☐ Expresar incertidumbre.
- ☐ Hacer comparaciones superlativas.

Capítulo

10 La salud y el bienestar

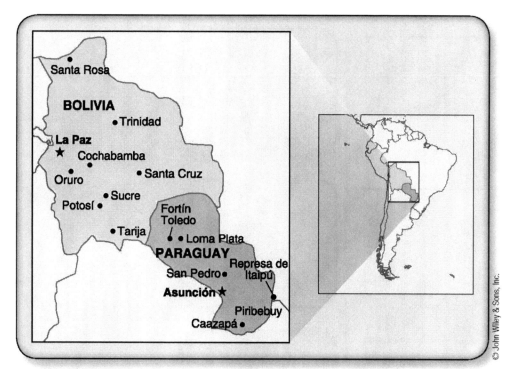

▲ *Bolivia y Paraguay*

Presentación personal

Escucha la presentación personal de Orlando y contesta las preguntas con frases completas.

1. ¿Dónde está Paraguay?

   _____

2. ¿Cuáles son otros nombres para referirse a Paraguay? Escribe dos nombres.

   _____

3. ¿Cómo es la geografía de Paraguay? Escribe dos ejemplos.

   _____

▲ *Orlando*

SECCIÓN 1: La salud y la enfermedad

Palabra por palabra

10.1-01 El Cuerpo de Paz Piensas participar en el Cuerpo de Paz en el futuro como Megan, pero antes de irte a Paraguay con el grupo, tienes que saber todo el vocabulario relacionado con las partes del cuerpo. Identifica las partes del cuerpo indicadas. Incluye el artículo definido.

1. _____

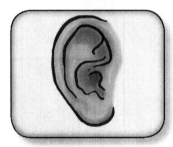

2. _____

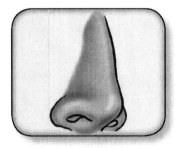

3. _____

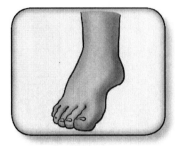

4. _____

5. _____

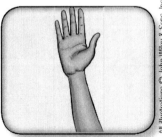

All Illustrations © John Wiley & Sons, Inc.

Nombre _____ Fecha _____
6. _____

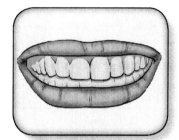

7. _____

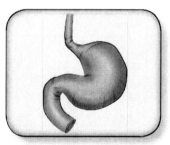

8. _____

9. _____

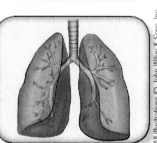

10. _____

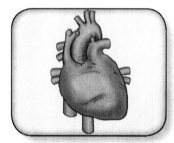

All illustrations © John Wiley & Sons, Inc.

Sección 1: La salud y la enfermedad   **205**

10.1-02 Síntomas típicos Al trabajar con el Cuerpo de Paz también tienes que saber de los síntomas típicos de los pacientes que podrías ver. ¿Qué síntoma tienen estas personas?

1.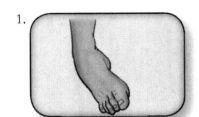
    a. Se torció el tobillo.
    b. Estornuda.
    c. Tiene comezón.

2.
    a. Tiene comezón.
    b. Estornuda.
    c. Tiene escalofríos.

3.
    a. Se rompió un hueso.
    b. Se torció el tobillo.
    c. Tosió.

4.
    a. Tiene comezón.
    b. Tiene tos.
    c. Estornuda.

5.
    a. Tiene fiebre.
    b. Tiene comezón.
    c. Tiene tos.

6.
    a. Tiene comezón.
    b. Tiene fiebre.
    c. Tiene tos.

7.
    a. Tiene escalofríos.
    b. Se torció el tobillo.
    c. Tose.

10.1-03 ¿Qué síntomas tienen? Estos pacientes tienen enfermedades y aflicciones diferentes. ¿Cuál es un síntoma típico de estas enfermedades?

MODELO:

Puse una crema en mis brazos y ahora veo que soy alérgica porque la piel se puso muy roja.
tener comezón

1. Tengo alergias horribles.

_____

2. Tengo frío y dos minutos más tarde tengo calor.

_____

3. Tengo gripe.

_____

4. Estoy resfriado.

_____

5. Me caí por las escaleras.

_____

10.1-04 ¿Qué remedio se necesita? Hay remedios para muchas enfermedades. Empareja cada remedio con la enfermedad más lógica que cura. Usa cada remedio solamente una vez.

_____ 1. la bronquitis   **a.** la vacuna

_____ 2. prevenir la gripe   **b.** el jarabe

_____ 3. un dolor de garganta   **c.** la infusión

_____ 4. un dolor de oído   **d.** las pastillas

_____ 5. tener náuseas   **e.** el antibiótico

_____ 6. un dolor de cabeza   **f.** una receta

10.1-05 ¿Qué enfermedad es? Adivina qué enfermedad se describe.

MODELO:

Grave enfermedad contagiosa de transmisión sexual o por la sangre que destruye las defensas inmunológicas.
el sida

1. Inflamación de la mucosa de los pulmones que causa una tos fuerte y problemas al respirar.

_____

2. Penetración de gérmenes en el cuerpo.

_____

3. Enfermedad contagiosa que ocurre en el invierno y que produce fiebre. Cada año los médicos sugieren recibir una vacuna contra esta enfermedad.

_____

4. Dolor de cabeza intenso que normalmente va acompañado de náuseas.

_____

5. Enfermedad que se caracteriza por una concentración excesiva de azúcar en la sangre.

_____

6. Malestar físico que se manifiesta con deseos de vomitar.

_____

7. Malestar que se manifiesta cuando hay una pérdida del equilibrio.

_____

10.1-06 Las vacunas Megan habla con la señora Carmen sobre las vacunas. Escucha su conversación y selecciona la respuesta correcta.

1. A Megan le duele…
   a. la cabeza.
   b. todo el cuerpo.
   c. la garganta.

2. Megan quiere ponerse la vacuna contra la gripe…
   a. para prevenirla.
   b. porque tiene una infección.
   c. porque tiene dolor.

3. Según Megan, en Estados Unidos…
   a. es común visitar al médico en invierno.
   b. es común ponerse la vacuna antes del invierno.
   c. es común estar saludable en invierno.

4. Para estar saludable…
   a. hay que llamar al médico.
   b. hay que ponerse la vacuna.
   c. hay que evitar enfermarse.

5. Carmen…
   a. está segura que pueden conseguir la vacuna en el consultorio.
   b. recomienda llamar para conseguir la vacuna en el consultorio.
   c. quiere que llamen al consultorio para preguntar sobre la vacuna.

10.1-07 La medicina alternativa Carmen y Megan hablan sobre la cura de diferentes enfermedades. Escucha su conversación y contesta las preguntas o completa las frases con la información correcta.

1. Megan dice que no quiere enfermarse porque…

_____

2. Carmen dice que en Paraguay puedes comprar medicinas…

_____

3. Carmen toma un tereré cuando…

_____

4. ¿Para qué es bueno el té de cola de caballo?

_____

5. ¿Para qué enfermedades puedes tomar hierbas? Escribe tres ejemplos.

_____

_____

Hablando de gramática I & II: • Formal commands • Present subjunctive with verbs of volition • Summary of the subjunctive mood

10.1-08 En el consultorio del médico No te sientes muy bien y vas a ver al médico. Le cuentas al médico cómo te sientes y él te dice qué debes hacer. Elige el verbo correcto y conjúgalo en forma de mandato formal para completar lo que te dice el médico.

> dormir   tomar   abrir   ir   sacar   cerrar   volver   sentarse   decir   comprar

Médico: ¿En qué lo puedo ayudar?

Tú: Bueno, es que no me siento muy bien. Me duele la garganta y tengo una tos horrible con fiebre.

Médico: Por favor, _____₁ en la mesa, quiero examinarlo.

Tú: Sí, doctor.

Médico: _____₂ la boca y _____₃ la lengua. _____₄ ahhhhhhhh.

Tú: ¡Ahhhhhhhh!

Médico: Bien. Ahora _____₅ la boca. ¿Le pusieron la inyección contra la gripe este año?

Tú: ¿Este año? No, no creo.

Médico: Veo que Ud. tiene una infección de la garganta. _____₆ a la farmacia y _____₇ este jarabe que escribí en esta hoja, que lo va a ayudar con el dolor. También _____₈ esta receta para antibióticos. _____₉ mucho y _____₁₀ en una semana.

Tú: Muy bien, doctor. Lo veo en una semana. Gracias.

10.1-09 Las noticias en Paraguay Mira los titulares que salieron en el periódico en Paraguay. Elige el verbo correcto para completar las reacciones de Megan después de ver estas noticias.

1. El presidente de la república anunció una ley contra la desnutrición

Espero que no **haber / haya** más desnutrición en un año.

2. En Paraguay analizan medidas para combatir el dengue

Ojalá que **descubrir / descubran** una cura para el dengue.

3.

No deseo **ir / vaya** a una farmacia que vende medicamentos sin receta.

4.

Paraguay pide acceso universal a los medicamentos

Prefiero que todos **tener / tengan** acceso a los medicamentos.

5.

Comienza hoy la campaña anual de vacunación contra la gripe

Quiero **obtener / obtenga** una vacuna contra la gripe.

10.1-10 Una clase de primeros auxilios Tienes que tomar una clase de primeros auxilios (*first aid*) antes de irte a Paraguay con el Cuerpo de Paz. Antes de empezar la clase piensas cómo va a ser la clase. Usa los verbos y expresiones siguientes para indicar tus deseos y preferencias sobre qué van a hacer tú y tus compañeros en clase.

| ojalá | esperar | desear | querer | preferir |

MODELO:

no deber traer instrumentos médicos
Espero que no debamos traer instrumentos médicos.

1. aprender sobre los remedios para cada enfermedad

_____

2. no dar inyecciones a nadie

_____

3. curar a todos los pacientes después del curso

_____

4. no tener mareos después de ver la sangre

_____

5. hacer un buen repaso del vocabulario sobre las partes del cuerpo

_____

10.1-11 Las experiencias de Megan Megan te cuenta sobre su experiencia con el Cuerpo de Paz en Paraguay por Skype. Elige entre el indicativo y el subjuntivo para ver qué dice Megan.

Creo que la experiencia de estar aquí con el Cuerpo de Paz en Paraguay **es / sea**$_1$ la mejor experiencia de mi vida. Es importante que **hacemos / hagamos**$_2$ todo lo posible para ayudar a los que necesitan nuestra ayuda. No es sorprendente que los paraguayos me **ayudan / ayuden**$_3$ mientras estoy aquí. Carmen, una mujer indígena que conocí al principio de mi viaje, siempre me dice que **viene / venga**$_4$ a verla cuando me sienta mal. Pienso que **tiene / tenga**$_5$ mucha experiencia médica y me parece que **sabe / sepa**$_6$ mucho sobre la medicina natural. Quiero que me **enseña / enseñe**$_7$ más sobre el tereré y el yuyo que utiliza porque es increíble que **curan / curen**$_8$ el dolor de estómago y las náuseas tan rápidamente. Todos mis compañeros en el Cuerpo de Paz dudan que **hay / haya**$_9$ mejor remedio.

10.1-12 Tus opiniones y reacciones Los amigos de Megan te cuentan de sus experiencias con Carmen. Reacciona a lo que dicen completando las frases siguientes.

1. Carmen me recomienda que tome un tereré para curar el dolor de estómago.

   Es probable que _____.

2. A Carmen le preocupa que todos tengamos mareos al llegar a su casa.

   No es bueno que _____.

3. Dudo que haya gérmenes en la casa de Carmen. ¡Su casa está muy limpia!

   Es evidente que _____.

4. Carmen dice que todos parecemos mejor después de tomar un té.

   Creo que _____.

5. Está claro que Carmen sabe muchísimo sobre la medicina.

   Carmen desea que _____.

6. Insisto en que visites a Carmen si te sientes mal.

   Ojalá que _____.

10.1-13 En el centro de salud Megan habla sobre sus experiencias como voluntaria en el centro de salud. Escucha a Megan y selecciona la respuesta correcta.

1. Megan prefiere…
   a) ayudar a personas que están enfermas.
   b) ayudar a personas que no necesitan ayuda.
   c) ayudar a todas las personas que van al centro.

2. Megan recomienda…
   a) que las personas no hablen de sus enfermedades.
   b) que las personas enfermas no hablen de sus problemas.
   c) que las personas hablen de sus problemas y enfermedades.

3. Megan…
   a) no es doctora, pero habla con los enfermos.
   b) no es doctora, pero puede curar a los enfermos.
   c) no es doctora y no puede hablar con los enfermos.

4. Con enfermedades como el sida…
   a) los pacientes no deben hablar de medicina.
   b) hablar es como una medicina para los pacientes.
   c) las medicinas no ayudan a sentirse bien.

5. Las voluntarias del centro...
   a) esperan que los pacientes consideren los tratamientos.
   b) quieren que los pacientes consideren la medicina alternativa.
   c) esperan que los pacientes puedan pagar las medicinas.

10.1-14 En la tienda naturista Megan decide explorar las opciones de la medicina alternativa y visita una tienda naturista donde venden hierbas y remedios. Escucha su conversación con un vendedor en la tienda y contesta las preguntas con frases completas.

MODELO:

Pregunta: ¿Qué remedio recomiendan para el dolor de estómago?
Escribes: *Recomiendan el té de cola de caballo para el dolor de estómago.*

1. ¿Qué le interesa a Megan?

_____

2. ¿Qué es bueno que las personas tomen para la tos?

_____

3. ¿Qué es importante saber sobre las hierbas?

_____

4. ¿Por qué es probable que las personas tengan más malestares?

_____

5. ¿Qué espera Megan?

_____

SECCIÓN 2: Medicina y estilos de vida

Palabra por palabra

10.2-01 ¿Y por qué? Trabajando en la clínica del Cuerpo de Paz, Aída escucha muchas conversaciones entre la doctora Gutiérrez y sus pacientes. Inventa una respuesta para cada vez que la doctora le pregunta "¿Y por qué?" a uno de sus pacientes. Escribe oraciones completas.

MODELO:

Paciente: Doctora, estoy muy contento hoy.

Doctora: ¿Y por qué?

Paciente: *Estoy contento porque ya no me duele la espalda.*

1. Paciente: Doctora, estoy un poco deprimida.

   Doctora: ¿Y por qué?

   Paciente: _____

2. Paciente: Doctora, estoy distraído esta semana.

   Doctora: ¿Y por qué?

   Paciente: _____

3. Paciente: Doctora, estoy cansada.

Doctora: ¿Y por qué?

Paciente: _____

4. Paciente: Doctora, ¡estoy emocionada!

Doctora: ¿Y por qué?

Paciente: _____

5. Paciente: Doctora, estoy estresado.

Doctora: ¿Y por qué?

Paciente: _____

10.2-02 ¿Cómo están? Los profesionales de la salud deben reconocer los diferentes estados de ánimo de sus pacientes. ¿Puedes identificarlos?

MODELO:

 Está cansado.

1.  _____

4.  _____

2.  _____

5.  _____

3.  _____

6.  _____

10.2-03 Consejos profesionales Los profesionales de la salud les dan muchos consejos a sus pacientes. En cada caso, identifica qué profesional da los consejos. Ojo, no se usan todas las palabras.

> el/la oculista   el/la enfermero/a   el/la psiquiatra   el/la cirujano/a
> el/la cardiólogo/a   el/la dentista   el/la farmacéutico/a

_____ 1. "Come menos carne roja y controla el colesterol. Si no, vas a tener problemas del corazón".

_____ 2. "Vuelve en seis meses y te examino los ojos otra vez".

_____ 3. "Relájate y no te preocupes. No vas a sentir nada porque te voy a poner una inyección de anestesia".

_____ 4. "Toma estas pastillas con comida y mucha agua".

_____ 5. "Puedes controlar la ansiedad con ejercicio y yoga. También debes descansar más. Vuelve en tres semanas y hablamos más sobre tu progreso".

10.2-04 Un nuevo trabajo Antes de ir a Bolivia, Aída estudió vocabulario en español relacionado con los profesionales de la salud y los hábitos saludables. Completa el crucigrama con las nuevas palabras que aprendió.

Horizontales

5. A veces, para curarse, el _____ es tan o más importante que los medicamentos.

6. Muchas personas quieren hacer dieta, pero no es buena idea _____ demasiado (*too*) rápido.

8. A los doctores les importa el _____ de sus pacientes. Por eso les dan consejos para estar saludables.

11. Las personas que preparan la dosis adecuada de los medicamentos son _____.

Verticales

1. Si te duele un diente, debes ir a ver al _____ porque puede ser algo serio.

2. Si uno quiere _____ de peso, debe hacer más ejercicio y posible hacer dieta.

3. Muchos estudiantes y profesionales tienen _____ porque tienen mucho trabajo y no hacen nada para relajarse.

4. Un profesional médico que practica la cirugía es un _____.

13. Un _____ es un médico especialista del corazón.

14. Los doctores dicen que uno debe _____ la ansiedad, el estrés y el consumo de comidas grasosas para proteger el corazón.

15. Cuando uno es doctor, hay que tener _____ de no recetar o recomendar el medicamento incorrecto.

7. Cuando una mujer está _____ no debe tomar alcohol ni fumar.

9. El profesional que ayuda a un doctor es un _____.

10. Un _____ es un médico especializado de los ojos.

12. Comer comidas con mucha grasa y no hacer ejercicio te hace _____.

10.2-05 El estrés de Aída Aída tiene algunos problemas con su salud en Bolivia. Escucha a Aída y selecciona la respuesta correcta.

1. Antes de ir a Bolivia, Aída...
   a) estaba estresada y nerviosa.
   b) quería participar en el Cuerpo de Paz.
   c) estaba emocionada por el trabajo.

2. Aída dice que...
   a) La Paz tiene una ciudad capital.
   b) La Paz es la capital más alta.
   c) su madre visita la ciudad de La Paz.

3. Aída está confundida porque...
   a) está adelgazando porque está a dieta.
   b) está a dieta y no está adelgazando.
   c) está adelgazando y no está a dieta.

4. Aída piensa...
   a) hacer dieta para adelgazar.
   b) hacer yoga para relajarse.
   c) hacer ejercicio y yoga.

5. Aída va a...
   a) calmarse esta noche.
   b) hacer yoga por la noche.
   c) trabajar por la noche.

10.2-06 ¿Cómo están? Aída describe a las voluntarias del Cuerpo de Paz en Bolivia. Escucha sus descripciones y escribe sus estados de ánimo. Ojo, no se usan todas las palabras.

MODELO:

Escuchas: Marisa va a poner una inyección por primera vez.
Escribes: Marisa *está nerviosa* porque *va a poner una inyección*.

| distraída | deprimida | débil | animada | avergonzada | tranquila | fuerte | preocupada |

1. Susana y Marisa _____ porque _____.

2. Alejandra _____ porque _____.

3. Susana _____ porque _____.

4. Miriam _____ porque _____.

5. Aída _____ porque _____.

Hablando de gramática I & II: • *Ser* and *estar* + adjective • Impersonal expressions with subjunctive • Informal commands • *Lo* + adjective

10.2-07 Los compañeros de trabajo Aída le escribe un correo electrónico a su mamá en español. Completa la carta llenando cada espacio con la forma correcta de *ser* o *estar* (en el presente, imperfecto, pretérito o infinitivo).

De: Aída <aida@wileypuravida.com>
Para: Mamá <mama@wileypuravida.com>
Asunto: mi trabajo

Querida Mamá:

Mi trabajo de voluntaria en el Cuerpo de Paz _____1 interesante y me gusta _____2 aquí en Bolivia, pero a veces _____3 un poco deprimida porque mis amigos y mi familia _____4 en Estados Unidos. En la clínica trabajo con todo tipo de profesionales de la salud y cada uno tiene una personalidad única. La psiquiatra _____5 una persona tranquila, excepto cuando no llegó la secretaria la semana pasada. En ese caso _____6 un poco estresada. Hay varios enfermeros que trabajan en la clínica. En general _____7 trabajadores y simpáticos, aunque cuando _____8 cansados, pueden _____9 irritados por horas. Hay una cirujana en la clínica y a veces _____10 un poco distraída. ¡Eso me preocupa! ¡Los cirujanos no deben _____11 distraídos! La oculista _____12 mi favorita. _____13 una mujer fuerte y animada. Las dos primeras semanas que trabajé en la clínica yo _____14 avergonzada porque no sabía su nombre. Le decía "Paula", ¡pero se llama "Lidia"! Yo _____15 equivocada (*mistaken*). ¡Qué vergüenza! Bueno, Mamá, te dejo por ahora. Escríbeme pronto y dime cómo _____16 tú y cómo _____17 mis hermanos. Y quiero saber cómo _____18 los nuevos vecinos. No llegué a conocerlos. ¿_____19 simpáticos?

Te mando un abrazo electrónico,
Aída

10.2-08 Un ejercicio psicológico Imagínate que fuiste a ver al psicólogo y te dijo que antes de la próxima visita necesitas reflexionar sobre las cosas que te hacen feliz. Utilizando las expresiones impersonales, completa las dos listas con oraciones completas. Usa el subjuntivo cuando sea necesario.

es necesario   es esencial   es importante   es bueno   es preciso   es mejor

MODELO:

Generalizaciones: *Es bueno descansar mucho.*
Acciones específicas: *Es esencial que mis amigos me traten bien.*

Tres generalizaciones sobre lo necesario para ser feliz:

1. _____

2. _____

3. _____

Tres acciones específicas que otras personas pueden hacer para hacerte feliz:

4. _____

5. _____

6. _____

10.2-09 El choque cultural Después de las primeras semanas en Bolivia, Aída experimentó un choque cultural y fue a hablar con una psicóloga. Empareja las recomendaciones de la psicóloga con las preocupaciones de Aída.

Las preocupaciones de Aída:

_____ 1. No sé qué hacer por las noches y me aburro en casa.

_____ 2. A veces me siento un poco deprimida porque mis amigos y mi familia están en Estados Unidos.

_____ 3. Mi familia boliviana a veces habla quechua y no siempre entiendo.

_____ 4. La comida aquí no es como la comida de Estados Unidos.

_____ 5. Es posible que quiera volver a mi país pronto.

Las recomendaciones de la psicóloga:

a. Haz amistades aquí en Bolivia. Haz más ejercicio. No pases mucho tiempo sola. Vuelve a verme en tres semanas si todavía te sientes así.

b. No te preocupes. Diles que hablen español.

c. Solo llevas dos semanas aquí. ¡Quédate! Espera un poco más. No regreses todavía.

d. Vives en La Paz, ¿no? Sal a bailar los fines de semana. Durante la semana, ve a casa de tus amigos o sal con ellos. Cuando estés en casa, no te quedes en tu cuarto. Habla con tu familia boliviana y conócela.

e. Si tu familia te ofrece algo nuevo, pruébalo. Es posible que te guste. Si ya sabes que no te gusta, pídeles otra cosa.

10.2-10 Un estudiante de intercambio Un estudiante de Bolivia va a vivir en tu casa por un año. Antes de venir a Estados Unidos te escribe un mensaje electrónico. Responde a cada pregunta con un mínimo de un mandato afirmativo y un mandato negativo. Usa los mandatos informales.

1. Los estudios son muy importantes para mí. ¿Qué debo hacer y no hacer para tener éxito en las clases?

_____

_____

2. No conozco a nadie en Estados Unidos. No quiero deprimirme, pero me preocupa un poco la posibilidad. ¿Qué puedo hacer y qué no debo hacer para no deprimirme?

_____

_____

3. Sé que la comida en Estados Unidos es muy distinta a la comida boliviana y no sé si me va a gustar o no. ¿Qué recomiendas que haga y que no haga?

_____

_____

4. Me importa mucho la salud. Me gusta mantenerme en buena forma. ¿Qué recomiendas que haga y que no haga cuando esté en Estados Unidos?

_____

_____

10.2-11 ¿De qué habla Aída? Después de trabajar en la clínica por unos meses, Aída hace algunas observaciones sobre las personas y el trabajo en la clínica. Selecciona un elemento de la segunda columna para indicar de qué habla Aída en la primera.

_____ 1. "Lo malo es que muchos de los profesionales de la salud sufren de esto porque tienen mucho trabajo".

_____ 2. "Lo bueno es que todos están bien dedicados a sus pacientes".

_____ 3. "Lo curioso es el número de ellos que llega sin problemas médicos".

_____ 4. "Ya sé lo necesario que es hacer esto".

_____ 5. "Lo difícil son las muchas de ellas que hay que trabajar".

a. las horas de trabajo
b. los profesionales de la salud
c. los pacientes
d. el estrés
e. escuchar a los pacientes

10.2-12 Tus observaciones En la actividad anterior leíste algunas observaciones de Aída sobre su trabajo. Ahora, escribe tus propias (*own*) observaciones sobre un trabajo que tú tienes. Si no tienes trabajo, escribe sobre tu vida universitaria.

MODELO:

lo + adjetivo + es + sustantivo singular...
Lo mejor es la flexibilidad de mi horario.

1. lo + adjetivo + es + sustantivo singular...

_____

2. lo + adjetivo + es + infinitivo...

_____

3. lo + adjetivo + son + sustantivo plural...

_____

4. lo + adjetivo + es que + cláusula subordinada...

_____

10.2-13 Las recomendaciones de Aída Aída tuvo algunos problemas durante su experiencia con el Cuerpo de Paz en Bolivia. Escucha sus recomendaciones para tener una buena experiencia. Después, selecciona la respuesta correcta.

1. Aída dice que en la experiencia del Cuerpo de Paz...
a) debes estar preparado para evitar el estrés.
b) debes tener tiempo para el estrés.
c) debes evitar tener tiempo para el estrés.

2. Para tener una buena experiencia, Aída dice:
a) "Sé responsable y haz preguntas".
b) "Organiza tu tiempo y no hagas preguntas".
c) "Haz preguntas y sé honesto".

3. Aída recomienda que cada día...
a) hagas preguntas acerca de tu horario.
b) hagas muchas tareas en tu trabajo.
c) hagas una lista con tus tareas.

4. En Bolivia, es posible que...
a) no te gusten algunas comidas.
b) no puedas comprar agua.
c) no haya agua en las tiendas.

5. Es importante que...
a) comas frecuentemente.
b) tengas una buena experiencia.
c) tengas agua en el trabajo.

10.2-14 Los consejos de Alex Alex y Linda hablan sobre su preparación para ir en bicicleta en la famosa Carretera de la Muerte. Escucha su conversación y contesta las preguntas con mandatos informales.

MODELO:

Pregunta: ¿Cuándo puedes sacar fotos?
Escribes: *No saques* fotos en el descenso, *para* para tomar fotos.

1. ¿Cómo puedes prepararte para el descenso?

_____

2. ¿Qué recomienda Linda para no estar débil?

_____

3. ¿Qué hay que hacer una semana antes del descenso?

_____

4. ¿Qué recomienda Linda para prevenir accidentes?

_____

5. ¿Qué haces para el estrés en las piernas?

_____

¿Cómo es...?

Escucha el siguiente segmento sobre la Carretera de la Muerte y decide si las oraciones son **ciertas** (C) o **falsas** (F). Si son falsas, corrígelas.

Vocabulario:

piedras *pebbles*

cientos *hundreds*

atraviesan *cross*

agarrar velocidad *to pick up speed*

Banco Interamericano de Desarrollo *Inter-American Development Bank*

empresas *businesses*

descenso *descent*

▲ *Carretera de la Muerte*

© John Wiley & Sons, Inc.

1. Los Yungas es un área en la cordillera de los Andes.

   C   F _____

2. El punto más alto de la carretera está a 1.100 metros.

   C   F _____

3. La carretera se construyó en 1995.

   C   F _____

4. En el Camino a los Yungas hay hospitales en varios puntos de ayuda.

   C   F _____

5. Actualmente la carretera es popular para practicar el descenso en bicicleta.

   C   F _____

Entérate

En esta sección debes seleccionar la lectura que más te interese. Selecciona solamente **una** lectura y contesta las preguntas.

1. Deportes / Pasatiempos: El Mercado de las Brujas

2. Sociedad / Religión: El Carnaval de Oruro

3. Historia / Política: La transición democrática de Paraguay

4. Ciencia / Tecnología: La represa de Itaipú

5. Cultura popular / Arte: La danza paraguaya

1. Pasatiempos: El Mercado de las Brujas

A una altura de 3.631 metros (11.913 pies), La Paz es la capital más alta del mundo. La ciudad está llena de lugares interesantes, pero el Mercado de las Brujas (*Witches' Market*) es una de sus atracciones más únicas. El Mercado de las Brujas está en la Cerro Cumbre, una zona de La Paz que mucha gente dice que es tierra santa (*holy ground*).

▲ *El Mercado de las Brujas*

El mercado se compone de varias tiendas y quioscos. En el mercado se venden muchos productos y remedios naturales para la salud y la espiritualidad. Hay plantas medicinales para mejorar la vida sexual, para curar enfermedades del tracto urinario y para tratar la fiebre y la gripe, por ejemplo.

Lo más impactante del mercado para los turistas son, probablemente, los animales muertos que se encuentran en el mercado, como las ranas y las cabezas de serpiente, y los fetos de las llamas que cuelgan (*are hanging*) por todas partes del mercado. Es interesante que en Bolivia a veces los fetos se entierren (*bury*) debajo de las casas para traer la buena fortuna.

Aparte de los productos que se pueden comprar, también el mercado ofrece diferentes servicios. Una de las brujas del mercado, por ejemplo, quema los fetos de llama para ayudar a parejas que sufren de conflicto matrimonial. Otro servicio que se puede encontrar en el mercado es la predicción de la suerte, o adivinación del futuro (*fortune telling*). Lo diferente de la adivinación del futuro en este mercado es que a veces se usan hojas de coca para leer el futuro: uno de los métodos de leer el futuro es tirar unas hojas de coca y luego "leer" las hojas dependiendo de cómo y dónde caen.

Está claro que recientemente hay más turistas que bolivianos que visitan el mercado. Muchos turistas van al mercado para comprar recuerdos (*souvenirs*) y es obvio que para muchos de ellos el mercado es un pasatiempo turístico. Sin embargo, es importante que los turistas sepan que el mercado es también donde muchos bolivianos van a comprar remedios para problemas de la salud y problemas espirituales. El turismo tiene impactos positivos y otros negativos: es bueno que ayude a la gente económicamente, pero por otro lado es malo que esté cambiando el carácter de uno de los mercados más importantes de Bolivia.

1. ¿Cuáles son algunas de las cosas que se venden en el Mercado de las Brujas?

_____

_____

2. ¿Para qué son los fetos de llama?

_____

_____

3. ¿Cuál es la recomendación que da esta lectura a los turistas?

_____

_____

4. ¿Por qué crees que esta lectura dice que el turismo está cambiando el carácter del mercado?

_____

_____

5. Indica cuáles son los cuatro verbos conjugados en el presente del subjuntivo e indica cuál es el infinitivo de cada verbo.

Verbos en subjuntivo   Infinitivos

_____   _____

_____   _____

_____   _____

_____   _____

2. Religión: El Carnaval de Oruro

Está claro que Bolivia es uno de los países andinos que mejor conserva las antiguas tradiciones indígenas mezclándose con las fiestas y celebraciones españolas que llegaron hace más de 500 años. Estas costumbres y tradiciones se pueden ver en la gran variedad de fiestas bolivianas que hay durante el año. Entre las más importantes se encuentra el Carnaval de Oruro.

Según el sistema de clasificación de la UNESCO, el Carnaval de Oruro se considera una Obra Maestra del Patrimonio Oral e Inmaterial de la Humanidad (*Masterpiece of the Oral and Intangible Heritage of Humanity*). Esta festividad pagana-católica, que se celebra en la ciudad de Oruro, centro folclórico, minero y ceremonial de gran importancia, se prepara durante todo el año. Es increíble que estas festividades tengan más de 2000 años de historia.

Lo esencial del Carnaval de Oruro es la veneración a la Virgen del Socavón (*Virgin of the Mine Shaft*). El primer día del carnaval es la Gran Entrada de Peregrinación (*pilgrimage*), donde los bailarines presentan unas 18 danzas y acompañan a los peregrinos (*pilgrims*) en su camino hacia la iglesia de la Virgen del Socavón. Lo interesante es que la peregrinación dura veinte horas y que participan casi cincuenta grupos de baile folclórico, 20.000 bailarines y 10.000 músicos.

Los habitantes de Oruro pasan meses preparando ceremonias y rituales, además de la presentación de la gran variedad de bailes folclóricos, como la diablada, la morenada, los tobas y la danza de los caporales. El baile más importante es la diablada (*dance of the devil*), un tipo de danza que representa la lucha entre el bien y el mal. Es evidente que la creación de las vestimentas, o trajes, para la diablada se considera una forma de arte en Oruro.

Es impresionante que las festividades del Carnaval de Oruro atraigan a unas 400.000 personas cada año y por eso es una atracción turística importante para la región y para Bolivia en general. La Asociación de Conjuntos del Folklore de Oruro publica unas recomendaciones para el turista que visita el Carnaval de Oruro. Algunas de las recomendaciones son:

- Planifica tu viaje con anticipación.
- Al llegar a tu lugar de destino, ubica (encuentra) los servicios de urgencia, emergencia y auxilio.
- Infórmate acerca de los lugares seguros para alojarte o comer.
- Escoge sitios recomendados y legalmente establecidos (restaurantes, hoteles, *camping*, residenciales, entre otros).

- Informa a tu familia y amigos el lugar de tu destino y la fecha de retorno.
- Si vas de excursión, informa a tu familia y amigos cuando llegues a un nuevo destino.
- Cuida tu cámara fotográfica o de video y otros elementos que llamen la atención de los delincuentes.
- Controla lo que consumes.

1. Indica cuáles son los dos verbos conjugados en el presente del subjuntivo en los primeros cinco párrafos de la lectura, e indica cuál es el infinitivo de cada verbo.

   Verbos en subjuntivo   Infinitivos

   _____   _____

   _____   _____

2. ¿Qué tipo de celebración es el Carnaval de Oruro?

   _____

3. ¿Adónde van los peregrinos durante la Gran Entrada de Peregrinación?

   _____

4. ¿Qué es la diablada y por qué es algo significativo?

   _____

5. En la lista de recomendaciones al turista hay varios mandatos informales. Escribe seis de ellos e indica cuál es el infinitivo de cada uno.

   Mandatos informales   Infinitivos

   _____   _____

   _____   _____

   _____   _____

   _____   _____

   _____   _____

   _____   _____

3. Política: La transición democrática de Paraguay

En 1954 el general Alfredo Stroessner se convirtió en el líder del Paraguay con un golpe (*coup*) militar. La dictadura de Stroessner duró 35 años, pero mantuvo por casi cuatro décadas la apariencia de una democracia a través de (*through*) sucesivas elecciones.

Durante el gobierno de Stroessner se realizaron algunas obras (*works*) importantes, como la construcción de la represa de Itaipú (*Itaipú Dam*), pero Paraguay, más que beneficiarse, sufrió por el régimen represivo de Stroessner. Stroessner se alió con el famoso Plan Cóndor de los gobiernos totalitarios de América del Sur, un plan para perseguir (*persecute*) y encarcelar (*incarcerate*) a los adversarios de las dictaduras. Este "plan", que Estados Unidos apoyó, produjo miles de víctimas, especialmente entre las décadas del 70 y 80.

▲ *La bandera paraguaya*

En febrero de 1989 cayó la dictadura de Stroessner con un golpe militar liderado por el general Andrés Rodríguez. Rodríguez fue elegido presidente constitucional en las primeras elecciones democráticas, en mayo de 1989. El gobierno de Rodríguez no fue como el anterior. Rodríguez eliminó muchas de las medidas (*measures*) represivas que había instituido Stroessner. En 1992 se aprobó la nueva Constitución Nacional que defiende algunas libertades fundamentales que no estaban reconocidas en la constitución anterior.

En 1992 se descubrió el "Archivo del Terror", documento donde se registran los actos ilegales e inhumanos del régimen de Stroessner, como torturas y persecuciones políticas contra los adversarios del régimen. En 1996 el congreso de Paraguay aprobó una ley de indemnización (*compensation*) con el fin de compensar a los víctimas de la dictadura de Stroessner. Sin embargo, por varias razones, el gobierno no empezó a pagar las indemnizaciones a las víctimas hasta 2004. En el año 2008, la Comisión de la Verdad y la Justicia presentó un informe sobre las represiones de la dictadura. En ese documento, la comisión registró 425 ejecutados o desaparecidos, casi 20.000 detenidos –la gran mayoría víctimas de tortura física– y más de 20.000 personas que fueron forzadas al exilio. Entre 2008 y 2012 el gobierno de Paraguay pagó el equivalente de más de 63 millones de dólares a casi 4.000 víctimas. Después del golpe militar, Stroessner se exilió en Brasil y murió en agosto de 2006 a los 93 años de edad, pero el país sigue recuperándose de su dictadura.

Decide si las declaraciones son **ciertas** (C) o **falsas** (F). Si la oración es falsa, escribe una oración verdadera.

1. Los ciudadanos de Paraguay eligieron a Alfredo Stroessner en elecciones democráticas varias veces.

   C   F   _____

2. La política de Estados Unidos ayudó a mantener a Stroessner en el poder.

   C   F   _____

3. El gobierno de Andrés Rodríguez, que también comenzó con un golpe militar, fue tan represivo como el gobierno de Stroessner.

   C   F   _____

4. En 1996 el gobierno paraguayo comenzó a pagar indemnizaciones a los víctimas de la dictadura de Stroessner.

   C   F   _____

5. En esta lectura hay tres verbos conjugados en el presente del subjuntivo.

   C   F   _____

4. Tecnología: La represa de Itaipú

La represa de Itaipú es una represa (*dam*) hidroeléctrica situada sobre el río Paraná entre Paraguay y Brasil. Al norte, la represa empieza en la ciudad de Salto del Guairá en el lado occidental, en Paraguay, y en Guaíra en el lado oriental, en Brasil. Al sur, la represa termina en la Ciudad del Este en Paraguay y en la ciudad Foz do Iguaçu en Brasil. Es la central hidroeléctrica más grande del hemisferio sur y mide 7.919 metros de largo. El nombre *Itaipú* vino de una isla situada cerca del lugar de construcción y su nombre viene de la lengua indígena de la región, el guaraní, y significa "piedra que suena" (*the sounding stone*).

▲ *La represa de Itaipú*

La represa de Itaipú, situada en la frontera, es un proyecto binacional entre Paraguay y Brasil. La represa tiene 20 turbinas generadoras (*generating units*); 10 producen energía para Paraguay, pero con menos velocidad, y 10 producen energía para Brasil, pero con más velocidad. Por razones complicadas de infraestructura, la mayoría de la energía producida por el lado paraguayo no se utiliza dentro del país, se exporta al lado brasileño. La energía se dirige especialmente a las regiones de São Paulo y Río de Janeiro, donde hay una gran población y una gran necesidad de recibir energía. Las compañías que proveen esta energía de la represa a los países respectivos se llaman Furnas Centrales Eléctricas S. A. en Brasil y la Administración Nacional de Electricidad (ANDE) en Paraguay.

La represa de Itaipú no solamente provee energía eléctrica a ciertas áreas de América del Sur, sino que constituye además uno de los lugares más turísticos de Paraguay y Brasil. Los turistas de distintas partes del mundo vienen especialmente a la represa de Itaipú para ver el extraordinario paisaje. Además, los turistas pueden ver la represa a un nivel más personal cuando dan un paseo en barco por el lago formado por la represa. Los viernes y los sábados son días muy especiales para los turistas porque hay un espectáculo de luz con música por la noche. Los turistas ven la enorme barrera iluminada mientras escuchan una composición musical creada especialmente para la presentación. ¡No es sorprendente que en 1995 la represa de Itaipú fuera nombrada una de las siete maravillas del mundo moderno!

1. ¿Cuál es la función de una represa?

_____

2. ¿De dónde vino el nombre *Itaipú* y qué significa?

_____

_____

3. ¿Piensas que hay desventajas de vender la energía que pertenece a Paraguay a Brasil? Explica tu respuesta.

_____

4. ¿De qué se alegran los turistas al ver la represa de Itaipú?

_____

5. ¿Qué se ofrece a los turistas los viernes y sábados por la noche?

_____

5. Arte: La danza paraguaya

La danza en general es una forma de expresión artística que representa la cultura de ciertos lugares del mundo. Las danzas típicamente tradicionales se presentan con música y una coreografía específica que resisten modificaciones a través de los años. En Paraguay, hay una variedad de danzas tradicionales que provienen (*stem from*) de la mezcla de las dos culturas que convivían (*cohabited*) en el país, la cultura europea y la cultura guaraní. A pesar de una época inestable en el país en el siglo XIX, las fiestas, la música y las danzas eran importantes porque animaban a la gente y les daban esperanza. Durante los años 1862 a 1870, el presidente Francisco Solano López también participaba con entusiasmo y alegría porque le fascinaban el baile y los bailarines.

▲ *Danza paraguaya*

En Paraguay hay cuatro grupos de danzas tradicionales. Primero, está la Danza de las Galoperas, que se baila sin coreografía fija (*fixed*) y de forma improvisada. Es un baile en el que se puede crear la coreografía según los gustos y la creatividad del bailarín. Segundo, está la Danza de las Botellas, que es la única danza individual. Es un baile que requiere mucho equilibrio porque la bailarina baila hasta con seis u ocho botellas en la cabeza. Tercero, existen las danzas en parejas, que se bailan con música y coreografía fijas. Algunos ejemplos específicos de las danzas en parejas son Chopi, Londón Karape, Cazador, Solito y la Golondriana. Cuarto, las danzas de inspiración folclórica tampoco tienen coreografía fija, como la Danza de las Galoperas. En las danzas de inspiración folclórica, el bailarín hace su propia coreografía con creatividad al escuchar el ritmo y la letra (*the lyrics*) de cada canción.

El traje típico de los hombres incluye un sombrero piri, típico de Paraguay, un pañuelo blanco, negro, rojo o azul, en el cuello en forma triangular, una camisa blanca con bordados (*embroidery*), unos pantalones de color blanco o negro, un poncho de un solo color, y pies descalzos o zapatos negros. El traje típico de las mujeres incluye una blusa blanca, una falda ancha y larga, flores en la cabeza, muchas joyas y pies descalzos (*barefoot*).

1. ¿Qué es la danza tradicional?

_____

2. ¿Cuál es el origen de la danza paraguaya?

_____

3. ¿Cuántos tipos de danza tradicional existen en Paraguay? ¿Cómo se llaman?

_____

4. ¿Qué danza te parece más interesante? ¿Por qué?

_____

5. ¿Qué piensas de los trajes típicos de la danza paraguaya?

_____

En tus propias palabras

Selecciona **un** tema para escribir. Puedes escribir sobre lo que leíste en la sección anterior, **Entérate**.

1. **Pasatiempos:** ¿Fuiste alguna vez a un mercado de hierbas medicinales? ¿Cómo era? ¿Qué piensas de los remedios naturales? ¿Crees que funcionan? ¿Qué opinas del uso de remedios naturales para curar problemas espirituales?

2. **Religión:** ¿Participaste alguna vez en una celebración de carnaval u otra celebración religiosa? Descríbela. ¿Qué opinas de la mezcla de diferentes tradiciones religiosas, como la mezcla del paganismo y el catolicismo en el Carnaval de Oruro? ¿Conoces otras celebraciones con una mezcla de tradiciones religiosas?

3. **Política:** ¿Qué piensas de la democracia? ¿Cuáles son sus ventajas? ¿Tiene desventajas la democracia? ¿Es importante que todos los países del mundo tengan gobiernos democráticos? ¿Por qué sí o por qué no?

4. **Tecnología:** ¿Viste alguna vez una represa? ¿Cómo era? ¿Qué piensas sobre la energía creada por las represas hidroeléctricas? ¿Qué opinas sobre sus ventajas? ¿Qué opinas sobre sus desventajas?

5. **Arte:** ¿Conoces alguna danza tradicional? ¿Cómo se llama? ¿Cómo es? ¿Por qué es tradicional? ¿Requiere traje típico? ¿Qué opinas sobre la danza tradicional en general? ¿Te gusta o no te gusta? ¿Por qué?

_____

_____

_____

_____

_____

_____

_____

_____

_____

_____

_____

Así es la vida

Maná, un grupo mexicano de rock, es uno de los grupos latinoamericanos más populares y más exitosos (*successful*) de la historia de la música en español. En la canción "Mis ojos", el cantante menciona varias partes del cuerpo.

1. Escucha la canción en YouTube o en otra página de Internet y escribe una lista de por lo menos siete partes del cuerpo que se mencionan en la canción. Incluye los artículos definidos (el, la, los, las).

   _____

   _____

2. Ahora, marca con una X los profesionales de la salud relacionados con las partes del cuerpo que se mencionan en la canción.

☐ el cardiólogo

☐ el oculista

☐ el dentista

☐ el dermatólogo

☐ el farmacéutico

En resumidas cuentas

Lee la siguiente lista para el examen del **Capítulo 10** y asegúrate de que puedes:

☐ Identificar las partes del cuerpo humano.

☐ Hablar de los síntomas.

☐ Hablar de las enfermedades y los remedios.

☐ Usar los mandatos formales.

☐ Expresar los deseos y las esperanzas.

☐ Resumir los usos del modo subjuntivo.

☐ Hablar sobre los estados de ánimo.

☐ Hablar sobre los profesionales de la salud.

☐ Hablar sobre los hábitos saludables y la prevención.

☐ Describir a las personas con *ser* y *estar* + adjetivo.

☐ Dar consejos usando las expresiones impersonales con el subjuntivo.

☐ Dar instrucciones y consejos con los mandatos informales.

☐ Expresar cualidades con *lo* + adjetivo.

Capítulo
11 Un mundo global

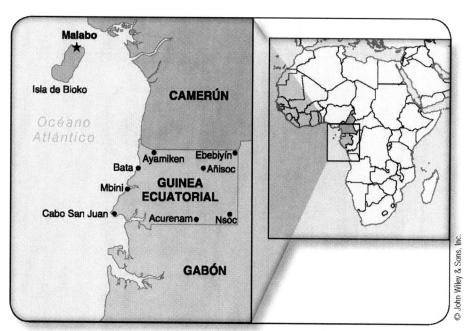

▲ *Guinea Ecuatorial*

Presentación personal

Escucha la presentación personal de Hernando y contesta las preguntas con oraciones completas.

1. ¿En qué continente está la mayoría de los países de habla hispana?

_____

2. ¿Qué problemas hay en el continente africano?

_____

3. ¿Para qué se usa la tecnología en los servicios médicos? Escribe dos ejemplos.

_____

4. ¿Por qué no le gusta la tecnología a Hernando?

_____

▲ *Hernando*

SECCIÓN 1: Redes

Palabra por palabra

11.1-01 La tecnología de hoy día Abel es una persona muy visual. Ayúdalo a emparejar cada dibujo con la palabra correcta.

_____ 1. el lápiz de memoria

a.

_____ 2. el monitor

b.

_____ 3. el cargador

c.

_____ 4. el ratón

d.

_____ 5. los iconos

e.

_____ 6. el teclado

f.

_____ 7. la impresora

g.

_____ 8. el móvil

h.

All Illustrations © John Wiley & Sons, Inc.

_____ 9. el buscador

i.

11.1-02 Un crucigrama sobre la tecnología Abel está practicando el vocabulario de la tecnología en español. Completa el crucigrama para ayudarlo a estudiar el vocabulario.

Horizontales

2. Tengo que hacer una cita con mi profesora de español. Le debo _____ un mensaje electrónico.

5. Para revisar los mensajes electrónicos hay que _____ en el sitio web.

10. Hay un programa especial que necesito para mi clase de diseño gráfico. Tengo que _____ el programa.

12. Mi computadora es muy vieja. Todos los días hay que _____ que los aparatos funcionen.

14. Por fin me quiero comunicar por el mundo de Twitter. Primero, necesito _____ una cuenta.

15. Hice algunos errores cuando escribí mi composición. Debo _____ lo que no quiero.

16. Cuando uno no quiere perder su trabajo, hay que _____ los cambios.

Verticales

1. Para poder usar mi computadora portátil todo el día, hay que _____ la batería por la noche.

3. Al profesor de historia le gusta cuando entregamos nuestro trabajo en clase. Por eso siempre tengo que _____ los documentos que escribo.

4. Es necesario _____ la computadora para poder usarla.

6. A veces cuando tengo tiempo libre me gusta _____ en línea con mis amigos.

7. Por la noche, para descansar, me gusta _____ la red para ver videos cómicos.

8. Mi amigo es músico, le gusta _____ canciones en la red para que todos las escuchen.

9. Hice un video y quiero que todo el mundo lo vea. Lo debo _____ en Internet.

11. Tengo que entregar mi ensayo final en versión electrónica para la clase de literatura. Hay que enviar un mensaje electrónico y _____ el archivo.

13. Cada noche, antes de dormirme, prefiero _____ la computadora para poder descansar bien.

11.1-03 El servicio técnico Abel necesita ayuda con su computadora y visita el servicio técnico de su universidad en España. Escucha su conversación y selecciona la opción correcta.

1. Abel va al servicio técnico porque...
   a. tiene un problema con su computadora.
   b. tiene un problema con el *wifi*.
   c. tiene un problema con su cuenta de *e-mail*.

2. El servicio técnico quiere saber si...
   a. Abel teclea su contraseña.
   b. Abel usa la contraseña correcta.
   c. Abel tiene una contraseña.

3. El primer paso para solucionar el problema de Abel es...
   a. abrir la página web de la universidad.
   b. desactivar y reactivar la cuenta.
   c. desconectar el *wifi*.

4. Abel adjunta un archivo...
   a. para poder detectar un virus en su computadora.
   b. para reactivar su cuenta de la universidad.
   c. para verificar que puede usar su *e-mail*.

5. Abel...
   a. está contento por la ayuda.
   b. quiere terminar su tarea.
   c. está preocupado por el virus.

11.1-04 Un teléfono nuevo Abel quiere comprar un teléfono en España. Escucha su conversación en una tienda de teléfonos y contesta las preguntas con oraciones completas.

1. ¿Por qué Abel necesita comprar un teléfono?

   _____

2. ¿Qué hay que hacer para que funcione el teléfono?

   _____

3. ¿Qué se puede hacer con los teléfonos inteligentes?

   _____

4. ¿Cuál es la diferencia entre estos teléfonos y una computadora?

   _____

5. ¿Con qué actividad se usa menos batería?

   _____

Hablando de gramática I & II: • The present perfect tense • Participles used as adjectives • Preterit vs. Imperfect

11.1-05 En la clase de español Este semestre hemos hecho muchas cosas en la clase de español. Indica el sujeto apropiado para las siguientes actividades de clase durante este semestre.

_____ 1. Han escrito varias composiciones en la clase.

_____ 2. Ha puesto algunas explicaciones gramaticales en nuestro sitio web.

_____ 3. Hemos visto la película *El laberinto del fauno*.

_____ 4. He aprendido mucho sobre la gente de Guinea Ecuatorial.

_____ 5. Hemos hecho un examen oral en parejas.

_____ 6. Han chateado en línea con un compañero de un país hispano.

_____ 7. He escuchado muchísimas canciones en español.

_____ 8. Nunca se ha enojado con nosotros.

a) mis compañeros y yo

b) el profesor

c) yo

d) mis compañeros

11.1-06 Una situación horrorosa Abel le escribe un *e-mail* a su amigo en EE. UU. y le describe una situación horrorosa que le ha ocurrido hace poco tiempo. Selecciona el verbo correcto y conjúgalo en el pretérito perfecto para completar su *e-mail*.

> desconectar poder escribir apagar oprimir romper tener
> ver abrir encender pasar decidir

A: Marco <marco@wileypuravida.com>
De: Abel <abel@wileypuravida.com>
Asunto: La clase de historia

Hola Marco:

Espero que todo vaya bien allí en EE. UU. ¡No vas a creer lo que me _____₁ hace poco! Tengo que contártelo. Primero, en mi clase de historia nosotros _____₂ que trabajar en un proyecto muy intenso todo el semestre. Hoy, yo _____₃ mostrar una versión del proyecto al profesor para ver si tiene comentarios. Sin embargo, no _____₄ imprimir el documento ni siquiera después de intentarlo varias veces. ¡No entiendo! _____₅ la computadora, y la _____₆ varias veces. _____₇ el documento, _____₈ mi nombre en el archivo y _____₉ la tecla para imprimir. Me pregunto si se _____₁₀ la computadora. ¿Mis compañeros _____₁₁ la impresora? Tengo que investigar esta posibilidad. ¿_____₁₂ a alguien con tantos problemas como yo? Bueno, necesito arreglar esta situación. ¡Nos hablamos pronto!

Abel

11.1-07 Una presentación Has dado una presentación a la clase hoy. Combina las oraciones de la primera columna con las que correspondan de la segunda para contar como te ha ido en la presentación.

_____ 1. He encendido la computadora y la he conectado al proyector.

_____ 2. He conectado mi lápiz de memoria para abrir el archivo de PowerPoint.

_____ 3. He abierto la presentación.

_____ 4. ¿Ha pasado algo malo?

_____ 5. Mis compañeros han dejado de conversar y han puesto atención a la pantalla.

_____ 6. No me he sentido nervioso porque todo ha resultado bien.

a) Una vez introducido el tema, entonces puedo empezar.

b) Pero no está proyectada la presentación.

c) La computadora está preparada.

d) ¡Ay no! Me he olvidado de oprimir la tecla para proyectar la presentación. ¡Problema resuelto!

e) Siempre tengo los archivos guardados en dos lugares por si acaso (*just in case*).

f) ¡Por fin está terminado y oigo el aplauso!

11.1-08 Las presentaciones en clase Les cuentas a tus compañeros de cuarto cómo fueron las presentaciones en tu clase de español. Completa lo que dices con la forma correcta del participio de los verbos de la lista y decide entre el pretérito o el imperfecto.

| preparar   solucionar   memorizar   guardar   encender |

En la clase de español **hubo / había**$_1$ muchas presentaciones interesantes esta vez. Yo **hice / hacía**$_2$ mi presentación

sobre Venezuela y mis compañeros de clase me **dijeron / decían**$_3$ que les **gustaron / gustaban**$_4$ mucho las fotos.

Yo **tuve / tenía**$_5$ las fotos _____$_6$ directamente en la presentación. La presentación de Daniel

fue / era$_7$ la más interesante porque **habló / hablaba**$_8$ de Cuba y nos **enseñó / enseñaba**$_9$ sobre su historia.

Daniel **estuvo / estaba**$_{10}$ muy _____$_{11}$ y **supo / sabía**$_{12}$ muchos datos porque **tuvo / tenía**$_{13}$ todo

_____$_{14}$. La pobrecita Sandra **tuvo / tenía**$_{15}$ que hacer una presentación sobre Guinea Ecuatorial y

cuando **empezó / empezaba**$_{16}$ a hablar, la luz del lápiz de memoria no **estuvo / estaba**$_{17}$ _____$_{18}$.

En ese momento ella se **sintió / sentía**$_{19}$ nerviosa, pero la profesora **tuvo / tenía**$_{20}$ todo _____$_{21}$

dentro de poco tiempo.

11.1-09 ¡Otra vez mi *e-mail*! Abel ha tenido varios problemas con la tecnología en España. Escucha sus problemas y selecciona la opción que completa la frase correctamente.

1. Abel está feliz porque...
   a) ha podido comprar una computadora en España.
   b) ha podido estudiar la historia de España.
   c) ha viajado a varios países desde España.

2. Abel no...
   a) ha podido comprar una computadora.
   b) ha podido registrarse para sus clases.
   c) ha podido entregar tareas.

3. Abel dice que el servicio de ayuda técnica...
   a) ha desactivado su contraseña.
   b) lo ha ayudado con su *e-mail*.
   c) ha configurado su *wifi*.

4. Abel siempre...
   a) ha tenido problemas con la tecnología.
   b) ha tenido acceso al *wifi* y *e-mail*.
   c) ha tenido problemas con el *wifi*.

5. El problema de Abel es que...
   a) no se ha acordado de su contraseña.
   b) no ha cargado la batería.
   c) no se ha conectado al *wifi*.

11.1-10 Evitando problemas con la tecnología Después de su presentación en la clase de español, Leo habla con un compañero de clase. Escucha su conversación y contesta las preguntas con frases completas.

MODELO:

Pregunta: ¿Qué tecnología no ha usado Leo?
Escribes: *Leo no ha usado el reproductor de DVD.*

1. ¿Por qué estaba preocupado Leo?

_____

2. ¿Qué le ha pedido el compañero a Leo?

_____

3. ¿Qué tiene impreso el compañero?

_____

4. ¿Qué ha hecho siempre Leo para sus presentaciones?

_____

5. ¿Cuál ha sido el plan B del compañero?

_____

SECCIÓN 2: De vacaciones
Palabra por palabra

11.2-01 ¡Un viaje bien planificado! Lucas y Rubén están planificando su viaje al extranjero. Ayúdalos a poner los siguientes pasos en orden. Escribe cada paso en el lugar correcto.

- aterrizar
- pasar por la aduana
- comprar un pasaje de ida y vuelta para ir a Chile
- ir a la casa de Claudio
- volar por casi 14 horas
- decidir entre comprar un pasaje de primera clase o uno de clase turista
- abordar
- pasar por seguridad
- hacer las maletas
- facturar el equipaje
- esperar en la sala de espera con los otros pasajeros
- mostrarle la tarjeta de embarque al agente de seguridad
- despegar
- guardar el equipaje de mano en el compartimiento superior

Nombre _____ Fecha _____

1. _____
2. _____
3. _____
4. _____
5. _____
6. _____
7. _____
8. _____
9. _____
10. _____
11. _____
12. _____
13. _____
14. _____

11.2-02 Las recomendaciones de un amigo Lucas y Rubén no han viajado mucho por avión. Su amigo Claudio les da unas recomendaciones antes de su viaje. Escribe el vocabulario correcto en cada espacio.

1. Si su vuelo sale muy temprano por la mañana, es mejor hacer _____ la noche anterior.

2. Es buena idea poner un poco de ropa, un cepillo de dientes y desodorante en su _____ .

3. Si quieren ahorrar tiempo, pueden imprimir _____ en casa antes de ir al aeropuerto.

4. Cuando lleguen al aeropuerto, lo primero que tienen que hacer es hacer cola y facturar el equipaje con _____ .

5. Después de facturar el equipaje, tienen que pasar por _____ .

6. Si anuncian _____ del vuelo, pueden conectarse al *wifi* y revisar su correo electrónico mientras esperan que salga el vuelo.

7. Mientras esperan que salga el vuelo, si no hay dónde enchufar su computadora portátil en _____ , pueden ir a uno de los muchos bares o restaurantes en el aeropuerto.

8. Pónganse en la cola correcta. La cola de clase _____ siempre es muy larga porque los pasajes son más baratos.

9. La cola de _____ clase siempre es más corta porque los pasajes son más caros.

10. Al momento de _____ el avión, solo tienen que relajarse y disfrutar el vuelo.

11.2-03 En la agencia de viajes Antes de su viaje a Chile, Lucas y Rubén hablan con un agente de viajes que les da varios consejos. Completa los consejos con palabras de la lista.

recepción   piscina   asiento de ventana   compartimiento superior   sencilla   estadía   asiento de pasillo
maletas   registrarse   triple   asiento del medio   habitación   estrellas

Lucas: ¿Cuántas maletas podemos llevar?

Agente: El límite sin tener que pagar extra son dos. Sin embargo, es mejor viajar sin _____₁ grandes. Pueden abordar con su equipaje de mano y guardarlo en el _____₂. Así, no tendrán que esperar su equipaje cuando lleguen a su destino.

Rubén: ¿En qué asientos debemos sentarnos?

Agente: Es una decisión personal. Muchas personas prefieren el _____₃, otras prefieren el _____₄. A casi nadie le gusta sentarse entre dos personas en el _____₅.

Rubén: En Santiago nos quedaremos con nuestro amigo Claudio. Cuando vayamos a Valparaíso tendremos que buscar un hotel. Un amigo me dijo que es necesario pasar por la recepción al comienzo y al final de viaje. ¿Es verdad?

Agente: Aunque es necesario _____₆ en la _____₇ del hotel cuando lleguen, generalmente no tienen que pasar por la recepción cuando terminen su viaje. Simplemente dejen la llave en la _____₈.

Lucas: Queremos conseguir los mejores precios posibles. ¿Qué factores influyen en el precio de una estancia en un hotel?

Agente: Hay muchos factores que influyen en el precio total. Algunos de ellos son: cuántos días dura la _____₉, si el hotel tiene _____₁₀ o gimnasio, el número de _____₁₁ del hotel, y si la habitación es _____₁₂, doble o _____₁₃. Y para decirles la verdad: ¡a veces se puede encontrar los mejores precios en Internet!

11.2-04 Planificando las vacaciones Lee el párrafo sobre algunos medios de transporte que Rubén y Lucas van a usar durante sus próximas vacaciones. Llena los espacios en blanco con palabras lógicas.

Antes de decidir que iban a visitar a Claudio en Chile, Rubén y Lucas pensaron mucho en sus opciones. Primero pensaron en qué tipo de vacación querían tener. Un _____₁ por el mar Cantábrico le parecía a Rubén una opción interesante, pero a Lucas los _____₂ le dan miedo porque son enormes y le da miedo estar tan lejos de la tierra. Optaron por volar en _____₃ a Chile para visitar a su amigo Claudio. En Santiago no tenían que preocuparse por un hotel u otro tipo de alojamiento, porque Claudio les dijo que podían quedarse con él. No sabían cómo iban a llegar a la casa de Claudio, posiblemente en carro o en la línea de _____₄. Claudio les dijo que en Santiago no se necesita carro porque el sistema de transporte público es muy bueno. Se puede usar el _____₅ para llegar a cualquier parte de la ciudad y el pasaje es muy barato. Si no vas muy lejos, los _____₆ son una alternativa económica, ¡y además puedes conversar con el taxista!

11.2-05 Los preparativos para el viaje a Chile Rubén y Lucas hablan por Skype con Claudio sobre sus planes para su viaje a Chile. Escucha su conversación y selecciona la respuesta correcta.

1. Lucas ha comprado…
   a) el asiento del medio.
   b) el asiento de ventana.
   c) el asiento de pasillo.

2. Rubén quiere…
   a) sentarse en el pasillo.
   b) subir su equipaje de mano.
   c) ver aterrizar y despegar.

3. Lucas dice que…
   a) el asiento de pasillo es el mejor.
   b) el asiento de ventana no es el mejor.
   c) se pueden sacar fotos al aterrizar.

4. … les han recordado sobre el impuesto de reciprocidad.
   a) Rubén y Claudio
   b) La aerolínea y los pasaportes
   c) Claudio y la aerolínea

5. Claudio va a esperar a Lucas y a Rubén…
   a) en el aeropuerto.
   b) en el auto.
   c) en el metro.

11.2-06 El viaje a Valparaíso Rubén y Lucas deciden viajar a la playa de Valparaíso. Escucha su conversación y contesta las preguntas con frases completas.

1. ¿Por qué Rubén y Lucas han puesto los pasaportes en el equipaje de mano?

_____

2. ¿Qué deben hacer con el resto de las maletas?

_____

3. ¿Para qué tienen que hacer cola? Menciona dos ejemplos.

_____

4. ¿Por qué Rubén dice que el autobús es de primera?

_____

5. ¿Qué dice Lucas que puede hacer el viaje largo?

_____

Hablando de gramática I & II: • Double object pronouns • Subjunctive with temporal conjunctions • The future tense

11.2-07 En el avión Rubén y Lucas conversan durante el vuelo a Chile. Completa el diálogo utilizando pronombres de complemento directo e indirecto.

Rubén: Lucas, ¿quién _____₁ dio ese refresco?

Lucas: El asistente de vuelo _____₂ _____₃ dio. No te dio uno porque estabas en el baño. Si quieres uno también, tienes que

pedír_____₄ _____₅ al asistente de vuelo.

Rubén: ¿Y quieres otro también?

Lucas: Pues, sí, gracias. Cuando venga, píde_____₆ un refresco al asistente de vuelo para mí también.

Rubén: ¿Me podría traer un refresco a mí y otro para mi amigo también?

Asistente de vuelo: Claro, _____7 _____8 traigo en seguida.

Rubén: Muchas gracias.

Rubén: Ese asistente de vuelo es superrápido. Volvió con dos refrescos en menos de dos minutos. _____9 _____10 trajo a nosotros volando, jejeje.

Lucas: Jeje. Pues, sí, ahora que tenemos los refrescos podemos ver una película.

Rubén: Sí, y solo faltan las palomitas de maíz (*popcorn*). ¿Crees que _____11 _____12 podemos pedir al asistente de vuelo?

Lucas: Pues, podemos pedir_____13_____14, pero no creo que _____15 _____16 traiga. No estamos en el cine. Jajaja.

11.2-08 De vuelta a casa Después de sus vacaciones en Chile, Lucas y Rubén vuelven a casa y conversan en la sala sobre su amigo Claudio. Primero, mira el diálogo abajo e indica con un círculo si los verbos en negrita (*bold*) representan acciones pasadas (P), habituales (H) o futuras (F). Después escoge la forma correcta de cada verbo para completar la conversación.

Lucas: ¡Claudio es un amigo tan bueno! ¿No? Desde cuando **llegar / llegamos / lleguemos** (P H F)$_1$ al aeropuerto en Santiago hasta que nos **dejar / dejó / deje** (P H F)$_2$ en el aeropuerto otra vez, nos trató tan bien.

Rubén: De hecho, tan pronto como le **decir / dijimos / digamos** (P H F)$_3$ que íbamos a Santiago, comenzó a ayudarnos con los preparativos para el viaje. Antes de **olvidarnos / nos olvidamos / nos olvidemos** (P H F)$_4$, debemos mandarle un *e-mail* dándole las gracias.

Lucas: Pues, sí, estoy de acuerdo. Sin embargo, tengo mucho sueño. Después de que **llegar / llegamos / lleguemos** (P H F)$_5$ de un viaje siempre me siento muy cansado. Mañana después de **despertarme / me despierto / me despierte** (P H F)$_6$, le voy a mandar un mensaje.

Rubén: Ok, ¡pero no te olvides! Hazlo antes de que **salir / sales / salgas** (P H F)$_7$ para el gimnasio en la mañana. Oye, antes de que **dormirte / te duermes / te duermas** (P H F)$_8$, préstame tu computadora portátil. La batería de la mía no está cargada y no quiero buscar el cargador. Está en mi equipaje de mano todavía. Yo sí le voy a escribir un mensaje antes de **dormirme / me duermo / me duerma** (P H F)$_9$. Quiero que le llegue mi mensaje antes de que él **dormirse / se duerme / se duerma** (P H F)$_{10}$.

Lucas: ¡Eres tan eficiente! Siempre haces las cosas tan pronto como **poder / puedes / puedas** (P H F)$_{11}$. ¡Pero tengo otra idea mejor! En cuanto **cepillarnos / nos cepillamos / nos cepillemos** (P H F)$_{12}$ los dientes y **ponernos / nos ponemos / nos pongamos** (P H F)$_{13}$ los pijamas, nos sentamos y le escribimos juntos.

Rubén: ¡Mucho mejor!

11.2-09 Una carta para Claudio Después de un largo viaje de regreso a casa, Rubén y Lucas le mandan un mensaje a Claudio. Completa el mensaje con el infinitivo, el presente de indicativo o el presente de subjuntivo de los verbos de la lista. Es posible usar los verbos más de una vez.

olvidarse	viajar	recibir	ver	poder	tener	llegar

De: Rubén y Lucas <rubenylucas@wileypuravida.com>
A: Claudio <claudio@wileypuravida.com>
Asunto: ¡Saludos desde Madrid!

Hola Claudio:

Después de que _____$_1$ a casa, comenzamos a pensar en ti y en lo bien que nos trataste. Llegamos a casa hace solo una hora y antes de _____$_2$, queríamos mandarte un mensaje para agradecerte por todas tus atenciones. En cuanto _____$_3$ a tu casa nos hiciste sentir cómodos. A veces cuando _____$_4$ nos estresamos, pero tan pronto como te _____$_5$ en el aeropuerto, nos dimos cuenta (*we realized*) de que iba a ser un viaje maravilloso. Desafortunadamente, no vamos a poder volver a Chile por unos años. Para volvernos a ver, tenemos que esperar hasta _____$_6$ suficiente dinero otra vez o hasta que _____$_7$ venir a Madrid. Bueno, amigo, ya es hora de dormir. Tan pronto como _____$_7$ este *e-mail*, escríbenos y déjanos saber que estás bien.

Muchos abrazos,
Rubencito y Luquitas

P.D. Si puedes, antes de que _____$_9$, mándanos el nombre de ese restaurante donde cenamos anteayer en Santiago. No recordamos cómo se llamaba, pero fue el mejor de todos los restaurantes en que comimos.

11.2-10 Un viaje a... Imagínate que vas a planificar un viaje con un grupo de amigos. Primero, escoge la forma correcta de los verbos en negrita. Después, contesta las preguntas con información sobre un futuro viaje.

—¿Cuándo y adónde **viajaré / viajarán**$_1$ ustedes?
—**Viajaremos / Viajaréis**$_2$ a _____$_3$.

—¿En qué parte de la ciudad **estarás / estará**$_4$ el hotel? ¿En el centro? ¿Cerca del aeropuerto?
—El hotel **estarán / estará**$_5$ en _____$_6$.

—¿De cuántas estrellas **será / seremos**$_7$ el hotel?
—El hotel **serás / será**$_8$ de _____$_9$.

—¿En qué tipo de habitación te **quedarás / se quedará**$_{10}$? ¿Una habitación sencilla? ¿Doble? ¿Triple? ¿Con quién?
—Me **quedaré / Se quedará**$_{11}$ en _____$_{12}$.

—¿La habitación **tendrá / tendré**$_{13}$ aire acondicionado?
_____$_{14}$.

—¿En el hotel **habré / habrá**₁₅ piscina o gimnasio?

_____ 16.

—¿Cuántos días **pasarán / pasaré**₁₇ ahí?
—**Pasaremos / Pasarán**₁₈ _____ 19.

11.2-11 Un futuro de muchas posibilidades Es bueno pensar en el futuro. ¿Cuándo pasarán estas cosas? Responde con oraciones completas. Solo es necesario usar uno de los verbos para cada uno.

MODELO:

Tu profesor de español – cumplir ochenta años o retirarse
Mi profesor de español cumplirá ochenta años en cuarenta años.

1. Tú – graduarse de la universidad o comenzar un programa de estudios de posgrado

_____

2. Tú – casarse o mudarse (*to move*) a otro estado

_____

3. Tu mejor amigo – conseguir un buen trabajo o ganar mucho dinero

_____

4. Tu familia y tú – viajar a algún destino interesante o cenar juntos en un restaurante

_____

5. Tus padres – retirarse o celebrar su aniversario número treinta

_____

11.2-12 Qué hacer en Valparaíso Claudio deja un mensaje en el buzón de voz (*voicemail*) para Rubén y Lucas con recomendaciones para su viaje a Valparaíso. Escucha a Claudio y selecciona la opción que completa la frase con la información correcta.

1. Claudio dice que…
   a) se registren en cuanto lleguen al hotel.
   b) se registren en el hotel por Internet.
   c) se registren en el hotel después de ir a la playa.

2. Rubén y Lucas deben guardar sus pasaportes…
   a) tan pronto como salgan para la playa.
   b) cuando lleguen al hotel.
   c) después de registrarse.

3. …Rubén y Lucas van a salir a caminar.
   a) Después de guardar sus pasaportes
   b) Antes de registrarse en el hotel
   c) Cuando lleguen a Valparaíso

4. Rubén y Lucas deben visitar la playa…
   a) cuando visiten la zona del hotel.
   b) en cuanto termine el invierno.
   c) antes de regresar a Santiago.

5. Rubén y Lucas deben comprar los pasajes de vuelta…
   a) cuando tengan tiempo.
   b) cuando vayan a la playa.
   c) en cuanto se registren en el hotel.

🎧 **11.2-13 Los problemas en el aeropuerto** Norma y Tomás están confundidos por los problemas en el aeropuerto de Madrid. Escucha su conversación y contesta las preguntas con oraciones completas.

MODELO:

Pregunta: ¿Cuándo saldrá el vuelo?
Escribes: *El vuelo saldrá a las seis de la tarde.*

1. ¿Por qué piensa Norma que tendrán que tomar otro vuelo?

_____

2. ¿Qué harán Norma y Tomás si no hay vuelos directos a San Francisco?

_____

3. ¿Qué hará la aerolínea si pierden el vuelo, según Tomás?

_____

4. ¿Qué hará Tomás en cuanto llegue a Estados Unidos?

_____

5. ¿Qué hará Norma cuando llegue a Estados Unidos?

_____

¿Cómo es…?

🎧 Escucha el siguiente segmento de un programa sobre viajes que comenta el tema de viajar en autobús y contesta las preguntas con oraciones completas.

VOCABULARIO:

carreteras *roads, highways*

medidas de seguridad *safety measures*

valer la pena *to be worth it*

recibir mantenimiento *to provide maintenance*

construida *built*

1. ¿Por qué más personas viajan a otros países hoy día?

_____

2. ¿Por qué son menos cómodos los viajes por avión?

_____

3. ¿Qué se ha incorporado en México?

_____

4. ¿Por qué algunos pasajeros prefieren viajar en autobús?

_____

5. ¿Qué ha provocado el estado de las carreteras?

_____

Entérate

En esta sección debes seleccionar la lectura que más te interese. Selecciona solamente **una** lectura y contesta las preguntas.

1. Deportes / Pasatiempos: El turismo en Guinea Ecuatorial

2. Sociedad / Religión: Los autobuses de Latinoamérica

3. Historia / Política: Una breve historia política de Guinea Ecuatorial

4. Ciencia / Tecnología: La Universidad Nacional de Guinea Ecuatorial

5. Cultura popular / Arte: La música de Guinea Ecuatorial

1. Pasatiempos: El turismo en Guinea Ecuatorial

Desde los años 90, el descubrimiento y explotación del petróleo han creado un *boom* económico en Guinea Ecuatorial, pero gran parte de la población todavía no tiene mucho dinero. En años recientes algunos extranjeros han empezado a visitar y hacer turismo en este pequeño país. Si quieres viajar a Guinea Ecuatorial, podrás viajar desde Madrid en avión con aerolíneas Ceiba. Ceiba opera un vuelo directo entre Malabo y Madrid, dos días a la semana.

Guinea Ecuatorial se divide en dos regiones: la región insular (las islas) y la región continental. La capital, Malabo, está en la isla de Bioko. En Malabo, podrás ver arquitectura de la época colonial española. Los carros de capó (*hood*) y techo rojos son taxis. En Malabo

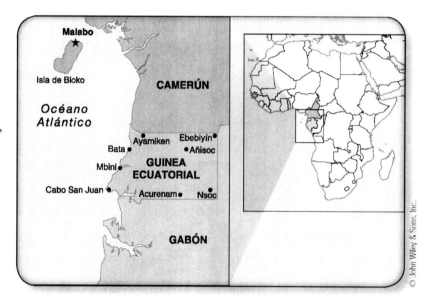

▲ *Mapa de Guinea Ecuatorial*

hay muchos taxis y no son caros. Si quieres un taxi privado, tendrás que pagar una cuota extra, pero en el centro histórico se puede caminar. Las calles están bien iluminadas y la ciudad no es más peligrosa que una típica ciudad estadounidense.

Si quieres salir del centro de Malabo, puedes ir a Sipopo, una nueva ciudad construida para la Cumbre (*summit*) de la Unión Africana de 2011. En Sipopo disfrutarás de la playa y del único campo de golf de dieciocho hoyos (*holes*) que hay en Guinea Ecuatorial. Bioko ofrece todo esto y más. Por ejemplo, podrás alquilar motos acuáticas y canoas y explorar la isla de Horatio, donde verás las esculturas del escultor Charly Djikouy y el famoso árbol de ceiba, el Gigante de Horatio. También podrás visitar el Parque Nacional del Picó Basilé, una montaña volcánica que es la montaña más alta de Guinea Ecuatorial. En el parque verás diferentes tipos de monos, antílopes, otros pequeños mamíferos y una gran variedad de flora. Otra posibilidad mientras estés en Bioko es visitar la Reserva Científica de la Caldera de Luba al sur de la isla. Es necesario hacer reservaciones para visitar esa zona.

Si visitas Río Muni (así se llama Guinea Ecuatorial continental), también habrá varias opciones de qué hacer. Bata es una ciudad portuaria en la costa atlántica de Río Muni. Se la conoce por la vida nocturna y los mercados. Sus calles son anchas (*wide*) y bonitas y hay muchos restaurantes, bares y hoteles. Mucha gente llega a Bata solo para partir a las islas, pero también hay playas bonitas y solitarias donde podrás relajarte. Otro destino popular es el Parque Nacional Monte Alén, un bosque húmedo y denso donde han sido inventariadas más de 105 especies de mamíferos, incluyendo 16 especies de primates. Según *Lonely Planet* este parque es uno de los mejores secretos de África Central.

1. Indica cuáles son los cinco verbos conjugados en el tiempo futuro e indica cuál es el infinitivo de cada verbo.

Verbos en tiempo futuro   Infinitivos

_____   _____

_____   _____

_____   _____

_____   _____

_____   _____

2. Indica cuáles son los tres verbos conjugados en el pretérito perfecto e indica cuál es el infinitivo de cada verbo.

Verbos en pretérito perfecto   Infinitivos

_____   _____

_____   _____

_____   _____

3. ¿Por qué crees que la lectura dice, "si quieres un taxi privado, tendrás que pagar una cuota extra"?

_____

4. ¿Qué es Sipopo? ¿Dónde está y qué se puede hacer ahí?

_____

5. Entre Bioko y Río Muni, ¿cuál te parece el mejor destino? Explica por qué.

_____

2. Sociedad: Los autobuses de Latinoamérica

▲ *Un autobús en México*

En México, América Central y América del Sur, aunque hay varias aerolíneas regionales, en los últimos años los precios han subido sustancialmente. Además de ofrecer precios más baratos, las líneas de autobuses ofrecen servicios que a veces las aerolíneas no tienen. Por eso, en muchos casos, los autobuses son la forma preferida de viajar entre ciudades y pueblos. Si quieres viajar en autobús en Latinoamérica, tendrás opciones diferentes dependiendo del país.

En México, dentro de la ciudad es común viajar en micros o colectivos, que normalmente son minivans o minibuses. Para viajar entre ciudades la forma de transporte más común son los autobuses grandes. Si vas a viajar en autobús en México, dependiendo de la línea que escojas, los servicios ofrecidos variarán mucho. Los autobuses pueden ser mucho más lujosos de lo que un turista de Estados Unidos tal vez espere. En la página web de una línea de autobuses en México, por ejemplo, se anuncian los siguientes servicios: pantallas de LCD, Internet a bordo, sanitarios (baños) separados para mujeres y hombres, guardarropa, luz de lectura personalizada, aire acondicionado con regulación individual, sistema de audio individual, sistema de video, *snack* de bienvenida y cafetería de autoservicio con café, té, refrescos y agua embotellada. A bordo de algunos autobuses incluso hay sistemas de video individual con hasta sesenta películas. Si viajas en uno de ellos, ¡podrás seleccionar la película que quieras!

Los autobuses también pueden ser el transporte preferido en países como Argentina, Chile, Ecuador y Perú, entre otros. Si viajas en Argentina, por ejemplo, podrás elegir entre diferentes niveles de comodidad. Una línea popular, por ejemplo, ofrece las siguientes clases: semi cama, ejecutiva y *tutto letto*. Las butacas, o asientos, se reclinan en 130 grados, 160 grados y 180 grados, respectivamente. Todas estas clases ofrecen calefacción y aire acondicionado, luces de lectura, bar, música, videos y baño. Además de estos servicios, las clases ejecutiva y *tutto letto* ofrecen servicio de telefonía celular a larga distancia, almohadas y mantas (*blankets*) de viaje, cena fría y caliente, merienda (una comida ligera (*light*) que se sirve cerca de las 17.00 h), desayuno, refrescos, vino, whisky y champaña, café y té. ¡En Argentina, si viajas en clase semi cama, ejecutiva o *tutto letto*, viajarás bien cómodo! ¿Has viajado en un autobús con tantos servicios en Estados Unidos? Aparte de estas clases de lujo, algunas líneas también ofrecen clase común (con asientos normales que se reclinan muy poco) con menos servicios.

1. Indica cuáles son los dos verbos conjugados en el pretérito perfecto e indica cuál es el infinitivo de cada verbo.

Verbos en pretérito perfecto	Infinitivos
_____	_____
_____	_____

2. Indica cuáles son los cuatro verbos conjugados en el tiempo futuro e indica cuál es el infinitivo de cada verbo.

Verbos en tiempo futuro	Infinitivos
_____	_____
_____	_____
_____	_____
_____	_____

3. ¿Por qué prefieren muchas personas viajar en autobús y no en avión en Latinoamérica? Incluye dos razones.

_____

_____

4. ¿Qué servicios relacionados con la tecnología se ofrecen en los autobuses mexicanos?

_____

_____

5. ¿Qué servicios relacionados con comida y bebida se ofrecen en los autobuses argentinos?

_____

_____

3. Historia: Una breve historia política de Guinea Ecuatorial

Guinea Ecuatorial es uno de los países más pequeños de África. Geográficamente, se divide en dos regiones: la zona continental (lleva el nombre Río Muni) y la zona insular (las islas de Bioko, Annobón, Corisco, Elobey Grande y Elobey Chico). Entre los siglos XV-XIX este país pequeño sufrió colonización a manos de los portugueses, los ingleses y los españoles. Entre 1926 y 1959 las dos regiones se unieron para formar la colonia de Guinea Española. Bajo el control de España, Guinea Ecuatorial tenía una alta tasa de alfabetización (*literacy rate*) y unos de los ingresos (*income*) per cápita más altos en África.

▲ *Teodoro Obiang Nguema Mbasogo*

En 1968 España cedió la independencia a Guinea Ecuatorial. Bajo la observación de un equipo de las Naciones Unidas, una convención constitucional produjo una constitución y una ley electoral. Ese mismo año Francisco Macías Nguema fue elegido presidente. En 1972 Macías tomó control completo del gobierno y se declaró presidente "de por vida". Fue una dictadura represiva y violenta. Además, se cerraron iglesias y escuelas, la economía colapsó y otros servicios del gobierno dejaron de funcionar. Durante la dictadura de Macías, una tercera parte de la población murió o se exilió. En 1979 hubo un golpe de estado (*coup d'état*) orquestado por el sobrino de Macías, Teodoro Obiang Nguema Mbasogo. Obiang ha sido el presidente de esta nación desde 1979, más años que cualquier otro líder africano actual (*current*).

Obiang también ha sido un líder controversial. Las Naciones Unidas ha dicho que menos de la mitad de la población de Guinea Ecuatorial tiene acceso a agua potable. La organización *Freedom House* ha dicho que el régimen de Obiang es uno de los peores violadores de los derechos humanos. Durante la presidencia de Obiang, Guinea Ecuatorial ha tenido cinco elecciones presidenciales. En los primeros tres, Obiang fue el único candidato; y en las últimas dos elecciones fue el único candidato después de que los otros candidatos renunciaron (*quit*) en protesta por un sistema corrupto. Desde los años 90, Guinea Ecuatorial se ha convertido en el cuarto productor más grande de petróleo en África sub-sahariana y los ingresos per cápita son los más altos de África. Es decir: es uno de los países más ricos del continente. El presidente mismo (*himself*) tiene una fortuna personal de unos $600.000.000. Aun así, según el Banco Mundial, alrededor del 78 por ciento de la población vive por debajo del nivel de pobreza, la mayor parte gana menos de un dólar por día y las Naciones Unidas ha dicho que el 20 por ciento de los niños mueren antes de llegar a los cinco años de edad.

1. Nombra dos líderes que ha tenido Guinea Ecuatorial en la época poscolonial.

_____

2. ¿Por cuántos años ha sido Teodoro Obiang Nguema Mbasogo el presidente de Guinea Ecuatorial?

_____

3. ¿Es verdad que Guinea Ecuatorial es una de las naciones más ricas de África? Justifica tu respuesta.

_____

4. En tus propias palabras, ¿cuál es una de las críticas que hay sobre el régimen de Obiang?

_____

5. Indica cuáles son los cuatro verbos conjugados en el pretérito perfecto e indica cuál es el infinitivo de cada verbo.

Verbos en pretérito perfecto   Infinitivos

_____   _____

_____   _____

_____   _____

_____   _____

4. Tecnología: La Universidad Nacional de Guinea Ecuatorial

En Guinea Ecuatorial solo hay una universidad y se fundó en 1995: la Universidad Nacional de Guinea Ecuatorial, mejor conocida como la UNGE. El campus principal está situado en la capital de Malabo, en el punto más norteño de la isla Bioko (anteriormente conocida como Fernando Pó). La Facultad de Medicina se encuentra en Bata, en la costa oeste del continente africano. Bata es la ciudad más grande en todo el país aunque no es la capital.

El gran objetivo de la Universidad Nacional de Guinea Ecuatorial es crear una red entre las facultades de la universidad para expandir los campos de investigación sobre la realidad de este país tan pequeño. Las facultades promueven especialmente investigaciones interdisciplinarias que identifican y analizan los problemas y los potenciales nacionales porque se quiere mejorar y transformar el país con las ideas que surgen (*arise*) de su propia institución. La universidad apoya especialmente investigaciones que avanzan el área de tecnología.

La Universidad Nacional de Guinea Ecuatorial tiene varias facultades (*schools*), como la Facultad de Letras, la Facultad de Ciencias Sociales, la Facultad de Ciencias Médicas, la Facultad de Medio Ambiente, la Facultad de Ciencias de la Educación, la Facultad de Humanidades y algunas escuelas de formación de profesorado como

Administración, Ingenierías Técnicas, Estudios Agropecuarios (*farming*), Pesca y Forestal, y Sanidad y Medio Ambiente. Por primera vez en 2009, se graduaron 110 doctores ecuatoguineanos de la Facultad de Medicina de la Universidad Nacional de Guinea Ecuatorial. Aunque se gradúan muchos doctores nacionales del programa cada año, es el gobierno cubano que apoya el programa y que ha enviado sus doctores para enseñar allí. La idea es que pronto la Facultad de Medicina en la Universidad de Guinea Ecuatorial será autosuficiente y no necesitará el apoyo cubano.

1. Indica cuál es el único verbo conjugado en el pretérito perfecto e indica cuál es su infinitivo.

   Verbo en pretérito perfecto   Infinitivo

   _____   _____

2. ¿En qué ciudad está el campus central? ¿Cómo se llamaba la isla antes?

   _____

3. ¿Cuál es una meta de la Universidad Nacional de Guinea Ecuatorial?

   _____

4. ¿Cuál es la nacionalidad de una persona de Guinea Ecuatorial?

   _____

5. ¿Cuál es la relación entre Guinea Ecuatorial y Cuba?

   _____

5. Arte: La música de Guinea Ecuatorial

Se dice que la música de Guinea Ecuatorial ha sido la más documentada de la de cualquier otro país de África. La música folclórica y sus danzas especiales son los elementos centrales para las culturas que se encuentran en el país. La mayoría de las canciones y de las danzas tienen significado religioso y forman parte de los juegos que juegan los niños, de los festivales que frecuentan todos y de los rituales que celebran los ecuatoguineanos.

Los instrumentos que los ecuatoguineanos utilizan para su música son muy variados. Los fang, el grupo étnico más grande del país, usan el mvet que es similar a una combinación entre una cítara (*zither*) y un arpa. El mvet está hecho de bambú y tiene cuerdas que están unidas al centro por unas fibras. Otro instrumento típico es el tam-tam que se parece a los bongós, pero tiene unas teclas de bambú para las escalas musicales. Es una caja de madera cubierta con piel de animal y muchas veces también tiene un dibujo de animal. La sanza en un tipo de piano pequeño que se toca con los pulgares (*thumbs*) y que también está hecho de bambú.

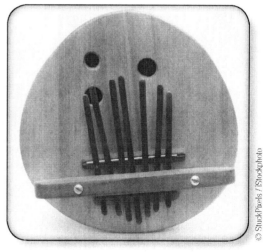

▲ *Una sanza*

La música de Guinea Ecuatorial es generalmente de estilo "llamada y respuesta" (*call and answer*). Por eso, hay un coro que acompaña a la música hecha por los instrumentos ya mencionados. Los coros están compuestos mayoritariamente (*mostly*) de mujeres con voces preciosas. Las danzas que se presentan para acompañar la música armonizan la una con la otra. Una danza tradicional en todo el país es el balélé. Generalmente las mujeres bailan el balélé mientras tres o cuatro hombres tocan los instrumentos. Otros bailes son más típicos en ciertas comunidades como mokom, ndong, biben, mbaa y akoma mbaa para los fang, cachá para los bubis e ibanga para los ndowés. La danza ibanga es un baile muy sensual y los bailarines tienen las caras y el cuerpo pintados de blanco. Está claro que varias culturas africanas han tenido gran influencia en la música y el baile del país.

Decide si las declaraciones son **ciertas** (C) o **falsas** (F). Si la oración es falsa, escribe una oración verdadera.

1. No se usa el pretérito perfecto en esta lectura.

   C   F   _____

2. La música ecuatoguineana es central a la cultura de ese país.

   C   F   _____

3. Todos los instrumentos mencionados en la lectura se hacen con bambú.

   C   F   _____

4. Todas las mujeres participan en el coro.

   C   F   _____

5. El balélé es la danza más erótica del país.

   C   F   _____

En tus propias palabras

Selecciona **un** tema para escribir. Puedes escribir sobre lo que leíste en la sección anterior, **Entérate**.

1. **Pasatiempos:** ¿Cuándo serán tus próximas vacaciones? ¿Adónde irás? ¿Qué harás? ¿Con quién o quiénes viajarás? ¿Te quedarás en un hotel? ¿Cómo será el hotel y qué servicios ofrecerá? ¿Qué harás antes del viaje para prepararte?

2. **Sociedad:** ¿Has viajado entre ciudades en autobús en Estados Unidos o en otro país? ¿Cómo era el autobús? ¿Qué servicios había en el autobús? ¿Te gustó? ¿Por qué sí o por qué no? ¿Has viajado en autobús entre ciudades en otros países? ¿Cómo se compara tu experiencia de viajar en autobús en Estados Unidos y esos otros países? Describe y compara tus experiencias. ¿Qué otras formas de transporte has utilizado para viajar?

3. **Historia:** ¿Sabías que hay un país en África donde se habla español? ¿Qué piensas de la historia de Guinea Ecuatorial? ¿Has leído otras cosas sobre este país? ¿Qué aprendiste? ¿Hay otros países con muchos recursos en que la gente sufre pobreza? ¿Eso también pasa en Estados Unidos? Explica.

4. **Tecnología:** Menciona algunos medios de comunicación que has utilizado recientemente. ¿Por qué te gustan estos medios de comunicación en particular? ¿Cuáles son las ventajas y desventajas de las tecnologías que tenemos hoy día para comunicarnos?

5. **Arte:** Sabes algo sobre los instrumentos que tocan en los países de habla hispana? ¿Cómo se llaman? ¿De qué están hechos? ¿Son tradicionales? ¿Sabes tocar algún instrumento? ¿Es difícil aprender a tocar? ¿Qué opinas sobre la educación musical? ¿Te gusta o no te gusta la idea? ¿Por qué?

_____

_____

_____

_____

_____

_____

_____

_____

_____

Así es la vida

¿Cuánto sabes del Internet? Completa la información sobre el Internet con palabras de la lista. No se usan todas las palabras.

sitio web buscador ratón navegador usuarios emoticono pantalla Internet página contraseña

- El idioma inglés representa el idioma más común de _____1 de Internet, seguido del chino y del español.

- Según el *Oxford Internet Institute*, Google es el _____2 más visitado del Internet. Google es más popular en Norteamérica, Europa, Australasia (la región compuesta de Australia, Nueva Zelanda, Nueva Guinea y otras islas del océano Pacífico) y en el sur de Asia; mientras que Facebook es la _____3 más popular en los países hispanohablantes de las Américas, el Medio Oriente y África del Norte. Sin embargo, en los cincuenta países que prefieren Facebook, Google es el segundo sitio más visitado en treinta y seis de ellos; y YouTube (de Google) es el segundo sitio más visitado en los otros catorce.

- El primer _____4 no fue Google ni Yahoo, sino uno llamado Archie.

- El primer _____5 no fue Internet Explorer, Firefox ni Safari. En 1993 se creó el primero: Mosaic.

- Se dice que el primer _____6, -), fue creado por Kevin Mackenzie en 1979. Tres años después, Scott Fahlman propuso el uso de estos: :-) y :-(.

En resumidas cuentas

Lee la siguiente lista para el examen del **Capítulo 11** y asegúrate de que puedes:

☐ Hablar de la tecnología.

☐ Usar el pretérito perfecto para hablar sobre eventos ocurridos recientemente o que aún tienen impacto en el presente.

☐ Describir los resultados de un proceso utilizando adjetivos.

☐ Diferenciar entre el pretérito y el imperfecto.

☐ Hablar sobre los aeropuertos, los hoteles y los medios de transporte.

☐ Evitar la repetición utilizando los pronombres de objeto directo e indirecto juntos.

☐ Hablar sobre las acciones pendientes.

☐ Hablar del futuro.

Capítulo 12
Los hispanos en Estados Unidos

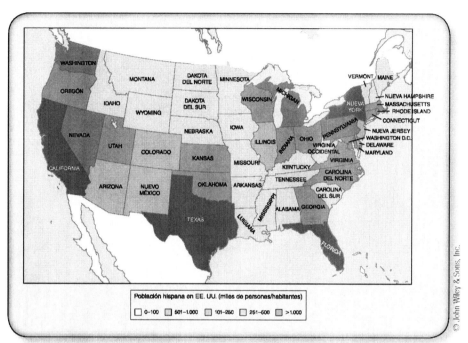

Población hispana en EE. UU. (miles de personas/habitantes)

☐ 0–100 ☐ 501–1.000 ☐ 101–250 ☐ 251–500 ☐ >1.000

▲ *Estados Unidos*

Presentación personal

Escucha la presentación personal de Julie y contesta las preguntas con frases completas.

1. ¿Por qué Julie no necesita una visa para visitar muchos países?

   _____

2. ¿Quién necesita una visa para visitar Estados Unidos?

   _____

3. ¿Por qué Julie dice que visitar algunos barrios es similar a visitar otras partes del mundo?

   _____

▲ *Julie*

SECCIÓN 1: La inmigración
Palabra por palabra

12.1-01 ¿Cuál es su nacionalidad? Las siguientes personas famosas nacieron en otros países, y ahora viven en EE. UU. Algunos ya son ciudadanos estadounidenses, pero, ¿cuál es su origen?

MODELO:

Vladimir Ducasse es de Haití. Él juega al fútbol americano.
Vladvimir Ducasse es *haitiano*.

1. Heidi Klum es de Alemania. Es modelo y diseñadora de moda.

   Heidi Klum es _____.

2. Justin Bieber es de Canadá. Es cantante de música pop.

   Justin Bieber es _____.

3. Julie Delpy es de Francia. Es actriz, directora y cantautora.

   Julie Delpy es _____.

4. Khalid Khannouchi es de Marruecos. Es atleta y corredor de maratones.

   Khalid Khannouchi es _____.

5. Gisele Bündchen es de Brasil. Es modelo y actriz.

   Gisele Bündchen es _____.

6. Shaggy es de Jamaica. Es cantante de música pop y rap.

   Shaggy es _____.

7. Vasco Nuñez es de Portugal. Es productor y director de cine.

   Vasco Nuñez es _____.

12.1-02 Las definiciones Julie quiere ayudarte a estudiar el vocabulario sobre la inmigración. Te da las definiciones, pero tú tienes que adivinar la palabra correcta para cada definición. Empareja cada definición con la palabra apropiada.

_____ 1. reunión pública de gente que protesta por algo

_____ 2. documento que da la autoridad gubernamental de visitar a otro país

_____ 3. situación de una persona que no tiene trabajo

_____ 4. abandonar el lugar de origen para establecerse en otro país

_____ 5. conjunto de personas de un pueblo, región o nación

_____ 6. paro en el trabajo por parte de los trabajadores con el fin de obtener mejores condiciones laborales

_____ 7. trato idéntico entre todas las personas

_____ 8. parte de la población que se diferencia de la mayoría

a) la comunidad

b) la visa

c) la minoría

d) la igualdad

e) la manifestación

f) emigrar

g) la huelga

h) el desempleo

12.1-03 Sinónimos y antónimos Julie te da unas palabras. Tú tienes que escribir la palabra sinónima o antónima apropiada.

Sinónimos:

1. nacido en una ciudad o país _____

2. grupo minoritario _____

3. demostración _____

4. normas legales _____

Antónimos:

5. igualdad _____

6. desempleo _____

7. apoyar _____

8. emigrante _____

12.1-04 La marcha por la igualdad En el restaurante donde Vivian trabaja, ella habla con su amigo sobre sus planes de participar en una marcha por la igualdad. Escucha su conversación y selecciona la respuesta correcta.

1. Ellos van a marchar para...
   a. apoyar una nueva ley.
   b. pedir una nueva ley.
   c. protestar una nueva ley.

2. El amigo de Vivian dice que...
   a. hay desigualdades de desempleo.
   b. las minorías sufren desigualdad.
   c. hay desigualdades en los impuestos.

3. Vivian sugiere que...
   a. hagan una manifestación.
   b. escriban cartas de protesta.
   c. protesten por los impuestos.

4. Una marcha...
   a. es una forma de expresar oposición.
   b. es una lucha para apoyar algo.
   c. es una forma de mostrar apoyo.

5. En una huelga...
   a. otras personas hacen el trabajo.
   b. otras personas marchan.
   c. otras personas resultan afectadas.

12.1-05 Mi compañero de trabajo En su trabajo en el restaurante, Vivian habla con un compañero. Escucha su conversación y contesta las preguntas con frases completas.

1. ¿Por qué Vivian no tiene doble ciudadanía?

_____

2. ¿De qué país emigró a Estados Unidos el compañero de Vivian?

_____

3. ¿De qué país es ciudadana la hija del compañero de Vivian?

_____

4. ¿Por qué es difícil conseguir una visa de trabajo?

_____

5. ¿Qué es esencial para conseguir una visa de trabajo?

_____

Hablando de gramática I & II: • The indicative vs. the subjunctive • Introduction to the imperfect subjunctive • The conditional tense

12.1-06 ¿Qué opinas? Julie quiere saber qué opinas sobre los siguientes temas. Usa una de las expresiones de la lista para contestar sus preguntas. Ojo, no repitas expresiones.

| creer | sugerir | insistir | permitir | pensar | ser importante | ~~esperar~~ |

MODELO:

Hay más oportunidades cuando una persona tiene doble ciudadanía, ¿no?
Espero que haya más oportunidades cuando una persona tiene doble ciudadanía.

1. EE. UU. tiene mucho desempleo a causa de la crisis económica, ¿no?

_____

2. Creo que es importante aprender español porque hay muchos hispanos en EE. UU. ¿Qué piensas tú?

_____

3. En mi opinión, el gobierno usa los impuestos para mejorar el país. ¿Qué crees tú?

_____

4. Los ciudadanos de EE. UU. son gente amable, siempre apoyan las causas importantes, ¿verdad?

_____

5. Las leyes protegen a todos los ciudadanos de un país, incluso a los inmigrantes, ¿no?

_____

12.1-07 En la Universidad de Puerto Rico Vivian recuerda su tiempo en la Universidad de Puerto Rico. Lee el siguiente párrafo e identifica todos los verbos en el imperfecto del subjuntivo. Después identifica el sujeto relacionado con el verbo.

Yo estudié Relaciones internacionales en la Universidad de Puerto Rico donde era esencial que <u>tomara</u> varios cursos sobre ciencias políticas, historia, economía y lengua. El director del programa nos dijo que teníamos que acumular 18 créditos de ciencias políticas, 15 créditos de historia, 12 créditos de economía y por lo menos dos años de una lengua extranjera. Mi consejero me recomendó que asistiera también a una clase de estudios globales, y así lo hice. En realidad, ¡en esa clase aprendí muchísimo! Me gustó especialmente que el profesor nos pidiera hacer una presentación sobre lo que quisiéramos. Yo hice una presentación sobre la paz mundial. Al final de mi presentación, sugerí que discutiéramos los problemas del mundo y las posibles soluciones a los problemas mencionados. Fue realmente sorprendente que participaran tantas personas y que comentaran tantas ideas en las que yo no había pensado. Fue evidente que a todos les gustó mi presentación y en ese momento decidí que estaba en el programa perfecto para mí. Después de poco tiempo, decidí que iba a vivir en otro lugar de manera que pudiera implementar cambios positivos en el mundo. Nunca pensé que fuera tan interesante mi vida de estudiante.

MODELO:

VERBO EN IMPERFECTO DEL SUBJUNTIVO	SUJETO
tomara	*yo*
	yo él ella

VERBO EN IMPERFECTO DEL SUBJUNTIVO	SUJETO
1. _____	_____
	el profesor ellos nosotros
2. _____	_____
	yo el consejero el profesor

3. _____   _____

                                    yo   nosotros   ustedes

4. _____   _____

                                    los estudiantes   nosotros   ellos

5. _____   _____

                                    nosotros   los estudiantes   el profesor

6. _____   _____

                                    los estudiantes   el profesor   los estudiantes y yo

7. _____   _____

                                    yo   tú   usted

8. _____   _____

                                    yo   tú   la vida

12.1-08 Una presentación Vivian te cuenta lo que pensaba de Texas antes de mudarse allí. Completa lo que dice con el verbo correcto en el imperfecto del subjuntivo.

> poder   costar   preocuparse   explicar   hablar
> mudarse   haber   familiarizarse   contar

No estaba segura de que _____₁ muchos hispanos en mi barrio en Texas y me preocupaba no hablar muy bien inglés. Mis amigos me dijeron que no _____₂ tanto, que podría hablar el español y el inglés en cualquier lugar de Texas. Debido a mi preocupación, mis amigos me dieron una lista de mexicanismos y me aconsejaron que _____₃ con esas palabras típicas del español mexicano, por ejemplo, *lentes* por *espejuelos* y *frijoles* por *habichuelas*. También, fue útil que ellos me _____₄ que los hispanos no eran una minoría allí, había muchísimos mexicanos y una población de puertorriqueños que estaba creciendo. Entonces, yo les pedí que me _____₅ todas las cosas que necesitaba saber antes de mudarme. Me gustó que nosotros _____₆ por Skype sobre muchos temas diferentes, como por ejemplo, la situación política en cuanto a la inmigración, la situación del empleo y la situación económica. Me sorprendió que la universidad _____₇ más para los no-residentes que para los residentes porque en Puerto Rico no es así. Por eso, mis amigos insistieron en que yo _____₈ allí para trabajar primero. Era probable que _____₉ conseguir un puesto de maestra porque siempre necesitan maestros de español. No me pareció mala idea, así que decidí irme.

12.1-09 Elena en EE. UU. Elena te cuenta sobre su experiencia en EE. UU. Identifica todos los verbos en el condicional y escribe el sujeto apropiado de cada verbo.

Siempre había pensado que vendría a EE. UU. para trabajar, pero nunca había pensado en quedarme aquí. Cuando llegué, creía que estaría aquí solamente los tres años que duraría mi visa de periodista. Sin embargo, después de dos años pensé que me quedaría para siempre. Hablé con mis padres y me dijeron, "Si realmente quisieras quedarte en EE. UU., harías lo necesario para conseguir un buen trabajo allí y obtendrías la ciudadanía americana". Entonces, busqué trabajo permanente e hice un plan para tomar el examen de ciudadanía. Mis padres me prometieron que me visitarían si tomaba el examen. Cuando llegó el día de la ceremonia de ciudadanía, ellos vinieron a EE. UU. Estaba muy feliz de verlos. ¡Si tuviera que hacerlo otra vez, lo haría, aunque el examen fue bien difícil!

VERBO EN CONDICIONAL	SUJETO
1. _____	_____
2. _____	_____
3. _____	_____
4. _____	_____
5. _____	_____
6. _____	_____
7. _____	_____
8. _____	_____

12.1-10 Tu perspectiva Elena te hace preguntas sobre lo que piensas de la emigración. Contesta sus preguntas con oraciones completas.

1. ¿Adónde irías si emigraras a otro país?

_____

2. ¿Por qué te mudarías a ese país?

_____

3. ¿Qué harían tú y tus amigos si vieran que hay desigualdad social en ese país?

_____

4. ¿Qué harían los ciudadanos de tu nuevo país si no siguieras las leyes del país?

_____

5. ¿Qué harías si de repente no tuvieras trabajo en ese país?

_____

12.1-11 El proceso para ser residente Patricia habla con Elena sobre el proceso para ser residente. Escucha su conversación y selecciona la respuesta correcta.

1. Patricia está contenta porque...
   a) Elena es residente permanente de Estados Unidos.
   b) Elena es ciudadana de Estados Unidos.
   c) Elena tiene trabajo en Estados Unidos.

2. A Patricia le gustaría...
   a) emigrar a Nueva York.
   b) visitar Nueva York.
   c) visitar a Elena en Nueva York.

3. Para conseguir la visa de trabajo...
   a) Elena no tendría que conseguir un trabajo.
   b) el proceso es largo, pero no hay varios documentos.
   c) lo más importante es tener un trabajo.

4. Si tuviera una visa de trabajo, Patricia...
   a) podría viajar a otros países.
   b) echaría de menos a su familia.
   c) trabajaría en otros países.

5. Si tuviera la oportunidad, Patricia...
   a) visitaría otros países.
   b) sería periodista.
   c) trabajaría a diferentes horas.

12.1-12 El examen de ciudadanía Escucha a Elena hablar de sus planes para tomar el examen de ciudadanía y completa las frases con la información correcta.

MODELO:

Frase: Si Elena tuviera más tiempo para estudiar el examen de ciudadanía...
Escribes: *no se pondría nerviosa.*

1. Elena quería ser residente permanente porque...

_____

2. Elena esperaba que el proceso para conseguir la residencia permanente...

_____

3. Elena no tendría problemas para conseguir la residencia permanente...

_____

4. Si Elena tuviera que tomar el examen de ciudadanía otra vez, ella...

_____

5. Todos sabrían más de la historia de Estados Unidos si...

_____

SECCIÓN 2: La comunidad hispana

Palabra por palabra

12.2-01 Una breve autobiografía Lee el párrafo sobre Francisco X. Alarcón y luego escribe las oraciones del párrafo que comunican cada idea señalada.

Nació en Los Ángeles, pero pasó gran parte de su niñez en México porque aunque sus padres eran estadounidenses, ellos también eran de ascendencia mexicana. De niño, iba y venía de México a Estados Unidos con frecuencia. Su abuelo le enseñó a leer y a escribir. De niño tenía que estudiar en dos idiomas diferentes y ahora es bilingüe, pero diría que su lengua materna es el español. Es chicano, bicultural, binacional y bilingüe. Aunque ha sufrido discriminación racial durante la vida, cree que las raíces de uno son muy importantes y que uno debe aprender sobre sus antepasados. A través de los años, sus hermanos se hicieron profesionales y él se hizo conocido escribiendo muchos libros de poesía. Además, es profesor universitario y autor de dos libros de texto para la enseñanza de español. Tanto sus hermanos como él han logrado (*achieved*) un buen nivel de vida. Sin embargo, para él, el nivel socioeconómico no es tan importante como la herencia cultural.

MODELO:

Cuando era niño, su familia viajaba entre los dos países.
De niño, iba y venía de México a Estados Unidos con frecuencia.

1. Sus antecesores eran de México.

_____

2. Habla dos idiomas y es una persona multicultural.

_____

3. No es económicamente pobre.

_____

4. Ha sido víctima de discriminación por su raza.

_____

_____

5. Es mexicoamericano.

_____

_____

6. Es de la segunda generación de estadounidenses en su familia.

_____

_____

7. Cree que sus antepasados son más importantes que el dinero.

_____

_____

12.2-02 La encuesta sobre la comunidad estadounidense Cada diez años, la Oficina del Censo de los EE. UU. hace una encuesta sobre la población del país. Abajo verás unas preguntas similares a las del censo. Lee la encuesta y completa las preguntas con palabras del vocabulario del capítulo. No tienes que responder a las preguntas de la encuesta.

1. ¿Cuál es su _____?

    ▨ blanca   ▨ coreana

    ▨ negra o afroamericana   ▨ vietnamita

    ▨ indoamericana o nativa de Alaska   ▨ hawaiana

    ▨ india asiática   ▨ guameña o chamorra

    ▨ china   ▨ samoana

    ▨ filipina   ▨ otra

    ▨ japonesa

2. ¿Es Ud. _____? En otras palabras, ¿habla dos idiomas?

3. ¿Es Ud. de _____ hispana, latina o española?

    ▨ No, no soy de origen hispano, latino o español.

    ▨ Sí, soy de origen mexicano, mexicoamericano, chicano.

    ▨ Sí, soy de origen puertorriqueño.

    ▨ Sí, soy de origen cubano.

    ▨ Sí, soy de otro origen hispano, latino o español.

4. ¿Es su _____ un idioma que no sea inglés?

    ▨ Sí ▨ No

5. ¿Cuántos _____ viven en su casa?

    ▨ 0   ▨ 1-3   ▨ 4-6   ▨ 7 o más   ▨ No hay nadie en esta casa que hable español.

6. Marque (con una X) las casillas que describan sus _____ :

☐ Multiculturales   ☐ Monoculturales
☐ Multirraciales   ☐ Monorraciales

12.2-03 Español 315: Sociedad y política Iliana Suárez está tomando una clase avanzada en español sobre asuntos políticos y sociales. Ayúdala a emparejar las descripciones con palabras de la lista.

> una activista destacada   un sindicato   el perfil   la jubilación   el rechazo   la discriminación

_____ 1. grupo de características de alguien o algo

_____ 2. dolores Huerta, líder laboral

_____ 3. organización laboral y política que tiene mucha influencia

_____ 4. retiro del mundo laboral después de cumplir la edad mínima establecida por la ley

_____ 5. resultado de no aceptar o admitir a una persona en un grupo

_____ 6. resultado de separar o considerar inferiores a ciertas personas por su perfil racial, étnico, económico, etc.

12.2-04 Una prueba de vocabulario Iliana está estudiando antes de tomar una prueba de vocabulario en su clase de Sociedad y política y necesita tu ayuda. Completa el crucigrama con palabras lógicas del vocabulario. Ojo, podría ser necesario conjugar los verbos.

Horizontales

4. Algunos inmigrantes se _____ fácilmente en la sociedad estadounidense; para otros, la integración y la asimilación no son tan fáciles.

6. Para _____ económicamente, los estudios demuestran que hay muchos factores.

9. En una democracia, uno puede tener más influencia en el sistema político si vota en las _____.

10. El sistema judicial en Estados Unidos no es perfecto; no siempre _____ las personas correctas.

11. Hay discriminación cuando no hay _____ con las diferencias.

Verticales

1. Es difícil o incluso imposible describir el _____ del inmigrante típico porque todos tienen experiencias únicas.

2. Los líderes laborales practican una forma de _____. Esto es importante para el beneficio de la comunidad.

3. La identidad _____ son las características y experiencias en común de un grupo de personas.

5. La _____ ocurre cuando las personas se adaptan a la cultura dominante y se integran en ella.

7. Para poder eliminar la discriminación racial, es importante _____ que todavía existe.

8. A veces las personas _____ a otras personas e ideas que no comprenden. Por eso la educación es tan importante.

12.2-05 Las nuevas generaciones Iliana habla sobre Dolores Huerta, sus ideales y las nuevas generaciones. Escucha a Iliana y selecciona la respuesta correcta.

1. Según Iliana, es impresionante...
   a) que haya mujeres que sean líderes laborales.
   b) que haya mujeres agrícolas importantes.
   c) que una mujer logre cambios importantes.

2. Dolores Huerta...
   a) tenía un buen nivel de vida.
   b) quería un buen nivel de vida.
   c) mantenía un buen nivel de vida.

3. Las necesidades de los trabajadores agrícolas...
   a) estaban integradas a las políticas laborales.
   b) reflejaban las políticas laborales.
   c) debían integrarse a las políticas laborales.

4. ... no son dos buenas estrategias políticas.
   a) Las lenguas maternas y la herencia cultural
   b) La discriminación y el rechazo
   c) El rechazo a la herencia cultural y a las lenguas

5. Los nuevos líderes...
   a) deben ser como Dolores Huerta.
   b) deben considerar la influencia de los antepasados.
   c) deben ser bilingües y biculturales.

12.2-06 La herencia cultural Iliana habla con un amigo sobre Dolores Huerta y la herencia cultural. Escucha su conversación y contesta las preguntas con frases completas.

MODELO:

Pregunta: ¿Quién fue Dolores Huerta?
Escribes: *Dolores Huerta fue una activista destacada.*

1. ¿Cómo ayudó Dolores Huerta a los hispanohablantes?

_____

2. ¿Qué significa mexicoamericano?

_____

3. ¿Cómo son los mexicoamericanos?

_____

4. ¿Cuál es otro grupo que ha mantenido su identidad cultural?

_____

5. ¿Por qué la mayoría de los cubanoamericanos son bilingües?

_____

Hablando de gramática I & II: ● The verbs *hacerse, volverse* and *ponerse* ● Pronominal verbs ● Subjunctive vs. indicative in adjective clauses

12.2-07 Una charla con una profesora Iliana Suárez, estudiante universitaria, se siente estresada y deprimida y habla con una profesora. Completa el diálogo según el contexto.

Profesora: ¿**Te ofendes / Te haces**$_1$ si te hago unas preguntas personales?

Iliana: ¡No, no **me ofendo / me hago**$_2$! Al contrario, me ayudará hablar con usted.

Profesora: Pues, me has dicho que últimamente **te sientes / te haces**$_3$ irritable. ¿Cuándo **te hiciste / te volviste**$_4$ irritable?

Iliana: **Me hice / Me volví**$_5$ irritable este año, poco después de que comenzaron las clases.

Profesora: ¿Y **te frustra / te frustras**$_6$ fácilmente?

Iliana: No, no **me frustra / me frustro**$_7$ fácilmente en general, pero sí **me frustro / me frustran**$_8$ algunas de mis clases.

Profesora: Bueno, también me has dicho que **te deprime / te deprimes**$_9$ a veces. Cuándo **te pone / te pones**$_{10}$ triste, ¿qué es lo que más **te deprime / te deprimes**$_{11}$?

Iliana: **Me deprimen / Me deprimo**$_{12}$ todas mis responsabilidades, supongo. Además, **me deprime / me deprimo**$_{13}$ y **me vuelvo / me pongo**$_{14}$ triste porque estoy superocupada.

Profesora: Bueno, eso es natural para los estudiantes. ¡La vida estudiantil es muy estresante! Por eso es bueno tener la compañía de amigos. ¿Y **te irritan / te irritas**$_{15}$ o **te tranquilizan / te tranquilizas**$_{16}$ tus amigos?

Iliana: **Me tranquilizan / Me tranquilizo**$_{17}$ cuando estoy con mis amigos. De hecho, **me pone / me pongo**$_{18}$ de buen humor cuando estoy con ellos, pero cuando no estoy con ellos **me ponen / me pongo**$_{19}$ de mal humor. Pues, ahora le tengo una pregunta para usted. ¿Por qué **se hizo / se puso**$_{20}$ profesora y no psicóloga? ¡Usted sería una psicóloga muy buena!

Profesora: **Me hice / Me puse**$_{21}$ profesora porque creo que es importante ayudar a otros. De esa manera, las carreras de profesora y psicóloga son bastante similares. De hecho, **me alegro / me pongo**$_{22}$ muchísimo si puedo ayudar a un estudiante a poner todo en perspectiva. ¡Ese es mi trabajo!

12.2-08 Los profesores de Iliana Iliana sigue hablando con su profesora sobre la vida universitaria. Completa lo que dice sobre sus otros profesores con la forma correcta de los verbos de las listas. Ojo, es posible usar los verbos más de una vez y es posible que no se usen todos.

hacerse	ponerse	frustrarse	volverse	tranquilizarse	aburrirse

Iliana: Admiro mucho a mi profesora de negocios. Después de sus estudios universitarios, trabajó

por años en una compañía grande. _____$_1$ directora de finanzas, pero

_____$_2$ con el mundo de los negocios. _____$_3$ impaciente con los aspectos negativos de la compañía y dejó su trabajo para ser profesora universitaria. Es una

gran mujer y una profesora excelente. Además, mis amigos y yo no _____4 en

sus clases, porque es una profesora dinámica.

> **alegrarse   tranquilizarse   frustrarse   ponerse   hacerse   deprimirse   irritarse**

Iliana: También admiro a mi profesor de yoga. Para mí, la clase de yoga es una de las más

importantes. Con todo el estrés que siento, a veces _____5 triste y

_____6. Y es más: cuando estoy deprimida, _____7

fácilmente. Mi profesor de yoga es completamente opuesto. Aunque tiene más de cien estudiantes,

enseña varias clases y es director del programa de salud personal, no _____8

con todas sus responsabilidades. Al contrario, _____9 porque sabe que hay una

gran necesidad del tipo de trabajo que él hace. Muchos estudiantes _____10

de mal humor por el estrés de la vida universitaria, pero en sus clases ve que los estudiantes

_____11 y _____12 de buen humor.

> **ofenderse   hacerse   confundirse   aburrirse   tranquilizarse   preocuparse**

Iliana: Solo tengo un profesor que no me gusta: mi profesor de diseño. Aunque estudio diseño y

es mi especialidad, siempre _____13 en las clases de este profesor. Si le

hacemos muchas preguntas, él _____14 porque piensa que lo estamos

insultando. No sé qué hacer. En vez de aprender en su clase, mis compañeros de clase y yo

_____15 más y más. Bueno, profesora, gracias por escucharme. ¿No

_____16 ustedes, los profesores, de siempre escuchar las quejas de sus

estudiantes?

Profesora: No, Iliana, claro que no. No debes _____17 por eso. Como ya te dije, nosotros

_____18 profesores porque nos encanta ayudar a los estudiantes.

♻ 12.2-09 Dolores Huerta: ¿Una niña común y corriente?

Lee la historia sobre Dolores Huerta y complétala con la forma correcta de los verbos de la lista en imperfecto, pretérito o el infinitivo. Ojo, tienes que decidir si cada verbo debe usarse con el pronombre reflexivo o no.

> **aburrir/se   divertir/se   ir/se   vestir/se   levantar/se**

Cuando era niña, Dolores Huerta era como cualquier niña. Por la mañana, todos los días

_____1, _____2, desayunaba e _____3 a la escuela.

Como a muchos niños, a veces sus clases probablemente la _____4 y a veces no. Cuando tenía

tiempo libre, _____5 jugando con sus amigas.

> despertar/se   preocupar/se   peinar/se   frustrar/se

Sus padres se divorciaron cuando era pequeña, así que ella tenía que ayudar a su mamá con sus hermanos, aunque uno era mayor que ella. No solo tenía que despertarse ella sola, sino que también tenía que _____6 a sus hermanos. No solo tenía que peinarse, sino que también tenía que _____7 a su hermano menor. Después de la secundaria, estudió en Stockton College para ser maestra. Después de un tiempo de trabajar como maestra, _____8 con las injusticias económicas del mundo laboral y se hizo activista. Durante el resto de su vida, _____9 no solamente por su familia, sino también por los derechos civiles de todos.

12.2-10 ¡Muchas preguntas! Después de escuchar a Iliana, la profesora le hace muchas preguntas. Empareja las dos columnas para formar preguntas lógicas.

_____ 1. ¿Todos tus profesores...   a. ... te asignan muchos ensayos?

_____ 2. ¿Tienes profesores...   b. ... quieren hacer yoga contigo?

_____ 3. ¿Conoces a otros estudiantes...   c. ... que te llamen todos los días, tu mamá por ejemplo?

_____ 4. ¿Tus amigos...   d. ... que te den muchísima tarea?

_____ 5. ¿Tienes un lugar en tu casa...   e. ... que estén tan estresados como tú?

_____ 6. ¿Tus compañeros de casa...   f. ... donde puedas hacer yoga para relajarte?

_____ 7. ¿Hay personas en tu familia...   g. ... pueden pasar tiempo contigo cuando estás deprimida aunque no viven contigo?

12.2-11 ¡Muchas respuestas! Ayuda a Iliana a responder a las preguntas 1-7 de la actividad anterior. Ojo, presta atención al uso del subjuntivo y del indicativo en tus respuestas.

1. Sí, _____.

2. No, no _____.

3. No, no _____.

4. Sí, _____.

5. No, no _____.

6. No, _____.

7. Sí, _____.

12.2-12 El español en Estados Unidos Iliana habla con Flavio, un inmigrante de México recién llegado a Estados Unidos. Escucha su conversación y selecciona la respuesta correcta.

1. Flavio busca una biblioteca que...
   a) tenga libros en inglés.
   b) tenga libros en español.
   c) esté cerca.

2. A Flavio le sorprende...
   a) encontrar libros en español.
   b) escuchar dialectos diferentes.
   c) escuchar español en la biblioteca.

3. Flavio se pone nervioso porque...
   a) es difícil encontrar una biblioteca.
   b) es difícil hablar dialectos de español.
   c) es difícil entender dialectos de español.

4. Los dialectos del español...
   a) son un tema que causa mucha controversia.
   b) son un tema que pone nerviosa a Iliana.
   c) son un tema que pone irritados a los inmigrantes.

5. Según Iliana, todos los hispanohablantes...
   a) hablan dialectos correctos.
   b) piensan que su dialecto es correcto.
   c) no conocen otros dialectos correctos.

12.2-13 Los hispanos en California Norma habla de sus experiencias como hispana en California. Escucha a Norma y contesta las preguntas con frases completas.

MODELO:

Pregunta: ¿Por qué se tranquiliza Norma?
Escribes: *Norma se tranquiliza porque muchas personas saben que los hispanos son de países diferentes.*

1. ¿Qué puede comprar Norma en California?

   _____

2. ¿En qué oficinas puede hablar español?

   _____

3. ¿Por qué Norma se pone feliz?

   _____

4. ¿Por qué se irrita Norma?

   _____

5. ¿A quién no conoce Norma?

   _____

¿Cómo es...?

Escucha el siguiente segmento sobre Sonia Sotomayor y decide si las oraciones son **ciertas** (C) o **falsas** (F). Si son falsas, corrígelas.

Vocabulario:

juez/a *judge*

Corte Suprema *Supreme Court*

▲ *Sonia Sotomayor*

1. La lengua no es una característica de la raza.

   C   F _____

2. La jueza Sotomayor es hispana porque es de ascendencia puertorriqueña.

   C   F _____

3. Los padres de la jueza Sotomayor eran bilingües.

   C   F _____

4. El triunfo de la jueza Sotomayor se debió a su educación, trabajo y estudio.

   C   F _____

5. Nadie piensa que las raíces de Sotomayor afectan su trabajo.

   C   F _____

Entérate

En esta sección debes seleccionar la lectura que más te interese. Selecciona solamente **una** lectura y contesta las preguntas.

1. Deportes / Pasatiempos: Adelante Mujeres

2. Sociedad / Religión: Una encuesta de los hispanos en Estados Unidos

3. Historia / Política: La reforma migratoria

4. Ciencia / Tecnología: El control de pasaportes automatizado

5. Cultura popular / Arte: Sandra Cisneros

1. Pasatiempos: Adelante Mujeres

¿Cuál es tu pasatiempo preferido? ¿Jugar a algún deporte? ¿Ir de compras? ¿Y qué tal la idea de ofrecerte como voluntario? En tu opinión, ¿es esto un pasatiempo? Según el gobierno estadounidense, más de un cuarto de la población se ofreció como voluntario en 2012. ¿Sabías que podrías ofrecerte de voluntario y practicar tu español al mismo tiempo con una de las muchas organizaciones que trabajan con la comunidad hispana, como Adelante Mujeres en Forest Grove, Oregón?

Adelante Mujeres es una organización con la misión de educar y apoyar a latinas de bajos ingresos (*low income*) y a sus familias. Algunos de los programas y oportunidades para voluntarios que ofrece esta organización son:

- Adelante Educación – Adultas latinas asisten a clases académicas y personales cinco días a la semana, se ofrecen de voluntarias en la comunidad por veinte horas por semestre y participan en un taller de resolución de conflictos. Si trabajaras con este programa, podrías participar en intercambios de inglés-español, o podrías ser tutor/a o asistente en una clase de matemáticas o de informática.

- Adelante Chicas – Es el primer programa en Oregón en ofrecer un programa comprensivo de desarrollo para jóvenes latinas. Si fueras voluntario/a, ayudarías con programas extracurriculares, planificarías y coordinarías excursiones, darías presentaciones para las chicas durante el campamento de verano o trabajarías con el campamento de fútbol.

- Adelante Agricultura – Adelante Mujeres opera una granja (*farm*) donde los latinos locales pueden aprender a cultivar. Si quisieras ofrecerte como voluntario/a en este programa, podrías trabajar en proyectos de construcción, mantenimiento o investigación; ayudar en el invernadero (*greenhouse*); ayudar con la promoción de la granja; ser mentor/a para nuevas agricultoras; o dar clases sobre diferentes aspectos de la agricultura.

- El mercado de productores de Forest Grove – Desde 2005, Adelante Mujeres ha operado este mercado local que visitan unas 2.000 personas cada miércoles entre mayo y octubre. Como voluntario/a trabajarías con la coordinadora del programa promocionando el mercado, trabajarías en el quiosco de información del mercado, o ayudarías a montar (*set up*) o desmontar el mercado cada semana.

En 2013, Adelante Mujeres fue reconocida por *WhyHunger*, junto con otras cuatro organizaciones, como líder nacional en la lucha contra el hambre y la pobreza. Ha ganado varios premios adicionales por su trabajo en la comunidad. Si vivieras en Forest Grove, ¿no te gustaría trabajar de voluntario con esta organización?

1. Indica los siete verbos conjugados en el condicional e indica cuál es el infinitivo de cada verbo.

Verbos en condicional   Infinitivos

_____   _____

_____   _____

_____   _____

_____   _____

_____   _____

_____   _____

_____   _____

2. Indica los cuatro verbos conjugados en el imperfecto del subjuntivo e indica cuál es el infinitivo de cada verbo.

Verbos en imperfecto del subjuntivo   Infinitivos

_____   _____

_____   _____

_____   _____

_____   _____

3. ¿Por que sería una buena oportunidad para un/a estudiante de español trabajar con Adelante Mujeres?

_____

_____

4. ¿En cuál de los programas de Adelante Mujeres te gustaría más trabajar como voluntario/a y por qué?

_____

_____

5. ¿En cuál de estos programas de Adelante Mujeres te gustaría menos trabajar como voluntario/a y por qué?

_____

_____

2. Sociedad: Una encuesta de los hispanos en Estados Unidos

Hace cuatro décadas que el gobierno estadounidense instituyó el uso de las palabras "hispano" y "latino" para categorizar a los estadounidenses que tienen sus raíces en países hispanohablantes. En 2011 el Pew Research Center hizo un estudio sobre los hispanos en Estados Unidos. El estudio se basó en los resultados de una encuesta que el centro de investigación hizo a 1.200 hispanos, todos mayores de dieciocho años de edad. La encuesta consistía de más de setenta preguntas sobre la ascendencia, las opiniones y las experiencias de los participantes de la encuesta.

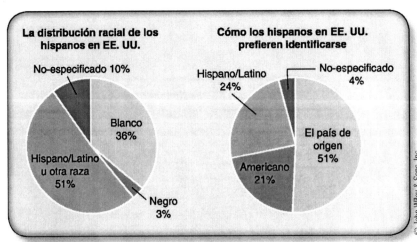

▲ Resultados de un estudio de 2011 del Pew Research Center

Algunos resultados del estudio:

- La mitad de los participantes indicó que no tiene preferencia entre las palabras "hispano" o "latino"; sin embargo, los que tienen preferencia prefieren "hispano" por un margen de dos a uno.
- El 69% de los encuestados indicó que piensa que los 50 millones de latinos en Estados Unidos tienen muchas culturas distintas, en vez de una cultura en común. Solo el 29% piensa que los hispanos tienen una cultura en común.
- El 82% de los encuestados indicó que habla español.
- El 95% de los encuestados indicó que cree que es importante que las generaciones futuras de hispanos hablen español.
- El 48% de los participantes en Estados Unidos nació en este país.
- El 87% de los participantes opina que es importante que los inmigrantes hispanos aprendan inglés para tener éxito en Estados Unidos.
- En cuanto a raza: el 36% se identifica como "blanco", el 3% se identifica como "negro" y el 51% se identifica como "hispano/latino" u "otra raza".
- El 55% de los inmigrantes hispanos indicó que vino a Estados Unidos por razones económicas, mientras que el 24% vino por razones familiares.
- El 79% de los inmigrantes hispanos dice que inmigraría a Estados Unidos otra vez si tuviera que tomar la decisión de nuevo.

En suma, se puede decir, basándose en los resultados de la encuesta, que las opiniones de los hispanos son variadas, pero la mayoría de ellos piensa que el bilingüismo es importante, que la comunidad hispana es multicultural y que la gran mayoría de los que inmigraron de otro país vendrían a Estados Unidos de nuevo si tuvieran que revivir su historia.

1. Indica los cuatro verbos conjugados en el modo subjuntivo (tanto en presente como imperfecto) e indica cuál es el infinitivo de cada verbo.

Verbos en el modo subjuntivo   Infinitivos

_____   _____

_____   _____

_____   _____

_____   _____

2. ¿Cuáles son las dos frases u oraciones que presentan situaciones hipotéticas en esta lectura?

_____

_____

3. ¿Cuál es una de las estadísticas que probablemente resultó de una pregunta sobre la ascendencia del participante?

_____

_____

4. ¿Qué porcentaje de los participantes inmigró de otro país?

_____

5. Basándote en los resultados del estudio, ¿crees que la opinión de los encuestados inmigrantes sobre su experiencia en Estados Unidos es más bien favorable o más bien negativa? Justifica tu respuesta.

_____

_____

3. Política: La reforma migratoria

En junio de 2013, el Senado estadounidense aprobó una propuesta de ley de reforma migratoria llamada *Border Security, Economic Opportunity, and Immigration Modernization Act of 2013*. En español esto se traduciría como "Ley de seguridad fronteriza, oportunidad económica y modernización migratoria". Cuando se escribió este artículo, todavía no se sabía si la Cámara de Representantes la aprobaría o no.

▲ *La frontera entre EE. UU. y México*

Esta propuesta de ley, si fuera aprobada, podría abrir un camino hacia la ciudadanía para algunos de los aproximadamente 11 millones de inmigrantes no autorizados que vivían en EE. UU. en 2013. Además, la ley reformaría el sistema de inmigración familiar, instituiría vigilancia (*surveillance*) fronteriza y medidas de deportación más estrictas y obligaría a los empleadores a utilizar un sistema electrónico de verificación de elegibilidad de empleo llamado *E-Verify*, entre otras cosas.

Según la ley propuesta, el *U.S. Department of Homeland Security* tendría que ampliar el muro (*wall*) existente en la frontera entre México y EE. UU. y estaría obligado a detener a 9 de cada 10 inmigrantes que intentan entrar al país sin permiso legal. Si esto no ocurriera, se crearía una comisión especial autorizada a gastar hasta $6.5 mil millones (*billions*) por año para lograr esa meta (*accomplish the goal*).

La ley establecería un proceso para que ciertos inmigrantes no autorizados que cumplan con varias condiciones pudieran registrarse como "inmigrante provisional registrado" (IPR). Después de seis años de tener el estatus de IPR, la persona tendría que pedir una renovación. Después de cuatro años más, la persona podría solicitar la famosa tarjeta verde, es decir, el estatus de residente permanente legal.

Los inmigrantes no autorizados que entraron a EE. UU. antes de los dieciséis años, se graduaron de la escuela secundaria o recibieron un *GED* (Diploma de Educación General, por sus siglas en inglés) en EE. UU. y asistieron a la universidad por un mínimo de dos años o sirvieron por lo menos cuatro años en las fuerzas armadas, podrían solicitar el estatus de IPR, y después de cinco años más podrían solicitar una tarjeta verde e, inmediatamente después, solicitar la ciudadanía estadounidense.

Es una propuesta controversial y tendremos que esperar a ver qué pasa. ¿Sabes si esta propuesta ya se hizo ley o no?

1. Indica cuáles son los once verbos conjugados en el condicional e indica cuál es el infinitivo de cada verbo.

Verbos en condicional	Infinitivos
_____	_____
_____	_____
_____	_____
_____	_____
_____	_____
_____	_____
_____	_____
_____	_____
_____	_____
_____	_____
_____	_____

2. Indica los tres verbos conjugados en el imperfecto del subjuntivo e indica cuál es el infinitivo de cada verbo.

Verbos en imperfecto del subjuntivo   Infinitivos

_____   _____

_____   _____

_____   _____

3. ¿Por cuántos años tendría que tener alguien el estatus de IPR antes de hacerse residente permanente legal?

_____

_____

4. ¿Cuál es la relación entre el tercer párrafo y el resto de la propuesta de ley?

_____

_____

5. ¿Cuándo entrará en vigencia (*take effect*) esta ley si es aprobada? Justifica tu respuesta.

_____

_____

_____

4. Tecnología: El control de pasaportes automatizado

En 2013 el Aeropuerto Internacional de Vancouver fue el primero en implementar el uso de un control de pasaportes automatizado para que los viajeros estadounidenses y canadienses pudieran cruzar la frontera más fácilmente. Fue un sistema creado por la Agencia de Servicios Fronterizos de Canadá y la Oficina de Aduanas y Protección Fronteriza de EE. UU. El propósito de esta nueva tecnología era reducir las colas en las aduanas y aumentar la eficacia (*efficiency*) al cruzar la frontera entre EE. UU. y Canadá.

Poco después de su implementación en Vancouver, hubo otras ciudades interesadas en esta tecnología también, por ejemplo, el Aeropuerto de Chicago O'Hare y el Aeropuerto de Montreal-Trudeau. Actualmente en todos estos aeropuertos hay quioscos automatizados que sirven como agentes de inmigración. El viajero toca la pantalla táctil para contestar y proveer la información requerida. Cuando el viajero completa la serie de preguntas, la máquina le da un recibo que el viajero debe dar con su pasaporte e información del viaje al agente de aduanas para su verificación.

Esta nueva tecnología tiene ventajas y desventajas. Las ventajas incluyen la eliminación de la tarjeta de declaración, lo cual reduce el uso de papel porque la máquina hace todas las preguntas. Como a veces la escritura individual no es fácil de leer, este sistema evita ese problema con el uso del sistema automático. También, los quioscos ofrecen la posibilidad de contestar las preguntas en varias lenguas, una cosa que es difícil de ofrecer por una persona. La gran desventaja es el costo de los quioscos. Para poder reducir el número de personas que hacen cola, se necesitan muchos quioscos. Al mismo tiempo, los viajeros tendrán que hacer cola para usar un quiosco y luego para mostrar el recibo con el pasaporte y la información del viaje. Al final, ¿tendrá éxito esta nueva tecnología? Habrá que ver.

1. Indica un verbo conjugado en el imperfecto del subjuntivo e indica cuál es el infinitivo de este verbo?

Verbo en imperfecto del subjuntivo   Infinitivo

_____   _____

2. ¿Quiénes crearon el control de pasaportes automatizado?

_____

_____

3. Describe el control de pasaportes automatizado.

_____

_____

4. Menciona dos ventajas del control de pasaportes automatizado.

_____

_____

5. Menciona dos desventajas del control de pasaportes automatizado.

_____

_____

5. Arte: Sandra Cisneros

Sandra Cisneros no es una artista que pinta, dibuja o hace escultura. Su forma de arte es la literatura. Nació el 20 de diciembre de 1954 en Chicago, Illinois, y creció como la única hija en una familia de seis hermanos. Sus padres eran de ascendencia mexicana y se mudaron varias veces entre EE. UU. y México cuando Sandra era joven. En 1965, sus padres decidieron comprar una casa en un barrio principalmente puertorriqueño de Chicago. Debido a la impactante experiencia de vivir en ese barrio y a su identificación cultural como mitad estadounidense y mitad mexicana, o sea chicana, el tema de sus obras se centra en las voces de la minoría hispana en EE. UU.

▲ *Sandra Cisneros*

Cisneros es más conocida por su primera novela *La casa en Mango Street*. Es una novela que trata de una chica que se llama Esperanza que se muda con sus padres, sus dos hermanos y su hermana a una casa en Mango Street. Esperanza había soñado el sueño americano de vivir en una casa blanca y espaciosa, pero cuando llega a la casa se da cuenta (*realizes*) de que solo hay un baño y un dormitorio. Por lo tanto, Esperanza tiene vergüenza de donde vive aunque sabe que es mejor que los lugares donde había vivido antes. A pesar de su vergüenza, Esperanza muestra un cariño (*affection*) especial por la gente y la comunidad en que vive. Esta novela en particular ha tenido un gran reconocimiento por su profunda crítica social y su poderoso estilo de escritura por lo cual se ha traducido a varias lenguas y se enseña en muchas clases en EE. UU.

A través de los años, Cisneros ha recibido muchos premios por varios textos literarios, pero uno de los primeros premios fue por *La casa en Mango Street*. Este libro recibió el *American Book Award*, un premio muy notable en el mundo literario estadounidense. Desde entonces ha publicado otras obras como *My Wicked Wicked Ways*, *Woman Hollering Creek and Other Stories*, *Hairs/Pelitos*, *Loose Woman: Poems*, *Caramelo, or, Puro Cuento*, *Vintage Cisneros* y *Have You Seen Marie?*. ¿Te interesaría leer una de sus obras?

1. Indica un verbo conjugado en el condicional e indica cuál es el infinitivo de este verbo?

Verbos en condicional	Infinitivo

2. ¿Cómo era la familia de Sandra Cisneros cuando ella era joven?

_____

_____

3. ¿A quién se denomina "chicano/a"?

_____

_____

4. ¿De qué trata *La casa en Mango Street*?

_____

_____

5. ¿Te interesaría leer una novela escrita por Sandra Cisneros? ¿Por qué sí o por qué no?

_____

_____

En tus propias palabras

Selecciona **un** tema para escribir. Puedes escribir sobre lo que leíste en la sección anterior, **Entérate.**

1. **Pasatiempos:** ¿Alguna vez te has ofrecido de voluntario/a o eres voluntario/a ahora? Describe tu experiencia. Si pudieras ser voluntario/a otra vez, ¿para qué tipo de organización trabajarías? ¿Por qué?

2. **Sociedad:** ¿Has hablado con algún amigo/a hispano/a sobre su identidad? Habla con un/a amigo/a hispano/a y pregúntale si prefiere la palabra "hispano" o "latino" y por qué. Pregúntale si cree que los hispanos tienen una cultura en común o no. Detalla sus respuestas.

3. **Política:** ¿Qué piensas de la propuesta de ley sobre la reforma migratoria? ¿Sabes si la ley ha sido aprobada? Si fue aprobada, ¿es diferente la ley actual a la propuesta de ley? Si no ha sido aprobada, contesta estas preguntas: Si se aprobara la ley, ¿cambiaría la vida de alguna persona que conoces? ¿Cómo? ¿Cambiaría tu vida? ¿Cómo?

4. **Tecnología:** Menciona una tecnología innovadora. ¿Para qué se utiliza? ¿Cuáles son las ventajas y desventajas de esta tecnología?

5. **Arte:** ¿Tienes un/a autor/a favorito/a? ¿Cómo se llama? ¿Qué tipo de obras escribe? ¿De qué tratan sus obras? ¿Cómo es su estilo? ¿Por qué te gustan sus obras?

_____

_____

_____

_____

_____

_____

_____

_____

_____

_____

_____

_____

_____

_____

Así es la vida

Hijo de inmigrantes mexicanos a Estados Unidos, el rapero Jae-P nació en México en 1984. Creció en Los Ángeles escuchando una mezcla de música mexicana, hip hop y R&B. En 2002, a los dieciocho años, firmó un contrato con Univision Records. En 2003 ya había vendido más de 100.000 álbumes y su álbum *Ni de aquí ni de allá* ganó certificación de Oro y de Platino. Dicen que Jae-P fue uno de los pioneros de un nuevo género de música llamado "urbano regional", una mezcla de la cultura mexicana y el hip hop. Escucha su canción "Latinos Unidos" en el Internet y luego marca el orden de las palabras/frases como aparecen en la canción. Escribe el número en la casilla (*box*) antes de la frase o palabra. Ya se han indicado la primera y la última. Ojo, la canción es rápida. Está bien si no comprendes todo, pero es posible que tengas que escuchar la canción varias veces para completar esta actividad.

☐	el inglés	☐	un ID
☐	el color de nuestra piel	☐	poder
☐	trabajador	1	nos han discriminado
14	triunfar	☐	un gringo
☐	raza	☐	chicano
☐	impuestos	☐	un mejor futuro
☐	ilegales, criminales	☐	licencia

En resumidas cuentas

Lee la siguiente lista para el examen del **Capítulo 12** y asegúrate de que puedes:

☐ Hablar de las nacionalidades del mundo.

☐ Hablar sobre la inmigración.

☐ Expresar tu opinión usando el indicativo y el subjuntivo.

☐ Reconocer y usar el imperfecto de subjuntivo para expresar subjetividad en el pasado.

☐ Hablar de situaciones hipotéticas.

☐ Hablar sobre la herencia cultural.

☐ Hablar de asuntos sociales y políticos.

☐ Describir cambios de estado y emocionales.

☐ Usar los verbos pronominales.

☐ Describir objetos y personas con cláusulas adjetivas.

Answer Key

CAPÍTULO PRELIMINAR: ¡A CONOCERSE!

¡Bienvenidos a Pura vida!
1. b; 2. b; 3. a; 4. c

Palabra por palabra
CP-01 Los saludos y las despedidas
Possible Answers: 1. ¡Pura vida! / ¡Fenomenal! / Bastante bien. / Más o menos. 2. Buenos días. 3. Mucho gusto. / Encantado. / Encantada. / Igualmente. 4. Adiós. / Hasta pronto. / Hasta la vista. / Hasta mañana. / Hasta luego. 5. Nos vemos. / Hasta luego. / Hasta pronto.

CP-02 Las presentaciones en clase
1. 4; 2. 1; 3. 3; 4. 2; 5. 5

CP-03 Presentaciones
1. a; 2. b; 3. b; 4. a; 5. b

CP-04 ¿Cómo estás?
1. ¿Qué tal? / ¿Cómo estás? / ¿Cómo está usted? 2. Mucho gusto. / Encantado. / Encantada. 3. ¿Cómo te llamas? / ¿Cómo se llama Ud.? / ¿Cómo se llama usted? 4. Adiós. / Hasta luego. / Ahí nos vemos. 5. Buenos días.

Hablando de gramática I
CP-05 Varias conversaciones
1. Formal; 2. Formal; 3. Informal; 4. Informal; 5. Informal; 6. Formal

CP-06 Preguntas
1. ¿Cómo se llama usted? 2. ¿Cómo estás? / ¿Qué tal? 3. Te presento a Ana. / Quiero presentarte a Ana. 4. Quiero presentarle al profesor Álvarez. / Le presento al profesor Álvarez.

CP-07 El alfabeto
1. b, calculadora; 2. e, bolígrafo; 3. f, pupitre; 4. a, mochila; 5. d, lápiz; 6. c, pizarra; 7. g, señorita

CP-08 Así se escribe
1. veinte; 2. veintiuno; 3. quince; 4. cuatro; 5. doce; 6. fenomenal; 7. gusto en conocerte; 8. ¿Qué hubo?; 9. adiós; 10. ¿Qué me cuentas?

CP-09 ¿Formal o informal?
1. IN, Muy bien. / Bastante bien. / Pues ahí nomás. / ¡Fenomenal! 2. F, Muy buenas. / Buenas tardes. 3. IN, Pues ahí nomás. / Pues, no me siento muy bien. / Pues, ahí nomás, estudiando mucho. 4. IN, Mucho gusto. / Encantado. / Encantada. 5. F, Adiós. / Nos vemos. / Hasta pronto. / Hasta luego.

CP-10 ¿Cómo se escribe?
1. a; 2. c; 3. b; 4. c; 5. b

Palabra por palabra
CP-11 Las expresiones de la clase
1. c; 2. e; 3. a; 4. d; 5. b; 6. g; 7. h; 8. j; 9. f; 10. i

CP-12 Crucigrama: ¿Cuántos hay en la clase?

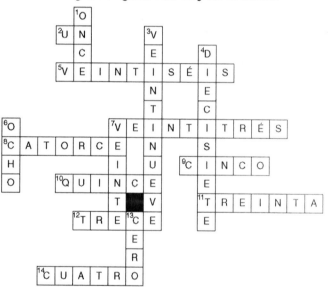

CP-13 La clase de español
1. a; 2. a; 3. c; 4. a; 5. a

CP-14 Los números de contraseña
1. dieciséis; 2. once; 3. cinco; 4. veintitrés; 5. diecinueve

Hablando de gramática II
CP-15 Femenino vs. masculino
1. F; 2. F; 3. M; 4. F; 5. M; 6. M; 7. M; 8. M; 9. F; 10. M; 11. F; 12. F; 13. M; 14. F; 15. F; 16. F; 17. M; 18. M

CP-16 ¡Hay muchas cosas!

1. Hay un bolígrafo. 2. Hay una mochila. 3. Hay unos lápices. 4. Hay unas fotografías. 5. Hay unos libros.

CP-17 ¿Qué es, masculino o femenino?

1. Masculino; 2. Masculino; 3. Femenino; 4. Masculino; 5. Masculino; 6. Masculino; 7. Femenino; 8. Masculino; 9. Femenino; 10. Femenino

CP-18 Los objetos de la clase

1. unos bolígrafos; 2. unos mapas; 3. unas calculadoras; 4. unos libros; 5. unas pizarras

Entérate

Possible Answers: 1. La Srta. Silva; 2. fenomenal; 3. veinticinco; 4. una pizarra y unos pupitres

Así es la vida

Mexico: California, Nevada, Utah, Arizona, Wyoming, Colorado, Nuevo México, Texas; Spain: Guam, Florida, Puerto Rico

CAPÍTULO 1: LA SALA DE CLASES

¡Yo hablo español!

1. a; 2. a; 3. b; 4. c; 5. c

SECCIÓN 1: ¿De dónde eres?

Palabra por palabra
1.1-01 ¿Cómo son?

1. b; 2. a; 3. c; 4. a; 5. c

1.1-02 Opuestos

1. Rafael Nadal es extrovertido. 2. Shakira es baja. 3. Rigoberta Menchú es paciente. 4. El Papa Francisco es generoso. 5. Sonia Sotomayor es seria. / Sonia Sotomayor es inteligente. 6. Javier Bardem es optimista.

1.1-03 El mundo hispanohablante

1. Argentina; 2. México; 3. Panamá; 4. Venezuela; 5. Cuba; 6. España; 7. Chile; 8. Guatemala; 9. Puerto Rico; 10. Perú

1.1-04 ¿Cuál es su nacionalidad?

1. uruguaya; 2. venezolano; 3. española; 4. salvadoreño; 5. costarricense; 6. puertorriqueño; 7. colombiana

1.1-05 Los gemelos diferentes

1. a, b, d; 2. b, c, d; 3. a, c

1.1-06 Son diferentes

1. Jennifer López es extrovertida y estadounidense. 2. Michael Phelps es alto y atlético. 3. Andy García es blanco y listo. / Andy García es moreno y listo. 4. Will Ferrell es chistoso y creativo. / Will Ferrell es cómico y creativo.

1.1-07 ¿De dónde son?

1. C; 2. F; 3. F; 4. C; 5. F

1.1-08 Las personalidades hispanas

1. español; 2. colombiano; 3. venezolano; 4. guatemalteca; 5. argentino

Hablando de gramática I & II
1.1-09 Los compañeros de Melissa

1. Él; 2. Nosotros; 3. Yo; 4. Ellas; 5. Vosotros; 6. Tú

1.1-10 En la clase de la señora Aponte

1. son; 2. es; 3. son; 4. es; 5. somos; 6. soy; 7. es; 8. son; 9. eres

1.1-11 ¿Masculino o femenino, singular o plural?

1. Masculino / Plural; 2. Femenino / Singular; 3. Masculino / Singular; 4. Femenino / Plural; 5. Femenino / Plural; 6. Masculino / Singular; 7. Masculino / Plural; 8. Femenino / Singular; 9. Masculino / Singular; 10. Femenino / Singular

1.1-12 Melissa y sus amigos

1. mexicana; 2. corto; 3. rizado; 4. divertida; 5. alegre; 6. atractiva; 7. simpáticas; 8. populares; 9. moreno; 10. dominicano; 11. independiente; 12. idealista; 13. testarudo; 14. expresivos; 15. responsables; 16. entusiastas

1.1-13 ¿Qué forma de *ser*?

1. Vosotros; 2. Yo; 3. Verónica; 4. Nosotros; 5. Ellos

1.1-14 Los amigos de Melissa

1. Correcto; 2. Incorrecto, son; 3. Incorrecto, es; 4. Correcto; 5. Incorrecto, sois

1.1-15 Las descripciones

1. b; 2. a; 3. b; 4. b

1.1-16 La clase de la profesora Aponte

1. Falso, pelo lacio; 2. Cierto; 3. Cierto; 4. Falso, pelo negro

SECCIÓN 2: En clase

Palabra por palabra

1.2-01 Los meses y las estaciones

1. Canadá: invierno; Chile: verano; 2. Canadá: invierno; Chile: verano; 3. Canadá: primavera; Chile: otoño; 4. Canadá: primavera; Chile: otoño; 5. Canadá: verano; Chile: invierno; 6. Canadá: verano; Chile: invierno; 7. Canadá: otoño; Chile: primavera; 8. Canadá: otoño; Chile: primavera

1.2-02 ¿Cuál falta?

1. martes; 2. marzo; 3. junio; 4. miércoles; 5. domingo; 6. agosto; 7. septiembre; 8. sábado; 9. enero; 10. diciembre

1.2-03 ¡Una rutina variada!

1. correr / caminar / hacer ejercicio; 2. martes, tocar la guitarra / tocar un instrumento / escuchar música; 3. miércoles, hacer yoga; 4. jueves; 5. bailar; 6. sábados, nadar

1.2-04 Las asignaturas y la gente famosa

1. el arte; 2. la música; 3. la literatura; 4. los negocios; 5. las ciencias políticas; 6. el diseño

1.2-05 ¡Muchas profesiones!

1. medicina; 2. ingeniería; 3. sociología; 4. ciencias políticas / relaciones internacionales / derecho; 5. negocios; 6. arte / diseño; 7. matemáticas / estadística; 8. teatro

1.2-06 El tiempo libre

1. esquiar; 2. hacer ejercicio / correr mucho; 3. correr mucho / hacer ejercicio; 4. escuchar los problemas de mi amiga; 5. cantar / bailar; 6. bailar; 7. leer

1.2-07 Las clases de Regina

1. b; 2. c; 3. a; 4. b; 5. a

1.2-08 Un horario difícil

lunes: literatura, español; martes: economía, español; miércoles: literatura, antropología; jueves: historia, arte; viernes: sociología, español

Hablando de gramática I & II

1.2-09 Una carta para una nueva amiga

1. ella; 2. le; 3. me; 4. él; 5. le; 6. mí; 7. me; 8. ti; 9. Te; 10. te; 11. A la profesora Aponte le gusta hablar español. / A la profesora le gusta hablar español con los estudiantes. / Le gusta hablar español. / Le gusta hablar español con los estudiantes. 12. A Abdul le gusta estudiar. 13. No, no le gusta estudiar. / No, a Amber no le gusta estudiar. / No, a ella no le gusta estudiar.

1.2-10 ¿Qué dice Gloria?

1. A Marcos le gusta viajar. / A Marco le gusta nadar. / A Marco le gusta esquiar. / A Marco le gusta jugar al tenis. / A Marcos le gusta patinar. 2. A Vania le gusta explorar el Internet. / A Vania le gusta hacer yoga. / A Vania le gusta escribir. / A Vania le gusta comer. / A Vania le gusta leer. / A Vania le gusta estudiar. 3. A Fernando le gusta escuchar música. / A Fernando le gusta cantar. / A Fernando le gusta cocinar. / A Fernando le gusta tocar la guitarra. / A Fernando le gusta tocar un instrumento. 4. A Sebastián le gusta mirar la televisión. / A Sebastián le gusta ver la televisión. / A Sebastián le gusta dormir. / A Sebastián le gusta explorar el Internet. 5. A mí me gusta ir de compras. / Me gusta ir de compras. / A mí me gusta bailar. / Me gusta bailar. / A mí me gusta hablar por teléfono. / Me gusta hablar por teléfono. / A mí me gusta hablar por teléfono celular. / Me gusta hablar por teléfono celular. / A mí me gusta hablar por teléfono móvil. / Me gusta hablar por teléfono móvil.

1.2-11 Una conversación por Internet

1. Cuál; 2. Cuál; 3. Qué; 4. Qué; 5. Qué; 6. Cuál

1.2-12 Los compañeros de conversación

Possible Answers: 1. ¿Cómo es? / ¿Cómo es el profesor? / ¿Cómo es el profesor Núñez? / ¿Cómo se escribe su nombre? / ¿Cómo se escribe Matías? / ¿Cómo se escribe el nombre del profesor? 2. ¿Cuándo es tu clase de español? / ¿Cuándo es la clase? / ¿Cuándo es la clase de español? / ¿Cuándo es el examen? 3. ¿Qué le gusta hacer? / ¿Qué le gusta hacer al profesor? / ¿Qué le gusta hacer al profesor Núñez? / ¿Qué día es el examen? 4. ¿De dónde es el profesor? 5. ¿Por qué te gusta la clase?

1.2-13 Mi chico ideal

1. b; 2. a; 3. b; 4. a; 5. c

1.2-14 ¡No me gusta nada!

1. Te gusta mucho bailar en las fiestas, pero a mí no me gusta nada bailar en las fiestas. 2. Te gusta mucho esquiar, pero a mí no me gusta nada esquiar. 3. Te gusta mucho ir al gimnasio, pero a mí no me gusta nada ir al gimnasio. 4. Te gusta mucho comprar pizza, pero a mí no me gusta nada comprar pizza. 5. Te gusta mucho escuchar música, pero a mí no me gusta nada escuchar música.

1.2-15 Preguntas y más preguntas

1. d; 2. g; 3. a; 4. b; 5. f; 6. c; 7. e

1.2-16 En la universidad

1. ¿Cómo es la clase de química? 2. ¿Cómo es el profesor de matemáticas? 3. ¿Cuándo es la clase de química? 4. ¿Por qué estudias inglés? 5. ¿Cuál es tu clase favorita?

¿Cómo es...?

1. Cierto; 2. Cierto, alta, morena; 3. Falso, argentino; 4. Falso, baja, bonita; 5. Falso, puertorriqueño

Entérate

1. Deportes: El fútbol en los Estados Unidos

Possible Answers: 1. Es más popular en el presente. 2. En 1993; 3. 16; 4. Es de Perú. 5. Son de Honduras.

2. Sociedad: Rigoberta Menchú

Possible Answers: 1. Es guatemalteca. 2. Emigra a México para escapar del conflicto en Guatemala. 3. Las atrocidades cometidas por las fuerzas militares guatemaltecas durante la guerra civil y los retos para la cultura maya en Guatemala; 4. 1992; 5. Recibe el Premio Nobel de la Paz por su trabajo por la justicia social y los derechos de los indígenas.

3. Historia: César Chávez

Possible Answers: 1. F, César Chávez es un activista laboral estadounidense. 2. C; 3. C; 4. F, Chávez no estudia en la Universidad de Arizona. Como adolescente deja la escuela para trabajar a tiempo completo. 5. F, Chávez funda la *National Farm Workers Association*.

4. Ciencia: Ellen Ochoa

Possible Answers: 1. Es el 10 de mayo. 2. Estudia física. 3. Es una mujer de pelo corto, castaño y crespo. 4. Le gusta tocar la flauta, jugar al voleibol y montar en bicicleta.

5. Cultura popular: America Ferrera

Possible Answers: 1. Es el 18 de abril. 2. Tiene el pelo largo y castaño. 3. Es independiente, estudiosa e inteligente. 4. Es simpática, curiosa y no muy atractiva. 5. Son hondureños.

En tus propias palabras

Answers may vary.

Así es la vida

Possible Answers: Translation: If you are you and I am me, who is the dumbest of the two? Why is it tricky? It is a tricky word game because if asked this question you are likely to answer "tú", but by doing so, you would be calling yourself the dumb one, since "tú" is "you"!

CAPÍTULO 2: DÍA A DÍA

I Presentación personal

1. b; 2. a, F; b, F; 3. salir a bailar, caminar por la playa, comer en restaurantes; 4. en tiendas, mercados y almacenes

SECCIÓN 1

I Palabra por palabra
2.1-01 Las actividades

1. c; 2. a; 3. e; 4. b; 5. g; 6. f; 7. d

2.1-02 El horario de David

1. a la una; 2. a las ocho y cuarto; 3. a las diez menos cuarto; 4. a las diez y media; 5. a las doce / al mediodía

2.1-03 ¿A qué hora pasa?

1. por la mañana: esperar el autobús; 2. por la noche: comer algo ligero; 3. por la noche: dormir; 4. por la tarde: comer con la familia; 5. por la tarde: caminar por la plaza

2.1-04 ¿A qué hora...?

1. A las cinco de la tarde camino al cibercafé. 2. A la una es hora de comer. 3. A las siete de la tarde, converso con mi madre. 4. A las cuatro menos veinte es hora de pasear. 5. A las siete y media espero el autobús para ir a la escuela.

Hablando de gramática
2.1-05 Mis amigos y yo

1. nosotros; 2. yo; 3. ellos; 4. tú; 5. Juan; 6. tú y yo

2.1-06 Las clases difíciles

1. trabajo; 2. comprendes; 3. leemos; 4. hablamos; 5. practica; 6. escribo

2.1-07 Tú o vos

1. Rocío; 2. Yvonne; 3. Yvonne; 4. Rocío; 5. Yvonne; 6. Rocío

2.1-08 Mis actividades en México

1. c; 2. a; 3. c; 4. c; 5. b

2.1-09 ¿A qué hora lo hace?

1. Camina a casa a las dos y media. 2. Termina clases a las dos. 3. Aprende vocabulario a las cuatro. 4. Pasea con amigos a las seis de la tarde. 5. Cena con la familia a las nueve y cuarto.

SECCIÓN 2

Palabra por palabra
2.2-01 Las cosas en el mercado al aire libre

Ropa: zapatos, trajes, botas, faldas, vestidos, blusas; Accesorios: sombreros, relojes, aretes, cinturones, pulseras, anillos; Otras cosas: flores, comida, artesanía

2.2-02 ¿Cuánto cuesta?

1. ¿Cuánto cuestan las botas? Cuestan setenta dólares con cuarenta centavos. 2. ¿Cuánto cuesta la camisa? Cuesta cuarenta y cinco dólares. 3. ¿Cuánto cuestan los pantalones? Cuestan sesenta y ocho dólares con noventa y nueve centavos. 4. ¿Cuánto cuesta el reloj? Cuesta ciento ochenta dólares.

2.2-03 De compras en el mercado

1. pulsera, caro; 2. zapatos, buen precio; 3. blusa, baratos; 4. sombrero, baratos; 5. aretes, caros

2.2-04 ¿Qué dicen en el mercado?

1. Busco unos aretes rojos. 2. El traje cuesta 1.800 quetzales. 3. Busco un sombrero grande y bonito. 4. Busco los zapatos elegantes. 5. La blusa cuesta 700 quetzales.

Hablando de gramática
2.2-05 Los regalos

1. gustan; 2. gustan; 3. gustan; 4. gustan; 5. gusta; 6. gustan; 7. gustan; 8. gustan; 9. gusta

2.2-06 Los gustos

Possible Answers: 1. A las niñas les gustan las mochilas pequeñas. / Les gustan las mochilas pequeñas. 2. A los niños les gusta la ropa azul. / Les gusta la ropa azul. 3. A mi padre le gustan los relojes caros. / Le gustan los relojes caros. 4. A mi mejor amigo le gustan las

universidades grandes. / Le gustan las universidades grandes. 5. A mí me gusta la ropa de materiales naturales. / Me gusta la ropa de algodón. 6. A mi madre le gustan las artesanías. / Le gustan las artesanías.

2.2-07 Los planes lógicos e ilógicos

1. Ilógico, esperar / tomar; 2. Ilógico, tomar / empezar; 3. Ilógico, trabajar / lavar los platos / llegar a tiempo / cocinar; 4. Lógico; 5. Lógico

2.2-08 Los planes personales

Possible Answers: 1. Voy a llegar a mi casa a las…; 2. Sí, mi madre va a estar contenta. 3. Vamos a…; 4. Voy a viajar a otro país en….Voy a…; 5. Voy a regresar a Guatemala en…

2.2-09 En el mercado del domingo

1. a; 2. b; 3. c; 4. c

2.2-10 ¿A quién le gusta?

1. me gustan los trajes; 2. nos gustan las blusas; 3. le gustan las pulseras; 4. nos gustan los pantalones; 5. me gustan los vestidos

2.2-11 ¡Vamos a explorar Antigua!

1. c; 2. b; 3. c; 4. a; 5. b

2.2-12 ¿Qué van a comprar?

1. voy a comprar pulseras; 2. va a comprar trajes; 3. vamos a comprar sombreros; 4. van a comprar cinturones; 5. vamos a comprar pantalones;

¿Cómo es…?

1.b; 2. b; 3. c; 4. a; 5. b

Entérate
1. Deportes: El fútbol en México

Possible Answers: 1. mil novecientos cuarenta y tres; 2. dos meses; 3. Son fanáticos. Son dedicados a su equipo favorito. 4. Pumas

2. Religión: La religión en Guatemala

Possible Answers: 1. catolicismo, protestantismo evangélico, religiones mayas, cristianismo ortodoxo y el mormonismo; 2. 50–60%; 3. 40%; 4. Con la presencia de misioneros protestantes en Guatemala y la traducción de la Biblia a idiomas mayas, en las décadas recientes más y más personas practican el protestantismo evangélico.

3. Historia: Los mayas

Possible Answers: 1. mil ciento cincuenta años;
2. Es avanzado porque representa el lenguaje hablado.
3. Inventan el concepto del "cero". 4. veintinueve

4. Tecnología: La persona más rica del mundo

Possible Answers: 1. Estudia en la UNAM. 2. Estudia ingeniería. 3. Controla Telmex y América Móvil. 4. mil novecientos noventa y cinco

5. Arte: Frida Kahlo

Possible Answers: 1. medicina; 2. Decide pintar después de su accidente. 3. Frida Kahlo tiene el pelo negro y los ojos oscuros. 4. en la Casa Azul / en el museo Frida Kahlo

En tus propias palabras

Answers may vary.

Así es la vida

In Spanish: cuatro, seis, ocho, dieciséis; In English: four, six, eight, sixteen

CAPÍTULO 3: LA VIDA DOMÉSTICA

Presentación personal

1. b; 2. a; 3. San José; 4. El mar Caribe y el océano Pacífico

SECCIÓN 1: En familia

Palabra por palabra
3.1-01 Los familiares

1. c; 2. f; 3. e; 4. a; 5. d; 6. b

3.1-02 Las relaciones

1. b; 2. c; 3. a

3.1-03 La familia de Eric

1. parientes / familiares; 2. esposa; 3. hijos;
4. gemelos / hermanos; 5. hermanas; 6. padres;
7. nietos; 8. abuelos; 9. bisnietos; 10. cuñado

3.1-04 Los suegros de Eric

1. c; 2. c; 3. b; 4. c; 5. b

3.1-05 Una reunión familiar

1. es tu hijo; 2. es tu sobrina; 3. son tus cuñados;
4. es tu tía; 5. es tu suegro.

Hablando de gramática I & II
3.1-06 Una nota para Marc

1. quiero; 2. Pienso; 3. sirven; 4. empiezan;
5. pueden; 6. prefiero; 7. volvemos; 8. Entiendes

3.1-07 La cita a ciegas

1. Sales; 2. salgo; 3. oyes; 4. prefiero; 5. Quieres;
6. cuesta

3.1-08 El estudiante internacional

Possible Answers: 1. pienso mucho en mi familia;
2. mi familia quiere visitarme; 3. mis padres no vienen a Estados Unidos este semestre; 4. mis hermanos y yo podemos hablar en Skype todos los días; 5. vuelvo a Panamá este verano

3.1-09 Las vacaciones de verano

1. mi; 2. tus; 3. Mi; 4. tus; 5. tus; 6. tu

3.1-10 El álbum familiar

1. tus; 2. tu; 3. su; 4. tu; 5. mis; 6. tus; 7. mi; 8. tu;
9. nuestra

3.1-11 ¿Cómo se sienten?

1. c; 2. a; 3. f; 4. d; 5. e; 6. b

3.1-12 Algunas situaciones

1. tengo razón; 2. tiene 10 años; 3. tienen frío;
4. tenemos sueño; 5. tienes hambre

3.1-13 ¡Qué sobrinos traviesos!

1. b; 2. b; 3. c; 4. a; 5. c

3.1-14 Mi teléfono no funciona

1. b; 2. a; 3. b; 4. c; 5. c

SECCIÓN 2: En casa

Palabra por palabra
3.2-01 El plano de la casa

Possible Answers: 1. el cuadro, la estufa, el fregadero, el horno, el lavaplatos, el microondas, la mesa; 2. el cuadro, los estantes, la mesa; 3. la cama, el cuadro, el espejo, los estantes, la mesita de noche, la cómoda; 4. el cuadro, los estantes, el sillón, el sofá; 5. el cuadro, la ducha, el espejo, el inodoro, el lavabo, el papel higiénico, la tina, el bidet

3.2-02 ¿Qué hay en los cuartos?

Possible Answers: 1. la sala: una televisión/un televisor, un sofá, una mesita, unos cuadros, una alfombra, unas cortinas, una lámpara, un aire acondicionado; 2. el dormitorio: una cama, una cómoda, un espejo, un armario, un escritorio, una computadora, una mesita de noche; 3. el baño: un lavabo, un lavamanos, un inodoro, una ducha, una tina, una bañera, un bidet, un rollo de papel higiénico.

3.2-03 Los precios de las casas en Panamá

1. 158.700; 2. 175.300; 3. 539.400; 4. 685.700; 5. 341.900; 6. 1.665.100

3.2-04 Las viviendas en Costa Rica

1. ciento cincuenta mil; 2. cuatrocientos mil; 3. doscientos veinticinco mil; 4. trescientos treinta y nueve mil; 5. dos millones quinientos mil

3.2-05 La casa ideal de Lisa y Alejandra

1. b; 2. c; 3. b; 4. b; 5. c; 6. a

3.2-06 Los precios de liquidación

1. estufas, 870.000 – 525.000; 2. camas, 225.000 – 110.000; 3. televisiones, 435.000 – 345.000; 4. sofás, 1.100.000 – 800.000; 5. computadoras, 1.200.000 – 950.000

Hablando de gramática I & II
3.2-07 Las casas diferentes de Panamá

1. baratísima; 2. carísima; 3. tan; 4. menos; 5. más; 6. menos

3.2-08 Amigas distintas

1. menos; 2. que; 3. más; 4. de; 5. más; 6. de; 7. menos; 8. que; 9. tan; 10. como; 11. tantas; 12. como

3.2-09 Comparando a las amigas

Possible Answers: 1. Lisa es menor que Alejandra. / Alejandra es mayor que Lisa. 2. Alejandra es más estudiosa que Lisa. / Lisa es menos estudiosa que Alejandra. 3. Lisa juega al fútbol más que Alejandra. / Alejandra juega al fútbol menos que Lisa. / Lisa juega al fútbol mejor que Alejandra. / Alejandra juega al fútbol peor que Lisa. 4. Alejandra es más delgada que Lisa. 5. Lisa tiene tantos amigos como Alejandra. / Alejandra tiene tantos amigos como Lisa.

3.2-10 En el Casco Viejo

1. estás; 2. Estoy; 3. hay; 4. Hay; 5. Hay; 6. Está; 7. están; 8. estamos

3.2-11 La casa típica

1. El papel higiénico está en el baño. 2. Las flores están en el jardín. 3. El lavaplatos está en la cocina. 4. La piscina está en el patio. 5. La mesa está en el comedor. 6. Las mesitas de noche están en el dormitorio.

3.2-12 Comparando precios

1. b; 2. b; 3. b; 4. c

3.2-13 La mudanza

1. a; 2. b; 3. a; 4. b; 5. b

¿Cómo es…?

1. C 2. F, refleja una mezcla de culturas como la europea, la africana y la indígena. 3. C 4. F, Un sonido importante del tamborito es el de la percusión. 5. C

Entérate
1. Pasatiempos: Las molas

Possible Answers: 1. Viven en Panamá y Colombia. 2. No; 3. las blusas; 4. la vida diaria, las flores, los animales marinos, los pájaros, la mitología, la creación del mundo; 5. Llevan las molas para eventos especiales y para el uso diario.

2. Religión: Las religiones en Costa Rica

Possible Answers: 1. F, La mayoría de los costarricenses es católica practicante. 2. C; 3. F, el 11.3% de la población en Costa Rica es atea y agnóstica. 4. C; 5. F, En Costa Rica la gente practica muchas religiones.

3. Historia: El Canal de Panamá

Possible Answers: 1. El Canal de Panamá es una vía de navegación vital para el comercio internacional. 2. trescientos setenta y cinco millones de dólares; 3. Estados Unidos; 4. mil novecientos noventa y nueve; 5. cincuenta y cuatro mil dólares

4. Ciencia: La biodiversidad de Costa Rica

Possible Answers: 1. F, Costa Rica es un país muy pequeño con mucha biodiversidad. 2. C; 3. F, Hay 227 especies de mamíferos en Costa Rica. 4. C; 5. C

5. Cultura popular: Rubén Blades

Possible Answers: 1. Rubén Blades nace en la (ciudad de Panamá) ciudad de Panamá, Panamá. 2. por su música; 3. Sus padres se llaman Rubén Blades Bosques y Anoland Bellido de Luna. 4. Es americano / estadounidense. 5. Tienen 5 hijos.

En tus propias palabras

Answers may vary.

Así es la vida

1. están; 2. está; 3. piensa; 4. puedes; 5. Puedo; 6. puedes; 7. está

CAPÍTULO 4: EL TRABAJO Y LA CIUDAD

Presentación personal

1. a; 2. c; 3. b

SECCIÓN 1: ¡A trabajar!

Palabra por palabra

4.1-01 ¿Cuál es su profesión?

1. c; 2. b; 3. c; 4. b; 5. a

4.1-02 ¡Necesitamos un/una...!

1. cocinero, cocinera; 2. piloto 3. dentista; 4. mecánico, mecánica; 5. niñero, niñera; 6. secretario, secretaria

4.1-03 Los documentos de trabajo

1. b; 2. b; 3. a; 4. c; 5. b

4.1-04 Los planes profesionales

Possible Answers: 1. C; 2. F, Gabriel no piensa estudiar para ser médico / Gabriel piensa estudiar para ser profesor. 3. F, El sueldo de un médico es (muy) alto. 4. F, Para ser artista debes tener mucho talento y ser guapo. 5. C

Hablando de gramática I & II

4.1-05 En la empresa

1. debo; 2. tengo que; 3. hay que; 4. debes; 5. tienes que; 6. deben; 7. debes / hay que

4.1-06 En la entrevista

1. Yo debo preguntar sobre el sueldo. / Yo tengo que preguntar sobre el sueldo. 2. Para obtener el puesto hay que tener buenas cartas de recomendación. 3. Los jefes tienen que entrevistar a muchas personas hoy. / Los jefes deben entrevistar a muchas personas hoy. 4. La recepcionista debe llamarme pronto. / La recepcionista tiene que llamarme pronto. 5. Para ser buen candidato hay que ser amable durante la entrevista. 6. Yo tengo que demostrar que voy a trabajar de sol a sol. / Yo debo demostrar que voy a trabajar de sol a sol.

4.1-07 La rutina de Gabriel

1. a; 2. a; 3. a; 4. b; 5. a; 6. b; 7. b

4.1-08 El compañero de cuarto de Gabriel

1. me llamo; 2. despierta; 3. se ducha; 4. se viste; 5. me enojo; 6. bañarme; 7. siento; 8. me lavo; 9. me cepillo; 10. me peino; 11. se sienta; 12. bañamos; 13. nos divertimos

4.1-09 Preguntas para la profesora Karina

Possible Answers: 1. ¿Cuál es su profesión? 2. ¿Dónde enseña Ud.? / ¿Dónde enseña usted? 3. ¿Qué clases enseña Ud.? / ¿Qué clases enseña usted? 4. ¿Quiénes se divierten en sus clases? 5. ¿Se duermen los estudiantes en clase? ¿Por qué se duerme un estudiante en clase? 6. ¿Cuándo se enoja Ud. con los estudiantes? / ¿Cuándo se enoja usted con los estudiantes? / ¿Se enoja Ud. con los estudiantes? / ¿Se enoja usted con los estudiantes?

4.1-10 Mi nuevo trabajo

1. a; 2. c; 3. c; 4. a; 5. b

4.1-11 ¿Qué hay que hacer?

1. La recepcionista, tiene que ser paciente. / La recepcionista, tiene que hablar por teléfono. / La recepcionista, tiene que atender al jefe. 2. La mujer policía, tiene que ser muy valiente. / La mujer policía, tiene que tener mucho cuidado. / La mujer policía, tiene que prevenir la violencia. 3. El peluquero, tiene que cortar el pelo. / El peluquero, tiene que pintar el pelo. 4. El enfermero, tiene que ser muy cuidadoso. / El enfermero, tiene que atender a los pacientes. / El enfermero, no tiene que estudiar tanto como un médico.

SECCIÓN 2: La ciudad

Palabra por palabra

4.2-01 En la ciudad

1. en frente del; 2. cerca de; 3. a la derecha de; 4. al final de; 5. entre

4.2-02 Un crucigrama: ¿Qué hay en la ciudad?

```
      ¹F   ²T
    ³A V E N I D A              ⁴B
      R    A                 ⁵B A R R I O
      M    T                   N
  ⁶A   A    R                  ⁷C A R R I L
  ⁸E S T A C I O N A ⁹M I E N T O
      R    I                U
 ¹⁰D I S C O T E C A         S
      P              ¹¹C I N E
     ¹²C U A D R A           D
      E
    ¹³C O R R E O S
      T
   ¹⁴H O S P I T A L
```

4.2-03 En el centro de Managua

1. al este de la Cancillería de Nicaragua; 2. al norte del Antiguo Edificio de la Presidencia / cerca del Antiguo Edificio de la Presidencia; 3. al final de la Avenida Simón Bolívar / al este de la Avenida Simón Bolívar / al lado de la Avenida Simón Bolívar / cerca de la Avenida Simón Bolívar; 4. entre la Calle 15 de Septiembre y la 2a Calle N.E. / entre la 2a Calle N.E. y la Calle 15 de Septiembre; 5. está lejos de la 3a Avenida S.O. / está al norte de la 3a Avenida S.O.

4.2-04 ¿Qué hacemos?

1. e; 2. f; 3. b; 4. d; 5. a; 6. c

4.2-05 ¿Qué tiempo hace?

1. Hace sol / Hace buen tiempo / Hace calor, caminar en el parque / tomar mucha agua; 2. Hay tormenta / Hace mal tiempo / Llueve / Llueve mucho, salir de casa / caminar en el parque; 3. Hace frío / Hace mucho frío, estar en mi cama / ponerme una chaqueta y guantes / tomar chocolate caliente; 4. Hace viento / Hace mucho viento, perder mi sombrero; 5. Nieva, jugar con la nieve / esquiar / tomar chocolate caliente / ponerme una chaqueta y guantes

4.2-06 La ruta a mi casa

1. c; 2. b; 3. a; 4. a; 5. c

4.2-07 En la ciudad de Managua

1. el Museo de la Revolución; 2. el cine; 3. la oficina de correos; 4. el banco

Hablando de gramática I & II
4.2-08 Nicaragua, en breve

1. razón o motivo; 2. origen; 3. intención o destinatario; 4. movimiento a través de; 5. expresión; 6. propósito; 7. movimiento a través de; 8. movimiento hacia; 9. movimiento a través de; 10. modo de transporte; 11. modo de transporte; 12. movimiento hacia; 13. movimiento hacia; 14. modo de transporte; 15. origen; 16. expresión; 17. duración; 18. propósito; 19. razón o motivo; 20. intención o destinatario; 21. duración; 22. propósito; 23. propósito; 24. duración; 25. propósito

4.2-09 ¡Similar pero diferente!

1. Por; 2. para; 3. para; 4. por; 5. en; 6. en; 7. por; 8. en; 9. a; 10. en; 11. De; 12. a; 13. por; 14. por; 15. Para; 16. por; 17. por; 18. Para; 19. por

4.2-10 En la parada de autobuses

1. Beatriz; 2. Quique; 3. Amalia; 4. Juan y José; 5. Carlos; 6. Norma; 7. Delia; 8. Armando; 9. Eduardo

4.2-11 Una visita de sus padres

1. están mirando por la ventana; 2. está escribiendo un mensaje de texto / está esperando en el carro; 3. están esperando en el aeropuerto; 4. está preguntando dónde hay wifi; 5. está leyendo el periódico en su carro; 6. está esperando en el carro; 7. están saliendo

4.2-12 ¡Desde Managua!

1. estoy; 2. estoy; 3. Es; 4. es; 5. es; 6. es; 7. estoy; 8. Estoy; 9. es; 10. Es; 11. son

4.2-13 Desde la Florida

1. Estás; 2. estoy; 3. estoy; 4. estar; 5. está; 6. Es; 7. estar; 8. está; 9. Está; 10. son; 11. soy; 12. es; 13. es; 14. Es; 15. son

4.2-14 El viaje en autobús

Possible Answers: 1. F, En Managua no es posible caminar a todos los lugares. 2. F, Alexis toma el autobús para ir a la universidad. 3. F, El autobús va del norte al sureste. 4. C; 5. F, El autobús va por la calle Dos.

4.2-15 La visita de mis padres a Managua

1. Mis padres están descansando en casa.
2. Mis padres están visitando la Catedral de Santiago.
3. Mi madre está caminando por la universidad.
4. Mis padres están caminando al cine para ver una película.
5. Mi madre está practicando yoga en el Parque Nacional.

¿Cómo es…?

1. c; 2. a; 3. b; 4. a; 5. c

Entérate
1. Deportes: El cuadribol

Possible Answers: 1. Es de Honduras. 2. el alcalde de El Progreso; 3. Hay ocho. 4. El diestro es un jugador que puede usar las manos. 5. Están viajando a otros países y poniendo videos en YouTube.

2. Sociedad: El sistema educativo en Nicaragua

Possible Answers: 1. b; 2. No cuesta nada. / Es gratuita. 3. d; 4. c; 5. b

3. Historia: El plátano en América Central

Possible Answers: 1. F, El plátano es originario de la India. 2. C; 3. C; 4. F, En 1899 la *United Fruit Company* es la compañía bananera más grande del mundo. 5. F, El plátano es la tercera fruta más consumida del mundo.

4. Ciencia: El clima en El Salvador, Honduras y Nicaragua

Possible Answers: 1. La temperatura máxima típica es 31 °C y la temperatura mínima típica es 15 °C. 2. La lluviosa es de mayo a noviembre, pero hay una pausa en el mes de agosto. 3. Hay 3 zonas climáticas en Nicaragua. 4. Está entre los lagos Nicaragua y Managua y el océano Pacífico. 5. Hay mucha humedad.

5. Cultura popular: Pescozada

Possible Answers: 1. Se llaman Luis Escobar y Cesar Díaz Alvarenga. 2. Son de Chalatenango, El Salvador. 3. Sale en Internet. 4. No se escucha mucho hip hop en la radio. 5. Lanza tres.

En tus propias palabras

Answers may vary.

Así es la vida

1. profesor de arte; 2. cartero; 3. secretaria

CAPÍTULO 5: LA VIDA SOCIAL

Presentación personal

Possible Answers: 1. boricua; 2. en el mar Caribe / Está en el mar Caribe. 3. de Estados Unidos / de EE. UU. 4. Es una isla, tiene playas.

SECCIÓN 1: Música y ¡a bailar!

Palabra por palabra

5.1-01 ¡Vámonos de fiesta!

1. b; 2. d; 3. a; 4. c

5.1-02 El reguetón

1. El cantante; 2. están pasando bien; 3. están gritando; 4. La banda; 5. está invitando

5.1-03 Las clases de baile en familia

1. b; 2. c; 3. c; 4. a; 5. b

5.1-04 Un conjunto de salsa

Possible Answers: 1. la música cubana y el jazz; 2. la trompeta y el trombón; 3. la flauta, el piano, las maracas, los timbales, el saxofón; 4. Me gusta...

Hablando de gramática I & II

5.1-05 Clases de baile

1. está bailando; 2. están viendo; 3. estoy escuchando; 4. estamos siguiendo; 5. están aprendiendo; 6. estás ayudando

5.1-06 Bailando bachata

1. te; 2. lo; 3. La; 4. Los; 5. nos; 6. Me

5.1-07 Entrevista

1. las escribo; 2. la conozco; 3. lo toco; 4. los conozco; 5. te puedo esperar / puedo esperarte

5.1-08 Buena Vista Social Club

1. conozco; 2. Sabes; 3. conoce; 4. sabemos; 5. saben; 6. sé

5.1-09 Reporteros musicales

1. conocen; 2. conozco; 3. sé; 4. conocemos; 5. sabemos; 6. conocen; 7. conoce; 8. sabe; 9. saben; 10. saber

5.1-10 Preguntas y más preguntas

1. Qué; 2. Dónde; 3. Con quién; 4. cuándo; 5. cómo; 6. cuál; 7. Quién

5.1-11 La práctica de la banda

1. a; 2. b; 3. c; 4. c; 5. a

5.1-12 El concierto de Calle 13

1. Tom las tiene. / Las tiene Tom. 2. Tatiana la va a comprar. / Tatiana va a comprarla. / Va a comprarla Tatiana. 3. Tatiana las va a sacar. / Las va a sacar Tatiana. / Va a sacarlas Tatiana. 4. Nina la organiza. / La organiza Nina. 5. Nina los va a traer. / Los va a traer Nina. / Nina va a traerlos.

SECCIÓN 2: Celebraciones

Palabra por palabra

5.2-01 Celebraciones

1. b; 2. a; 3. b; 4. a; 5. c

5.2-02 Una boda

1. Las damas planean la despedida de soltera.
2. Los caballeros planean la despedida de soltero.
3. La novia tira el ramo. 4. El cura dirige la ceremonia
en la iglesia. 5. El padrino hace el brindis. 6. Los
invitados llevan los regalos y les dicen "¡Felicidades!" a
los novios. 7. Los novios participan en la luna de miel.

5.2-03 ¡Todo está planeado!

1. el cumpleaños; 2. la boda; 3. la Navidad; 4. la
Nochebuena / la Navidad; 5. la Nochevieja; 6. el bautizo

5.2-04 ¿Qué está pasando?

1. Están celebrando un cumpleaños. 2. Están
brindando. 3. Están celebrando una boda. 4. Están
celebrando el día de los Reyes Magos. 5. Están
celebrando la Nochebuena.

5.2-05 ¿Quiénes son?

1. Es el juez de paz. / Es el cura. 2. Son los testigos.
3. Es la novia. 4. Es el padrino. 5. ¡Felicidades!

Hablando de gramática I & II

5.2-06 Los planes de Lucas

Possible Answers: 1. Para la Nochevieja, voy a salir a
bailar con mis amigos. 2. Para el Día de Año Nuevo,
mis hermanos y yo vamos a la casa de mis abuelos.
3. Para mi cumpleaños, mis padres me van a comprar
ropa nueva. 4. Para su quinceañero, mi hermana va a
invitar a muchos amigos a la fiesta. 5. Y tú, ¿qué vas a
hacer para la Nochebuena?

5.2-07 Benicio del Toro

1. Te; 2. te; 3. le; 4. te; 5. Nos; 6. les; 7. te; 8. Me;
9. les; 10. me / nos

5.2-08 ¿Qué haces los días festivos?

Possible Answers: 1. Sí, le regalo flores a mi novia en el
Día de Año Nuevo. 2. Sí, les envío tarjetas de Navidad
a mis abuelos. 3. Mi padre me da los mejores regalos de
cumpleaños. 4. te voy a regalar / voy a regalarte; 5. No, mis
padres no me preparan una cena elaborada en Nochevieja.

5.2-09 ¡Un bautizo desordenado!

1. a; 2. c; 3. b; 4. g; 5. f; 6. e; 7. d; 8. k; 9. i; 10. j; 11. h

5.2-10 Los Reyes Magos

1. le dice / le responde; 2. le pregunta; 3. les dan;
4. le pregunta, le responde; 5. decirte / responderte /
contarte; 6. traerle / regalarle / darle

5.2-11 Una boda perfecta

1. le; 2. gustan; 3. me; 4. gustan; 5. les; 6. gustan; 7. les;
8. gusta; 9. nos; 10. gusta; 11. te; 12. gustan

5.2-12 La luna de miel

1. encanta; 2. desagrada; 3. cae; 4. parecen; 5. molestan;
6. molestan; 7. parece; 8. aburren; 9. importan;
10. fascina; 11. parece

5.2-13 ¿Una niña típica?

1. te; 2. molestan / desagradan; 3. me; 4. encanta /
fascina; 5. me; 6. desagrada / molesta / aburre; 7. me;
8. fascinan / encantan; 9. les; 10. desagradan / aburren;
11. les; 12. importa; 13. me; 14. importa; 15. nos;
16. cae; 17. nos / me; 18. cae; 19. Te / Le; 20. parece

5.2-14 Los padrinos de la boda

1. b; 2. b; 3. c; 4. c; 5. c; 6. c

5.2-15 Los regalos

1. le regala una guitarra; 2. le regala un reloj azul;
3. les regala unos boletos / les regala unos boletos para
un concierto / les regala unos boletos para el concierto /
les regala unos boletos para el concierto de Juan Luis
Guerra; 4. les regala un ramo de flores / les regala un
ramo de flores; 5. te regalo una sorpresa

¿Cómo es...?

Possible Answers: 1. C; 2. F El Día de San Juan se
celebra en la playa. 3. F, El Día de San Juan es el 24 de
junio. 4. C; 5. C

Entérate

1. Deportes: El béisbol y los países caribeños

Possible Answers: 1. Lo empiezan a jugar en 1860.
2. Lo traen los marineros y los estudiantes cubanos.
3. Es importante porque rompe la barrera racial.
4. Juan Marichal, los hermanos Alou, Robinson
Canó, Albert Pujols, David Ortiz y Hanley Ramírez;
5. por la situación política entre Estados
Unidos y Cuba

2. Religión: El catolicismo en Cuba

Possible Answers: 1. Cierra las iglesias y expulsa
a los líderes religiosos. 2. Las celebran en un juzgado.
3. Muchas personas empiezan a celebrar los días
religiosos, como la Navidad y el Día de los Reyes
Magos. 4. Hay un poco más de libertad religiosa.
5. una estatua del papa Juan Pablo II

3. Política: Las relaciones entre Cuba, la República Dominicana y Puerto Rico

Possible Answers: 1. el idioma, el pasado colonial, el contexto histórico, los taínos, el clima; 2. los taínos; 3. el acento; 4. a; 5. Los puertorriqueños dicen que los inmigrantes les quitan sus trabajos.

4. Ciencia: El observatorio en Arecibo, Puerto Rico

Possible Answers: 1. Es el radiotelescopio más poderoso del mundo. 2. doscientos; 3. científicos y estudiantes de maestría y doctorado; 4. Científicos, ingenieros, técnicos y expertos en computadoras trabajan en el observatorio. 5. Reciben señales de nuestra atmósfera y de otros planetas.

5. Cultura popular: El reguetón, una fusión de América Central con el Caribe

Possible Answers: 1. C; 2. C; 3. F, El primer reguetonero famoso es un cantante panameño. 4. F, Los inmigrantes de Jamaica empiezan a cantar raggae en Panamá. 5. F, El reguetón es popular internacionalmente.

En tus propias palabras

Answers may vary.

Así es la vida

Answers may vary.

CAPÍTULO 6: UN VIAJE AL PASADO

Presentación personal

1. b; 2. a; 3. c

SECCIÓN 1: Lecciones de historia

Palabra por palabra
6.1-01 Conceptos opuestos

1. f; 2. a; 3. e; 4. c; 5. d; 6. b

6.1-02 Cristóbal Colón y el Nuevo Mundo

1. conquista; 2. reina; 3. viaje; 4. barco; 5. explora; 6. líder; 7. conquistan; 8. fundan

6.1-03 ¿Buena memoria?

1. c; 2. b; 3. g; 4. j; 5. a; 6. f; 7. h; 8. d; 9. e; 10. i

6.1-04 Los Reyes Católicos

1. Segundo; 2. Cuarto; 3. Primera; 4. Sexto; 5. Octavo

6.1-05 La reina Isabel

1. a; 2. c; 3. b; 4. a; 5. a

6.1-06 La historia de los Reyes Católicos

Possible Answers: 1. La historia no es muy común porque Isabel tiene pocas posibilidades de ser reina. 2. La época es de luchas por el poder, invasiones, muchos enemigos y pocos aliados. 3. Juana es la sobrina de Isabel. / Juana es la hija de Enrique IV. 4. Isabel y Fernando conquistan Granada, el último reino árabe en España.

Hablando de gramática I & II
6.1-07 El viaje de Cristóbal Colón

1. recibió; 2. Salió; 3. llegaron; 4. llamaron; 5. descubrió; 6. exploraron; 7. fundó; 8. gobernó; 9. aprendí; 10. estudiaste

6.1-08 ¡A estudiar para el examen final!

1. fundaron; 2. conquistaron; 3. ocurrió; 4. salió; 5. llegó; 6. aprendimos; 7. busqué; 8. llamaron; 9. terminaste; 10. estudié

6.1-09 Algunos hechos históricos

1. ser; 2. ir; 3. ir; 4. ir; 5. ser; 6. ser

6.1-10 Su tiempo en España

1. fui; 2. fue; 3. fuimos; 4. fueron; 5. fui; 6. Fue; 7. fuiste

6.1-11 De visita en Alicante

1. ¿Cuánto tiempo hace que viajaste a Alicante? 2. Hace cuatro años que viajé a Alicante. / Viajé a Alicante hace cuatro años. 3. ¿Cuánto tiempo hace que hablamos por Skype? 4. Hace unos meses que hablamos por Skype. / Hablamos por Skype hace unos meses. 5. ¿Cuánto tiempo hace que fuiste a El Desembarco? 6. Hace muchos años que fui al festival. / Fui al festival hace muchos años.

6.1-12 Julia y sus amigos

Answers may vary: 1. Hace ___ años que ocurrió el desembarco oficial de los moros. / El desembarco oficial de los moros ocurrió hace ___ años. 2. Hace ___ años que la imagen de la Santa lloró. / La imagen de la Santa lloró hace ___ años. 3. Hace ___ que el gobierno de España declaró El Desembarco una fiesta de interés turístico. / El gobierno de España declaró El Desembarco una fiesta de interés turístico hace ___ años. 4. Hace ___ años que nosotros empezamos a comer paella durante la fiesta. / Nosotros empezamos a comer paella durante la fiesta hace ___ años. 5. Hace ___ años que aprendí sobre el festival. / Aprendí sobre el festival hace ___ años.

6.1-13 El Desembarco

1. Lo; 2. los; 3. los; 4. la; 5. Lo; 6. Las

6.1-14 La guerra Hispano-Estadounidense

1. c; 2. b; 3. c; 4. a; 5. c

6.1-15 Una noche para recordar

1. Una experiencia única para Julia fue la noche del festival de El Desembarco. / Una experiencia única para Julia fue el festival de El Desembarco. 2. La madre de Lola preparó la paella. / La madre de Lola la preparó. / Su madre preparó la paella. / Su madre la preparó. 3. Los moros usaron barcos y espadas. / Usaron barcos y espadas. 4. Hace diecisiete años que Lola vio el festival por primera vez. / Hace diecisiete años que Lola vio el festival. / Hace diecisiete años. / Hace diecisiete años que lo vio. 5. Hace diez años que Julia visitó Alicante. / Hace diez años.

SECCIÓN 2: Arte de ayer y de hoy

Palabra por palabra

6.2-01 La arquitectura variada de España

1. a; 2. d; 3. b; 4. c

6.2-02 Historia y arte de España

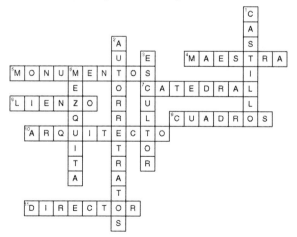

6.2-03 Los colores de Dalí

1. azul claro; 2. color café; 3. rojo; 4. azul marino; 5. dorada; 6. color vino; 7. turquesa; 8. anaranjada

6.2-04 Obras destacadas de Dalí

Possible Answers: 1. negro, gris, color vino, rosado, blanco, azul, azul marino, anaranjado, marrón, color café, violeta; 2. dorado, azul, plateado, amarillo, gris; 3. dorado, rojo, rosado; 4. azul, azul claro, dorado, plateado, blanco, azul, rojo; 5. azul marino, rosado, blanco, dorado, marrón, rojo; 6. azul, azul claro, azul marino, negro, amarillo, rojo

6.2-05 El arte de Barcelona

1. c; 2. a; 3. c; 4. a; 5. b

6.2-06 Las entrevistas

Possible Answers: 1. El arquitecto diseña iglesias y monumentos. 2. El actor participa en teatro, televisión y películas. 3. El escultor esculpe esculturas. 4. El pintor pinta paisajes y autorretratos.

Hablando de gramática I & II

6.2-07 Un viaje a Barcelona

1. estuvieron; 2. consiguieron; 3. eligieron; 4. hicieron; 5. dormimos; 6. compitió; 7. fuimos; 8. preferimos; 9. Trajiste; 10. traje; 11. trajeron; 12. oyeron; 13. repitió; 14. trajimos; 15. vino; 16. pudimos; 17. vestimos; 18. tradujo; 19. fue; 20. dio; 21. Pedimos; 22. sirvió; 23. dio; 24. sentimos; 25. seguimos; 26. quisimos

6.2-08 ¡Es fácil perderse en Barcelona!

1. tuvimos; 2. se divirtieron; 3. nos divertimos; 4. Fue / Tuvimos; 5. dormimos; 6. durmió; 7. estuvimos / nos divertimos; 8. eligió / prefirió; 9. tuve; 10. tuve; 11. hicieron / dieron; 12. pudieron; 13. construyó / hizo; 14. Pudimos / fuimos; 15. quisimos; 16. seguimos; 17. dio / sugirió; 18. nos perdimos; 19. sugirió; 20. dije

6.2-09 Dos grandes ciudades

1. Mi; 2. su; 3. sus; 4. tu; 5. tus; 6. nuestra; 7. su; 8. mis; 9. su; 10. sus

6.2-10 La vista desde el Parque Güell

1. este; 2. estos; 3. esa; 4. Esa; 5. aquella; 6. Aquellos; 7. Aquella; 8. esta

6.2-11 De compras en La Boquería

1. Aquellos; 2. este; 3. Estos; 4. Esos; 5. ese; 6. esos; 7. esas; 8. aquel; 9. este

6.2-12 De vuelta en Granada

1. ¿Comiste bien en las dos ciudades? ¿Le mandaste un correo electrónico a tu mamá en Estados Unidos para decirle adónde fuiste? ¿Entendiste el catalán? ¿Pudiste entrar a la Sagrada Familia? 2. ¿Qué hicisteis en Madrid y en Barcelona? ¿Visitasteis el Museo Nacional Centro de Arte Reina Sofía en Madrid? ¿Visteis el partido de fútbol entre Real Madrid y Osasuna? ¿Por cuántos días estuvisteis en cada ciudad? ¿Paseasteis por las Ramblas?¿Os gustó más Barcelona o Madrid?

6.2-13 De tapeo en la Plaza Real

1. c; 2. b; 3. a; 4. c; 5. b

6.2-14 Los museos de Madrid

1. Amanda vio muchos artistas de cada época del arte. / Vio muchos artistas. 2. Amanda no pudo ver las obras de Dalí. 3. Amanda vio obras de Picasso en el Reina Sofía. / Vio obras de Picasso en el Reina Sofía. 4. Amanda prefirió ver obras de retratos. / Amanda prefirió ver retratos. / Amanda prefirió ver obras de Velázquez. 5. Amanda no entendió el cubismo muy bien. / Amanda no entendió las obras cubistas muy bien.

¿Cómo es...?

1. a; 2. b; 3. c; 4. c; 5. c

Entérate

1. Pasatiempos: Las corridas de toros

Possible Answers: 1. Al veintiséis por ciento de la población no le interesan las corridas de toros. Algunos piensan que es un espectáculo cruel. 2. los romanos y los musulmanes árabes; 3. seis; 4. Cataluña; 5. Pienso que la lectura lo dice porque algunas personas piensan que es un espectáculo cruel.

2. Sociedad: Los *castells* de Cataluña

Possible Answers: 1. La practican en Cataluña. 2. la base; 3. niños; 4. los hombros; 5. En noviembre de 2010 la UNESCO declaró los *castells* "Patrimonio Cultural Inmaterial de la Humanidad".

3. Historia: El País Vasco

Possible Answers: 1. F, El *euskera* es el idioma de los vascos. 2. C; 3. F, Los romanos no pudieron dominar a los vascos, y la cultura y el idioma se mantuvieron intactos. 4. F, Los vascos formaron el Reino de Navarra para unirse contra los francos y los musulmanes árabes. 5. C

4. Ciencia: El Parque de las Ciencias en Granada

Possible Answers: 1. C; 2. F, El Parque de las Ciencias es un museo. 3. F, En el Edificio Péndulo de Foucault hay tres salas importantes. 4. C; 5. F, En general, el museo está cerrado los lunes, excepto cuando es un día feriado.

5. Arte: Diego Velázquez

Possible Answers: 1. Lo bautizaron con el nombre de Diego Rodríguez de Silva y Velázquez. 2. Velázquez estudió con dos maestros. 3. Velázquez se mudó a Madrid para ser pintor del rey Felipe IV. 4. La obra maestra de Velázquez se llama *Las Meninas*. 5. Velázquez murió el 6 de agosto de 1660 en Madrid.

En tus propias palabras

Answers may vary.

Así es la vida

1. murieron; 2. fueron; 3. vieron; 4. preguntaron; 5. dijo; 6. dijo; 7. dijo; 8. c

CAPÍTULO 7: LOS RESTAURANTES Y LAS COMIDAS

Presentación personal

1. b; 2. b; 3. a; 4. c

SECCIÓN 1: ¿Qué comemos?

Palabra por palabra

7.1-01 En el supermercado

1. c; 2. a; 3. a; 4. b; 5. c; 6. c; 7. c; 8. b; 9. a; 10. b

7.1-02 ¡A adivinar!

1. el huevo / los huevos; 2. el pavo; 3. la langosta; 4. el café; 5. el tocino / el chorizo; 6. la manzana / las manzanas; 7. el tomate / los tomates

7.1-03 La cena para mi familia argentina

1. a; 2. b; 3. c; 4. b; 5. b

7.1-04 La lista de compras

1. el plátano / la banana; 2. la sandía; 3. la piña / el ananá; 4. los chorizos; 5. el salmón; 6. el pan; 7. el queso

Hablando de gramática I & II
7.1-05 Una descripción del almuerzo argentino

1. almorzamos; 2. prefiere / quiere; 3. pido / quiero / prefiero; 4. quieren / piden / prefieren; 5. sirve; 6. meriendas; 7. puedo; 8. Piensas / Quieres / Puedes; 9. podemos

7.1-06 El cocinero Francis Mallmann

1. tenía, tener, una descripción; 2. manejaba, manejar, una acción en progreso; 3. iba, ir, una descripción; 4. era, ser, una descripción; 5. sabía, saber, una acción en progreso; 6. estaba, estar, una descripción; 7. aprendía, aprender, una acción habitual; 8. pensaba, pensar, una acción habitual

7.1-07 Una oportunidad especial

1. trabajaba; 2. me ponía; 3. servía; 4. pedían; 5. recomendábamos; 6. mostrábamos; 7. veían; 8. estaban

7.1-08 La rutina de Laura

1. galletitas; 2. cafecito; 3. pancito; 4. arrocito; 5. juguito; 6. poquito; 7. cervecita

7.1-09 La primera vez en el supermercado

1. momentito; 2. señorita; 3. calentitas; 4. pancito / panecito; 5. vinitos

7.1-10 Qué comía de niño

1. c; 2. a; 3. c; 4. b; 5. b

7.1-11 En el supermercado en Argentina

Possible Answers: 1. Había buenas opciones porque la gente come mucha carne. 2. Las carnes tenían buen precio. 3. Laura pagaba ocho pesos por dos kilos de peras. 4. Las peras eran las más económicas. 5. En todos los supermercados había uvas.

SECCIÓN 2: A la mesa

Palabra por palabra
7.2-01 Un almuerzo en Viña del Mar

1. Desean algo de tomar; 2. Me podría traer; 3. la carta; 4. Qué trae; 5. aceite de oliva; 6. mayonesa; 7. mezclar; 8. Qué trae; 9. mostaza y pimienta; 10. Me podría traer; 11. vasos; 12. servilletas; 13. Buen provecho; 14. el helado; 15. la cuenta; 16. una buena propina

7.2-02 ¡A poner la mesa!

Possible Answers: 1. una copa y una servilleta; 2. un plato, un tenedor y una servilleta; 3. un plato hondo, una cuchara y una servilleta; 4. un vaso; 5. una taza y una cuchara; 6. un plato, un tenedor, un cuchillo y una servilleta

7.2-03 ¡A comer espaguetis en Chile!

1. b; 2. a; 3. c; 4. e; 5. f; 6. d; 7. g; 8. i; 9. h

7.2-04 Adivina, adivinador

1. hornear; 2. hervir; 3. mezclar; 4. probar; 5. tapar; 6. pelar; 7. asar; 8. agregar / añadir; 9. calentar; 10. picar / cortar; 11. fuente; 12. sartén; 13. caldero

7.2-05 ¿Cómo se come?

1. a; 2. b; 3. c; 4. a; 5. b

7.2-06 El dulce de leche

1. Antonia y Ariel deciden usar un caldero. / Deciden usar un caldero. 2. Se debe usar una fuente. 3. Se usan leche, azúcar, sal y especias. 4. Se calienta por dos horas. 5. Se usa una espátula. / Para mezclar se usa una espátula.

Hablando de gramática I & II
7.2-07 De viaje en Argentina

1. tengo hambre; 2. tienes miedo; 3. tienes mala suerte; 4. Tienes razón; 5. tienen sueño; 6. Tengo ganas de; 7. tiene frío

7.2-08 Un día en Viña del Mar

1. Coman; 2. Prueben; 3. invite; 4. pague; 5. venga; 6. Busquen; 7. Caminen; 8. Duerman; 9. Vuelvan; 10. vayan; 11. cuide; 12. ayúdelo; 13. diviértanse; 14. conozcan

7.2-09 Una noche en Santiago de Chile

1. empiecen; 2. Busquen; 3. Hagan; 4. Lleguen; 5. Pidan; 6. Prueben; 7. pregúntenle; 8. Paguen; 9. Dejen; 10. vayan; 11. diviértanse

7.2-10 La vida culinaria de Chile

1. se sirve, una gran variedad de platos de mariscos; 2. se preparan, los mariscos; 3. se preparan, deliciosos platos de carne asada; 4. se encuentran, algunas comidas; 5. se sirve, la palta; 6. se venden, ricas frutas; 7. se toma, el vino tinto; 8. se toma, el vino blanco; 9. se conocen, los vinos de Colchagua; 10. se acaba, el vino; 11. se come, impersonal

7.2-11 Los plátanos amarillos fritos

1. se compran; 2. se necesitan; 3. se pone; 4. Se agrega;
5. se pelan; 6. Se cortan; 7. se ponen; 8. Se fríen;
9. se sacan; 10. Se comen

7.2-12 De Mendoza a Buenos Aires

Possible Answers: 1. ¿Cómo te llamás? 2. ¿Cuántos años
tenés? 3. ¿Sos estudiante? 4. ¿Dónde estudiás? 5. ¿Con
quién vivís? / ¿Con quiénes vivís? 6. ¿Adónde viajás?

7.2-13 Los porteños

1. b; 2. a; 3. a; 4. c; 5. a

7.2-14 Los chilenitos

Possible Answers: 1. Los chilenitos son similares a las
galletas Oreo. 2. El ingrediente principal son galletitas
muy delgadas. 3. Primero se preparan las galletitas.
4. El merengue se prepara con azúcar y huevo. 5. No
se debe poner más dulce de leche porque los chilenitos
son bastante dulces.

¿Cómo es...?

Possible Answers: 1. F, El origen de la pizza es la
comida italiana. 2. F, La influencia de la cultura
italiana es más visible en la comida. 3. F, La milanesa
a la napolitana es un plato típico de Argentina. 4. F,
La milanesa a la napolitana se prepara con carne, pan,
salsa y queso mozarela. 5. C

Entérate

1. Pasatiempos: Una breve historia del tango argentino

Possible Answers: 1. Posiblemente viene de la palabra
latina *tanguere* y originalmente se refería a los lugares
donde los esclavos y los africanos libres bailaban.
2. Se bailaba en los barrios pobres; 3. Su música y
su cultura influyeron en la música y la cultura de
Argentina. 4. La gente de la clase alta pensaba que era
un baile y música para la gente pobre. 5. El país sufría
problemas económicos.

2. Religión: El papa Francisco

Possible Answers: 1. Jorge Mario Bergoglio;
2. por su inteligencia, su humildad y su trabajo
con los pobres y los enfermos; 3. Vivía en Flores,
Buenos Aires. 4. Creo que existe la papamanía en
Argentina porque el papa Francisco es de Argentina y
es el primer papa latinoamericano. 5. Escriben tangos,
honran al Papa con exposiciones y la ciudad organiza
un tour papal.

3. Política: Las leyes progresistas en Uruguay

Possible Answers: 1. F, La homosexualidad fue
ilegal hasta 1934. 2. C; 3. F, Las uniones civiles son
para parejas del mismo sexo o de sexo opuesto.
4. F, Hay leyes que benefician a las personas trans
específicamente. 5. C

4. Tecnología: El Partido de la Red

Possible Answers: 1. F, Hace pocos años que existe el
Partido de la Red. 2. C; 3. F, Los políticos usan las redes
sociales para promoverse. 4. F, El Partido de la Red sirve
como plataforma en que los ciudadanos pueden proveer
sus opiniones a los poderes políticos. 5. C

5. Arte: Valpo Street Art Tours

Possible Answers: 1. Valpo viene del nombre de la
ciudad de Valparaíso. 2. Valparaíso es conocida por
su arquitectura original, sus colores y también su arte
callejero. 3. Ofrecía dos tours: uno de tres horas y
otro de dos horas. 4. el segundo tour, que se llamaba
Enfoque Cerro Concepción y Cerro Alegre; 5. Ofrecían
un guía profesional.

En tus propias palabras

Answers may vary.

Así es la vida

que el papa Francisco es "Jorge de Flores"; Flores, el
barrio porteño donde nació el Papa Francisco; que
Jorge de Flores imitaba a Jesús; que Jorge de Flores
andaba con los pobres

CAPÍTULO 8: EL MUNDO DEL ENTRETENIMIENTO

Presentación personal

Possible Answers: 1. Para divertirse Sergio va a la playa,
va al cine y juega a las cartas. 2. cines, teatros, parques,
museos; 3. Bogotá, Cali, Medellín, Barranquilla

SECCIÓN 1: Los juegos y los deportes

Palabra por palabra

8.1-01 Los deportes en la Pontificia Universidad Javeriana

1. b; 2. a; 3. b; 4. c; 5. c; 6. b; 7. a; 8. a; 9. c; 10. a

8.1-02 El equipo necesario

Answers: 1. la cancha, el balón, la liga, el jugador, el equipo, el entrenador, el estadio, el campeonato, el partido, el partido de baloncesto, el deportista; 2. la pelota, el arquero, el campo de fútbol, el jugador, el equipo, el balón, el entrenador, el estadio, el campeonato, la liga, el partido de fútbol, el deportista; 3. el balón, el entrenador, el campo de rugby, el jugador, el equipo, el estadio, el campeonato, la liga, el partido de rugby, el deportista; 4. el jugador, la pelota de tenis, la cancha, el deportista, el equipo, el entrenador, el estadio, el campeonato, el partido de tenis; 5. el campeonato, la liga, el entrenador, el jugador, el equipo, el partido de hockey

8.1-03 Parejas perfectas

1. c; 2. b; 3. d; 4. f; 5. a; 6. e

8.1-04 Los juegos y las cosas que se necesitan

1. las damas; 2. los videojuegos; 3. las fichas; 4. el ajedrez; 5. los dados; 6. el bate; 7. las cartas

8.1-05 Los juegos y las actividades

1. c; 2. a; 3. a; 4. b; 5. b

8.1-06 El partido de los Vaqueros de Dallas

Possible Answers: 1. Las chicas animan a los jugadores y al público. 2. El fútbol americano es un deporte peligroso, de riesgo. 3. El entrenador lleva una radio para comunicarse con los jugadores y para darles instrucciones. 4. Los entrenadores no gritan las jugadas porque parte de la estrategia es sorprender al oponente.

Hablando de gramática I & II

8.1-07 En el mundo de deportes

1. vayan; 2. Corran; 3. Guarden; 4. levanten; 5. pierdan; 6. practiquen; 7. Jueguen; 8. hagan

8.1-08 El pasado de Sergio

1. empecé; 2. sabía; 3. quería; 4. ofrecía; 5. probé; 6. tenía; 7. tenía; 8. eran; 9. di; 10. tenía; 11. comenzó; 12. hablé; 13. dijo; 14. dio; 15. jugué; 16. estaban; 17. pidieron; 18. fue; 19. cambió; 20. era

8.1-09 La explicación de Alberto

1. pasó; 2. miraron; 3. silbaste; 4. sabía; 5. metió; 6. estuve 7. se consideraba; 8. me sentí; 9. estaba; 10. animábamos; 11. jugaban; 12. perdimos

8.1-10 Interrupciones

1. Mis amigos y yo estábamos recorriendo las montañas cuando las llantas explotaron. 2. El equipo de natación estaba nadando en la piscina cada día a las 5:30 cuando yo llegué a las 5:35. 3. Los estudiantes estaban animando al equipo de natación cuando empezó el campeonato. 4. Yo estaba hablando con el entrenador de fútbol cuando el entrenador me invitó a jugar. 5. Los otros jugadores me estaban mirando cuando yo paré muchos goles.

8.1-11 El partido de los Millonarios

1. b; 2. c; 3. a; 4. b; 5. c

8.1-12 En mi niñez

Possible Answers: 1. Los juegos favoritos de Sergio eran los juegos de mesa. 2. Rosa siempre ganaba en las damas chinas. 3. A Carlos le gustaba andar en patineta y patinar en línea. 4. Sergio y Carlos olvidaron los patines. 5. Sergio jugaba muy mal, era muy malo.

SECCIÓN 2: El cine y la televisión

Palabra por palabra

8.2-01 Los diferentes tipos de entretenimiento

Possible Answers: 1. es aburrido y actual; 2. es, emocionante y entretenida; 3. es actual; 4. es dramática, animada y graciosa; 5. son graciosos; 6. es emocionante y entretenido; 7. son graciosos, dramáticos y animados; 8. es aburrida; 9. son graciosas y animadas; 10. son emocionantes y entretenidos

8.2-02 El mundo del entretenimiento

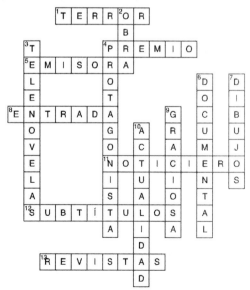

8.2-03 Los programas de televisión

1. a; 2. c; 3. b; 4. b; 5. a

8.2-04 El programa de concursos

Possible Answers: 1. A Sergio le gusta mirar un programa de concursos. 2. Hay suspenso porque los participantes tienen solo un minuto para completar una actividad. 3. La actividad se llamó Juana Banana. 4. Nelson Bustamante es el presentador del programa. 5. El juez en los concursos es el tiempo.

Hablando de gramática I & II
8.2-05 ¿Qué les parecen estas actividades?

Possible Answers: 1. A Samuel le parece aburrido el baloncesto. 2. A Marcelo y a Samuel les parecen emocionantes los deportes extremos. 3. A Samuel le parecen difíciles los deportes acuáticos. 4. A Marcelo no le parece peligroso el senderismo. 5. A Marcelo y a Samuel les parece entretenido el fútbol. 6. Me parecen divertidos los deportes extremos. 7. Nos parece aburrido el fútbol.

8.2-06 Una decisión difícil

1. algo; 2. nada; 3. algún; 4. ningún; 5. algún; 6. algunos; 7. siempre / también; 8. alguien / algún; 9. nadie / ningún; 10. nunca; 11. siempre; 12. Tampoco; 13. tampoco; 14. o; 15. o; 16. ni; 17. ni; 18. nada

8.2-07 El amigo negativo

1. no quiero hacer nada / no quiero hacer nada esta noche; 2. no hay ninguna película interesante en el cine; 3. nadie de mi familia va con nosotros / nadie de mi familia va con nosotros a la playa / nadie de mi familia va con nosotros a la playa mañana; 4. no quiero pasar el fin de semana ni en Maracaibo ni en Caracas; 5. ninguno de mis amigos va a pasar el fin de semana con nosotros / ninguno va a pasar el fin de semana con nosotros

8.2-08 ¡Qué drama!

1. doña Juanita; 2. los pañuelos; 3. doña Juanita; 4. la telenovela; 5. Samuel; 6. la telenovela; 7. Samuel; 8. que a Samuel le va a gustar la telenovela; 9. Marcelo y Juan; 10. las galletas; 11. Marcelo y Juan; 12. que hay galletas en la cocina; 13. Marcelo y Juan; 14. que hay galletas en la cocina; 15. Samuel; 16. las galletas; 17. Samuel; 18. la limonada; 19. el cura; 20. la verdad; 21. el detective; 22. la verdad

8.2-09 El director eficiente

1. se los di, se = a Inma, los = los mejores años de mi vida; 2. se lo di, se = a todos mis esposos, lo = todo mi amor; 3. se lo dije, se = a cada uno de mis esposos, lo = que lo quería; 4. me lo dijo, me = a mí, lo = que mató a sus esposos; 5. decírselo, se = al detective, lo = que la baronesa Inma mató a sus esposos; 6. nos las dejó, nos = a nosotros, las = muchas pistas

8.2-10 Al cine

1. b; 2. c; 3. a; 4. b; 5. a

8.2-11 Los noticieros

1. No, Samuel no lo mira nunca. / No, Samuel nunca lo mira. 2. Samuel las lee en el Internet. 3. Marcelo puede verlo en el noticiero. / Marcelo lo puede ver en el noticiero. 4. Sí, se lo va a decir. / Sí, va a decírselo. 5. Sí, se lo promete. / Sí, se lo promete a Marcelo. / Sí, Samuel se lo promete a Marcelo.

¿Cómo es...?

Possible Answers: 1. F, Los estratos se usan para clasificar a las viviendas, no a las personas. 2. F, El teléfono es un servicio público básico y el costo depende de los estratos. 3. C; 4. F, El tipo de materiales sí afecta el nivel de clasificación. 5. C

Entérate
1. Deportes: Los toros coleados

Possible Answers: 1. Son similares porque en los dos deportes hay caballos y toros. Son diferentes porque en el rodeo norteamericano los vaqueros no agarran la cola de los toros para tumbarlos. 2. cinco; 3. Se llama "el coleo" porque el coleador agarra el toro por la cola. 4. No. Hay documentos históricos que muestran que algunas personas se quejaban de la crueldad de la costumbre. 5. Hay reglas, categorías, lugares de competencia, requiere entrenamiento y destrezas, y por su carácter competitivo y recreativo.

2. Sociedad: El concurso de belleza *Miss Venezuela*

Possible Answers: 1. Cada año hay miles de concursantes. 2. Tienen que competir en concursos regionales y tienen que recibir entrenamiento. 3. cantar, bailar, modelar y responder a preguntas; 4. Hay oportunidades de ser Miss Universo, Miss Internacional, Miss Mundo, y hay oportunidades de conseguir trabajos de modelo o en la industria del espectáculo. 5. "Premio" está entre comillas porque no es un premio oficial

3. Política: Colombia y el conflicto armado

Possible Answers: 1. b, d; 2. c, d; 3. a, e; 4. El gobierno les hizo concesiones controversiales. / Algunos exparamilitares formaron nuevas bandas criminales. 5. Las FARC entraron en negociaciones con el gobierno y el país está experimentando muchos cambios positivos.

4. Tecnología: La televisión en Venezuela

Possible Answers: 1. C; 2. F, No, muchos se sentían oprimidos y frustrados porque no podían expresarse libremente. 3. F, El gobierno eliminó la publicidad comercial durante 30 años. 4. C; 5. C

5. Cultura popular: Shakira

Possible Answers: 1. Shakira personifica a las culturas que representa (libanés, español, italiano) en todo lo que hace. 2. *Pies descalzos y Fijación oral Vol. 1*; 3. *Servicio de lavandería (Laundry Service)*; 4. la Fundación Pies Descalzos, Barefoot Foundation y Fundación América Latina en Acción Solidaria; 5. Defiende la importancia de ofrecer acceso a la educación a todos los niños del mundo.

En tus propias palabras

Answers may vary.

Así es la vida

Possible Answers: 1. llamaban; 2. estaban; 3. jugaban; 4. se cayó; 5. corrió; 6. dijo; 7. hablaba; 8. escuchaba; 9. preguntó; 10. respondió; 11. Es gracioso porque el policía no sabe que Nadie, Ninguno y Tonto son los nombres de los amigos, y porque Tonto no sabe que el policía lo está llamando "tonto".

CAPÍTULO 9: NUESTRO PLANETA

Presentación personal

Possible Answers: 1. porque hay tortugas gigantes, diversidad de plantas y animales; 2. Es una isla que tiene su origen en un volcán. 3. conociendo el medio ambiente

SECCIÓN 1: La geografía y el clima

Palabra por palabra
9.1-01 La geografía en Ecuador

1. c; 2. b; 3. a; 4. b; 5. a; 6. c; 7. c

9.1-02 ¿Qué tipo de geografía es?

1. el desierto; 2. la montaña; 3. el valle; 4. el volcán; 5. las islas; 6. la playa; 7. el puerto; 8. la selva tropical / el bosque; 9. la frontera

9.1-03 ¿Qué tiempo hace?

1. c; 2. a; 3. e; 4. b; 5. d

9.1-04 Los lugares y sus características

1. el bosque; 2. la frontera; 3. el lago; 4. la montaña; 5. la selva tropical

9.1-05 El volcán Cotopaxi

1. a 28 kilómetros de Quito / cerca de Quito / a veintiocho kilómetros de Quito; 2. más alta del mundo; 3. un volcán activo / parte de la cordillera; 4. en los peligros del volcán; 5. escalar

Hablando de gramática I & II
9.1-06 Unas recomendaciones

1. vayamos, ir; 2. lleves, llevar; 3. viajemos, viajar; 4. nos quedemos, quedarse; 5. veamos, ver; 6. conozcas, conocer; 7. estemos, estar; 8. lleve, llevar; 9. Jorge quiere que vayan a la región del Oriente. / Quiere que vayan a la región del Oriente. 10. Jorge recomienda que viajen a los Andes para hacer esquí. / Recomienda que viajen a los Andes para hacer esquí. 11. Jorge no cree que se queden más de una semana en las montañas porque hace mucho frío y van a aburrirse de la nieve. / No cree que se queden más de una semana en las montañas porque hace mucho frío y van a aburrirse de la nieve.

9.1-07 Las reacciones de Tito

1. vaya; 2. haya; 3. tenga; 4. puedas; 5. lleve; 6. hagamos; 7. veamos; 8. conozcan

9.1-08 Unos comentarios

1. d; 2. g; 3. c; 4. e; 5. a; 6. f; 7. b

9.1-09 Tus reacciones al viaje de Tito

1. olviden…; 2. beba…; 3. lleven…; 4. tome…; 5. compre…; 6. digan…; 7. hagan *snorkel*…; 8. escriba…

9.1-10 Una conversación con los padres

1. te; 2. Me; 3. nos; 4. les; 5. les; 6. Nos; 7. Les; 8. te; 9. te; 10. te; 11. les

9.1-11 La subida al volcán Cotopaxi

1. c; 2. c; 3. a; 4. b; 5. a

9.1-12 El Parque Nacional Cotopaxi

1. Los visitantes deben llenar un formulario. / Deben llenar un formulario. 2. El parque prohíbe que los visitantes suban sin guía. 3. Recomiendan estar preparado para todo tipo de clima. / Recomiendan que estés preparado para todo tipo de clima. / Recomiendan que estemos preparados para todo tipo de clima. 4. El parque ofrece servicios de emergencia. 5. El mensaje insiste en que respeten el medio ambiente.

SECCIÓN 2: Los animales y el medio ambiente

Palabra por palabra

9.2-01 Cada uno en su lugar

1. el pájaro, el cóndor, la mariposa, el mosquito; 2. el pez, la rana, la tortuga, el delfín, la serpiente, el perro, el caballo; 3. la araña, la oveja, el perro, el pájaro, el gato, el cuy, el conejo, el caballo, el cerdo, la tortuga, la alpaca, la llama, el cóndor; 4. la rana, la serpiente

9.2-02 Los animales del mundo

1. la araña; 2. el pez; 3. la alpaca; 4. el cuy; 5. el delfín; 6. la tortuga; 7. el cóndor; 8. el caballo; 9. la serpiente; 10. el mosquito

9.2-03 El cuaderno desorganizado

1. G; 2. E; 3. E; 4. G; 5. G; 6. E; 7. E; 8. E; 9. G; 10. E; 11. E; 12. G; 13. E

9.2-04 Soluciones sin problemas

Possible Answers: 1. el calentamiento global; 2. la contaminación del aire; 3. la contaminación del agua; 4. el peligro de extinción de algunos animales; 5. la deforestación; 6. el desecho

9.2-05 Los animales en Perú

1. el cóndor; 2. el cuy; 3. la serpiente; 4. la llama; 5. la rana

9.2-06 La conciencia ecológica

Possible Answers: 1. Viven en la montaña, el río y la playa. 2. El cóndor está en peligro de extinción por el cambio climático. 3. La deforestación y el consumo de recursos naturales son dos problemas serios. 4. En Perú usan energía renovable para evitar el consumo de recursos naturales. 5. El agua y el gas se conservan con el uso de energía renovable.

Hablando de gramática I & II

9.2-07 ¡Nos importa el mundo!

Possible Answers: 1. me parece importante el reciclaje; 2. le gustan las leyes a favor de carros eficientes; 3. les preocupa el calentamiento global; 4. les desagrada la contaminación del agua; 5. nos importan los recursos naturales

9.2-08 Una conferencia sobre el medio ambiente

1. ver; 2. haya; 3. vengan; 4. llegue; 5. cambiar; 6. educar; 7. hagan; 8. intentar; 9. quieren; 10. volvamos; 11. sigamos; 12. necesita; 13. sea; 14. cambiar

9.2-09 El político ideal

Possible Answers: 1. los políticos que no hacen nada para proteger el medio ambiente; 2. algunas personas no reciclen; 3. la energía renovable; 4. haya leyes para proteger los recursos naturales; 5. usar formas de energía renovable; 6. todos hagamos más esfuerzo; 7. ver tanto esmog en nuestras ciudades grandes; 8. los otros políticos no piensen como yo

9.2-10 Agua limpia para un pueblo pequeño

1. es; 2. va; 3. instalen; 4. deba; 5. limpien; 6. escogimos; 7. sea; 8. elimina; 9. purifica; 10. haya; 11. funcionen; 12. trabajan; 13. tengan; 14. tienen; 15. podemos

9.2-11 ¿Qué opinas sobre el medio ambiente?

Possible Answers: 1. Pienso que el calentamiento global es un problema grave. 2. No creo que el esmog sea el problema más grave que tenemos. 3. No es posible que sigamos usando petróleo para siempre. 4. Supongo que la eliminación del uso de envases desechables es una buena idea. 5. No hay duda de que necesitamos manejar carros eficientes. 6. No está claro que a todos les gusten los programas obligatorios de reciclaje.

9.2-12 La geografía extrema

1. friísimo, más frío del mundo; 2. altísima, más alta del mundo; 3. grandísimo, más grande del mundo; 4. larguísimo, más largo del mundo

9.2-13 El reciclaje

Possible Answers: 1. F, Los programas son diferentes. 2. F, En las casas no reciclan. 3. C; 4. C; 5. C

9.2-14 Conservemos el medio ambiente

Possible Answers: 1. A Myriam le interesa la conservación del medio ambiente. 2. Es necesario que no pidamos bolsas plásticas extras en el supermercado. / Es necesario que no tomemos servilletas que no usamos. 3. Myriam sugiere que limitemos el tiempo para ducharse en la casa. 4. A Myriam le alegra que usemos energía renovable. 5. Está claro que compramos más productos de los que necesitamos.

¿Cómo es...?

Possible Answers: 1. F, El hábitat está en las regiones andinas, en países como Ecuador y Perú. 2. C; 3. C; 4. C; 5. F, La comida es la razón principal de la extinción del cóndor.

Entérate

1. Deportes: El surf en Perú y Ecuador

Possible Answers: 1. Verbos en subjuntivo: tenga, haya; Infinitivos: tener, haber; 2. los peruanos Carlos Dogny y Piti Block; 3. el segundo Campeonato Mundial de Surf en Punta Rocas en 1965; 4. Montañita; 5. Los dos países tienen un clima y playas ideales para surfear. Además, hay buenas olas y hay comida y alojamiento económicos.

2. Sociedad: Lima, la Ciudad Jardín del desierto peruano

Possible Answers: 1. Verbos en subjuntivo: ofrezca, haya, sea, esté, conozca. Infinitivos: ofrecer, haber, ser, estar, conocer; 2. Es interesante que, Es sorprendente que, Es posible que, Es problemático que, Es irónico que, es obvio que; 3. El distrito de Miraflores me parece más interesante porque tiene un malecón largo y es posible hacer muchas actividades ahí. 4. Es una zona de restaurantes patrocinada por el gobierno. El Bulevar de la Gastronomía está situado en el distrito de Surquillo. 5. Es irónico que se llame "la ciudad jardín" porque no llueve mucho en Lima.

3. Historia: Machu Picchu

Possible Answers: 1. Verbos en subjuntivo: esté, estén, sirva; Infinitivos: estar, estar, servir; 2. es posible que, Es evidente que, es impresionante, Es increíble que, es interesante que, Es verdad que; 3. Posiblemente construyeron Machu Picchu como residencia real o santuario religioso. 4. Hay diferentes teorías: o las piedras ya estaban en la cima de la montaña o las trajeron de otros lugares. 5. La UNESCO dice que Machu Picchu es un sitio de importancia ecológica porque ahí se encuentran varias especies de animales vulnerables o en peligro de extinción.

4. Ciencia: El buceo en las islas Galápagos

Possible Answers: 1. Verbos en subjuntivo: presten, tengan, hablen, planeen, puedan, pesquen, declare; Infinitivos: prestar, tener, hablar, planear, poder, pescar, declarar; 2. 233 islas forman parte de las islas Galápagos en Ecuador. 3. A los turistas les gusta bucear. 4. Los expertos recomiendan que los buzos ya tengan experiencia a un nivel medio o avanzado y que hablen con alguien en una tienda de buceo antes de bucear. 5. El Proyecto AWARE es un programa dedicado a la conservación de los tiburones que viven alrededor de las islas Galápagos.

5. Arte: Oswaldo Guayasamín

Possible Answers: 1. Oswaldo Guayasamín nace en Quito. 2. Estudia para ser pintor y escultor. 3. Guayasamín aprende sobre las culturas indígenas oprimidas en América del Sur. 4. Guarda sus colecciones de arte en la Fundación Guayasamín. 5. Representa el mundo hispano entero.

En tus propias palabras

Answers may vary.

Así es la vida

Possible Answers: 1. ¿Cómo se llama? / ¿Cómo te llamas? 2. tela; 3. araña; 4. resistía; 5. llamar; 6. balanceaban; 7. tela; 8. araña; 9. resistía; 10. fueron; 11. llamar

CAPÍTULO 10: LA SALUD Y EL BIENESTAR

Presentación personal

Possible Answers: 1. Paraguay está en el centro de América del Sur. 2. el Corazón de América del Sur, la República de Paraguay; 3. No hay playas. El río Paraguay divide al país en este y oeste. Hay montañas y sierras.

SECCIÓN 1: La salud y la enfermedad

Palabra por palabra
10.1-01 El Cuerpo de Paz

1. el pie; 2. la nariz; 3. la oreja; 4. la rodilla; 5. la mano / el brazo; 6. los dientes / la boca; 7. el ojo; 8. el corazón; 9. el estómago; 10. los pulmones

10.1-02 Síntomas típicos

1. a; 2. c; 3. a; 4. c; 5. b; 6. b; 7. c

10.1-03 ¿Qué síntomas tienen?

Possible Answers: 1. estornudar; 2. tener escalofríos; 3. tener fiebre; 4. tener tos / toser; 5. torcerse el tobillo / romperse un hueso

10.1-04 ¿Qué remedio se necesita?

1. e / f; 2. a; 3. b; 4. f / e; 5. c; 6. d

10.1-05 ¿Qué enfermedad es?

1. la bronquitis; 2. la infección / una infección; 3. la gripe; 4. la migraña / una migraña; 5. la diabetes; 6. las náuseas; 7. los mareos

10.1-06 Las vacunas

1. c; 2. a; 3. b; 4. b; 5. c

10.1-07 La medicina alternativa

Possible Answers: 1. el seguro médico cuesta mucho dinero; 2. sin receta en la farmacia; 3. tiene mareos o tiene migraña; 4. Es bueno para el dolor de estómago. 5. el colesterol, la diabetes, los escalofríos, las alergias, la inflamación, los resfriados

Hablando de gramática I & II

10.1-08 En el consultorio del médico

1. siéntese; 2. Abra; 3. saque; 4. Diga; 5. cierre; 6. Vaya; 7. compre; 8. tome; 9. Duerma; 10. vuelva

10.1-09 Las noticias en Paraguay

1. haya; 2. descubran; 3. ir; 4. tengan; 5. obtener

10.1-10 Una clase de primeros auxilios

Answers: 1. Ojalá que aprendamos sobre los remedios para cada enfermedad. / Espero que aprendamos sobre los remedios para cada enfermedad. / Deseo que aprendamos sobre los remedios para cada enfermedad. / Quiero que aprendamos sobre los remedios para cada enfermedad. 2. Ojalá que no demos inyecciones a nadie. / Espero que no demos inyecciones a nadie. / Prefiero que no demos inyecciones a nadie. 3. Ojalá que curemos a todos los pacientes después del curso. / Espero que curemos a todos los pacientes después del curso. / Deseo que curemos a todos los pacientes después del curso. / Quiero que curemos a todos los pacientes después del curso. / Prefiero que curemos a todos los pacientes después del curso. 4. Ojalá que no tengamos mareos después de ver la sangre. / Espero que no tengamos mareos después de ver la sangre. / Prefiero que no tengamos mareos después de ver la sangre. 5. Ojalá que hagamos un buen repaso del vocabulario sobre las partes del cuerpo. / Espero que hagamos un buen repaso del vocabulario sobre las partes del cuerpo. / Deseo que hagamos un buen repaso del vocabulario sobre las partes del cuerpo. / Quiero que hagamos un buen repaso del vocabulario sobre las partes del cuerpo.

10.1-11 Las experiencias de Megan

1. es; 2. hagamos; 3. ayuden; 4. venga; 5. tiene; 6. sabe; 7. enseñe; 8. curen; 9. haya

10.1-12 Tus opiniones y reacciones

Answers may vary.

10.1-13 En el centro de salud

1. c; 2. c; 3. a; 4. b; 5. a

10.1-14 En la tienda naturista

Possible Answers: 1. A Megan le interesa saber más de las hierbas y de las enfermedades que curan. 2. Es bueno que tomen una infusión de eucalipto para la tos. 3. Es importante que sepan que las hierbas son productos naturales. 4. Es probable que las personas tengan más malestares por los efectos secundarios de las medicinas. 5. Megan espera que no necesite medicinas ni hierbas.

SECCIÓN 2: Medicina y estilos de vida

Palabra por palabra

10.2-01 ¿Y por qué?

Possible Answers: 1. Estoy un poco deprimida porque se murió mi perro. 2. Estoy distraído porque me duele la cabeza y no puedo concentrarme. 3. Estoy cansada porque no dormí bien anoche. 4. Estoy emocionada porque ya no tengo tos. 5. Estoy estresado porque tengo muchos exámenes esta semana.

10.2-02 ¿Cómo están?

1. Está emocionado. / Está animado. 2. Está distraído. 3. Está irritado. / Está enojado. 4. Está avergonzado. 5. Está confundido. 6. Está tranquilo.

10.2-03 Consejos profesionales

1. el/la cardiólogo/a; 2. el/la oculista; 3. el/la dentista; 4. el/la farmacéutico/a / el/la enfermero/a; 5. el/la psiquiatra

10.2-04 Un nuevo trabajo

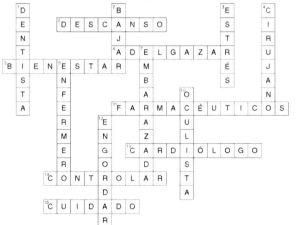

10.2-05 El estrés de Aída

1. a; 2. b; 3. c; 4. c; 5. a

10.2-06 ¿Cómo están?

Possible Answers: 1. están débiles, están resfriadas; 2. está deprimida, no ve a sus amigos; 3. está animada, baja de peso; 4. está preocupada, tiene estrés y no controla la ansiedad; 5. está tranquila, hace yoga

Hablando de gramática I & II
10.2-07 Los compañeros de trabajo

1. es; 2. estar; 3. estoy; 4. están; 5. es; 6. estuvo; 7. son; 8. están; 9. estar; 10. está; 11. estar; 12. es; 13. Es; 14. estaba / estuve; 15. estaba; 16. estás; 17. están; 18. son; 19. Son

10.2-08 Un ejercicio psicológico

Possible Answers: 1. Es necesario comer bien. 2. Es bueno dormir un mínimo de ocho horas cada noche. 3. Es importante tener muchos amigos. 4. Es mejor que mis amigos vivan cerca de mí. 5. Es preciso que mi mamá esté feliz. 6. Es esencial que mis amigos pasen tiempo conmigo.

10.2-09 El choque cultural

1. d; 2. a; 3. b; 4. e; 5. c

10.2-10 Un estudiante de intercambio

Possible Answers: 1. Estudia mucho. No vayas a muchas fiestas. 2. Haz muchas amistades. No pases mucho tiempo solo. 3. Prueba muchos tipos de comida. No pienses que la comida debe ser como es en Bolivia. 4. Haz mucho ejercicio. No comas mucha comida rápida.

10.2-11 ¿De qué habla Aída?

1. d; 2. b; 3. c; 4. e; 5. a

10.2-12 Tus observaciones

Possible Answers: 1. Lo bueno es mi jefe. 2. Lo malo es tener tantas responsabilidades. 3. Lo difícil son las muchas horas que tengo que trabajar. 4. Lo esencial es que me pagan bien.

10.2-13 Las recomendaciones de Aída

1. a; 2. c; 3. c; 4. a; 5. b

10.2-14 Los consejos de Alex

Possible Answers: 1. No estés nervioso, relájate, controla la ansiedad, no estés débil, sé fuerte, haz ejercicio. 2. Come bien, bebe agua, no bebas café. 3. Reduce el consumo de grasa, no bebas café. 4. No te preocupes por el tiempo, baja tranquilo. 5. Baja de la bicicleta, camina un poco, relájate, toma un descanso.

¿Cómo es...?

Possible Answers: 1. C; 2. F, El punto más alto está a 4.700 metros. 3. F, La carretera se construyó en 1930. 4. F, No hay hospitales en la carretera, pero el más cercano está a dos horas. 5. C

Entérate
1. Pasatiempos: El Mercado de las Brujas

Possible Answers: 1. plantas medicinales, remedios para la salud y los problemas espirituales, ranas y cabezas de serpiente, fetos de llama; 2. A veces los fetos de llama se entierran debajo de las casas para atraer la buena fortuna. A veces se queman los fetos para ayudar con problemas matrimoniales. 3. La lectura recomienda que los turistas sepan que el mercado es un lugar donde los bolivianos compran remedios para la salud y los problemas espirituales. 4. La lectura lo dice porque para muchos bolivianos el mercado era y es un lugar para comprar remedios, pero ahora para muchos es un pasatiempo turístico. 5. Verbos en subjuntivo: entierren, sepan, ayude, esté; Infinitivos: enterrar, saber, ayudar, estar

2. Religión: El Carnaval de Oruro

Possible Answers: 1. Verbos en subjuntivo: tengan, atraigan; Infinitivos: tener, atraer; 2. Es una celebración pagana-católica. 3. Van a la iglesia de la Virgen del Socavón. 4. La diablada es un tipo de danza folclórica y es el baile más importante del Carnaval de Oruro. 5. Mandatos informales: Planifica, ubica, encuentra, Infórmate, Escoge, Informa, Cuida, Controla; Infinitivos: planificar, ubicar, encontrar, informarse, escoger, informar, cuidar, controlar

3. Política: La transición democrática de Paraguay

Possible Answers: 1. F, Stroessner llegó al poder con un golpe militar. 2. C; 3. F, El gobierno de Rodríguez no fue como el gobierno de Stroessner. Fue más justo y eliminó muchas de las medidas represivas que había instituido Stroessner. 4. F, La ley de indemnización fue aprobada en 1996, pero el gobierno no comenzó a pagar a los víctimas hasta 2004. 5. F, No hay verbos conjugados en el presente del subjuntivo en esta lectura.

4. Tecnología: La represa de Itaipú

Possible Answers: 1. Una represa crea energía eléctrica. 2. El nombre *Itaipú* vino de una isla situada cerca del lugar de construcción y su nombre viene de la lengua indígena de la región, el guaraní, y significa "piedra que suena". 3. Sí, pienso que hay desventajas de vender la energía a Brasil porque.... 4. Los turistas se alegran de que haya paisajes extraordinarios. 5. Se ofrece un espectáculo de luz con música.

5. Arte: La danza paraguaya

Possible Answers: 1. La danza tradicional se presenta con música y coreografía específica y resiste modificaciones a través de los años. 2. La danza paraguaya proviene de la mezcla de dos culturas, la cultura europea y la cultura guaraní. 3. Hay cuatro tipos de danza tradicional en Paraguay: la Danza de las Galoperas, la Danza de las Botellas, las danzas en parejas y las danzas de inspiración folclórica. 4. Me parece más interesante... 5. Pienso que...

En tus propias palabras

Answers may vary.

Así es la vida

Possible Answers: 1. los ojos, la boca, la piel, las piernas, los pies, la espalda, el corazón, las manos, los muslos, la cintura; 2. el cardiólogo, el oculista, el dentista, el dermatólogo

CAPÍTULO 11: UN MUNDO GLOBAL

Presentación personal: Mi vida y la tecnología

Possible Answers: 1. Está en el continente americano. 2. la pobreza, el acceso a servicios de salud; 3. Se usa para diagnosticar y prevenir enfermedades. 4. A Hernando no le gusta la tecnología porque a veces no funciona.

SECCIÓN 1: Redes

Palabra por palabra

11.1-01 La tecnología de hoy día

1. f; 2. a; 3. i; 4. b; 5. d; 6. h; 7. e; 8. g; 9. c

11.1-02 Un crucigrama sobre la tecnología

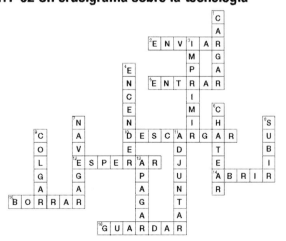

11.1-03 El servicio técnico

1. c; 2. b; 3. b; 4. c; 5. a

11.1-04 Un teléfono nuevo

Possible Answers: 1. Abel necesita comprar un teléfono porque su teléfono no funciona en España. 2. Hay que desactivar y activar el teléfono. 3. Con los teléfonos inteligentes se puede navegar la red, cargar canciones y colgar videos en Internet. 4. La batería es la diferencia. 5. Se usa menos batería si solo se usa para mandar mensajes.

Hablando de gramática I & II
11.1-05 En la clase de español

1. d; 2. b; 3. a; 4. c; 5. a; 6. d; 7. c; 8. b

11.1-06 Una situación horrorosa

1. ha pasado; 2. hemos tenido; 3. he decidido; 4. he podido; 5. He apagado; 6. he encendido; 7. He abierto; 8. he escrito; 9. he oprimido; 10. ha roto; 11. han desconectado; 12. Has visto

11.1-07 Una presentación

1. c; 2. e; 3. b; 4. d; 5. a; 6. f

11.1-08 Las presentaciones en clase

1. hubo; 2. hice; 3. dijeron; 4. gustaron; 5. tenía; 6. guardadas; 7. fue; 8. habló; 9. enseñó; 10. estaba; 11. preparado; 12. sabía; 13. tenía; 14. memorizado; 15. tenía; 16. empezó; 17. estaba; 18. encendida; 19. sintió; 20. tuvo; 21. solucionado

11.1-09 ¡Otra vez mi *e-mail*!

1. b; 2. c; 3. b; 4. a; 5. c

11.1-10 Evitando problemas con la tecnología

Possible Answers: 1. Leo estaba preocupado porque nada funcionaba. 2. El compañero le ha pedido recomendaciones para la presentación. 3. El compañero tiene notas impresas. 4. Leo ha subido copias de las presentaciones al Internet. 5. El plan B ha sido enviar la presentación por *e-mail* a Leo.

SECCIÓN 2: De vacaciones

Palabra por palabra
11.2-01 ¡Un viaje bien planificado!

1. decidir entre comprar un pasaje de primera clase o uno de clase turista; 2. comprar un pasaje de ida y vuelta para ir a Chile; 3. hacer las maletas; 4. facturar el equipaje;

5. mostrarle la tarjeta de embarque al agente de seguridad; 6. pasar por seguridad; 7. esperar en la sala de espera con los otros pasajeros; 8. abordar; 9. guardar el equipaje de mano en el compartimiento superior; 10. despegar; 11. volar por casi 14 horas; 12. aterrizar; 13. pasar por la aduana; 14. ir a la casa de Claudio

11.2-02 Las recomendaciones de un amigo

1. las maletas / la maleta; 2. equipaje de mano; 3. la tarjeta de embarque; 4. la aerolínea / la línea aérea; 5. seguridad; 6. un retraso / una demora; 7. la sala de espera; 8. turista; 9. primera; 10. despegar / abordar

11.2-03 En la agencia de viajes

1. maletas; 2. compartimiento superior; 3. asiento de ventana / asiento de pasillo; 4. asiento de ventana / asiento de pasillo; 5. asiento del medio; 6. registrarse; 7. recepción; 8. habitación; 9. estadía; 10. piscina; 11. estrellas; 12. sencilla; 13. triple

11.2-04 Planificando las vacaciones

1. crucero; 2. cruceros / barcos; 3. avión; 4. metro; 5. autobús; 6. taxis

11.2-05 Los preparativos para el viaje a Chile

1. a; 2. c; 3. b; 4. c; 5. a

11.2-06 El viaje a Valparaíso

Possible Answers: 1. Rubén y Lucas han puesto los pasaportes en el equipaje de mano porque tienen que facturar el resto de las maletas. 2. Ellos deben facturar las maletas. 3. Ellos tienen que hacer cola para comprar los pasajes, para facturar el equipaje y para abordar el autobús. 4. Rubén dice que el autobús es de primera porque tiene una sala de espera cómoda y *wifi*. 5. Lucas dice que los retrasos pueden hacer el viaje largo.

Hablando de gramática I & II
11.2-07 El viaje a Chile

1. te; 2. me; 3. lo; 4. se; 5. lo; 6. le; 7. se; 8. los; 9. Nos; 10. los; 11. se; 12. las; 13. se; 14. las; 15. nos; 16. las

11.2-08 De vuelta a casa

1. llegamos, P; 2. dejó, P; 3. dijimos, P; 4. olvidarnos, F; 5. llegamos, H; 6. despertarme, F; 7. salgas, F; 8. te duermas, F; 9. dormirme, F; 10. se duerma, F; 11. puedes, H; 12. nos cepillemos, F; 13. nos pongamos, F

11.2-09 Una carta para Claudio

1. llegamos; 2. olvidarnos; 3. llegamos; 4. viajamos; 5. vimos; 6. tener; 7. puedas; 8. recibas; 9. te olvides

11.2-10 Un viaje a...

Possible Answers: 1. viajarán; 2. Viajaremos; 3. Malabo, Guinea Ecuatorial, el próximo verano; 4. estará; 5. estará; 6. el centro de Malabo; 7. será; 8. será; 9. dos estrellas porque no tenemos mucho dinero; 10. te quedarás; 11. Me quedaré; 12. una habitación doble con mi amigo Víctor; 13. tendrá; 14. Sí, la habitación tendrá aire acondicionado; 15. habrá; 16. No, en el hotel probablemente no habrá piscina ni gimnasio. 17. pasarán; 18. Pasaremos; 19. cinco días ahí

11.2-11 Un futuro de muchas posibilidades

Possible Answers: 1. Comenzaré un programa de estudios de posgrado en tres años. 2. Me casaré en diez o quince años. 3. Mi mejor amigo ganará mucho dinero después de graduarse. 4. Mi familia y yo viajaremos a algún destino interesante el próximo verano. 5. Mis padres celebrarán su aniversario número treinta en diez años.

11.2-12 Qué hacer en Valparaíso

1. a; 2. c; 3. a; 4. c; 5. a

11.2-13 Los problemas en el aeropuerto

Possible Answers: 1. Norma piensa que tomarán otro vuelo porque han hecho cola por mucho tiempo. 2. Ellos tomarán otro vuelo. 3. La aerolínea les dará billetes para otro vuelo. 4. En cuanto llegue a Estados Unidos Tomás escribirá un *e-mail* a la aerolínea. 5. Norma tomará una siesta y llamará a Leslie.

¿Cómo es...?

Possible Answers: 1. Más personas viajan porque los pasajes son más bajos y económicos. 2. Los viajes en avión son menos cómodos por las medidas de seguridad. 3. En México se han incorporado servicios de autobuses de lujo. 4. Algunos pasajeros prefieren viajar en autobús porque ofrecen más espacio, bebidas y *wifi*. 5. El estado de las carreteras ha provocado retrasos y viajes largos en autobús.

Entérate
1. Pasatiempos: El turismo en Guinea Ecuatorial

Possible Answers: 1. Verbos en tiempo futuro: podrás, tendrás, disfrutarás, verás, habrá; Infinitivos: poder, tener, disfrutar, ver, haber; 2. Verbos en pretérito perfecto: han creado, han empezado, han sido; Infinitivos: crear, empezar, ser; 3. Creo que la lectura lo dice porque si no pagas la cuota extra, los taxistas pueden transportar a otras personas contigo. 4. Es una ciudad en la isla de Bioko. Ahí se puede jugar al golf o disfrutar de la playa. 5. Me parece que Bioko es el mejor destino porque me gusta jugar al golf.

2. Sociedad: Los autobuses de Latinoamérica

Possible Answers: 1. Verbos en pretérito perfecto: han subido, has viajado; Infinitivos: subir, viajar; 2. Verbos en tiempo futuro: tendrás, variarán, podrás, viajarás; Infinitivos: tener, variar, poder, viajar; 3. Muchas personas prefieren viajar en autobús porque es más barato y porque los autobuses tienen más servicios. 4. pantallas de LCD, Internet a bordo, luz de lectura personalizada, aire acondicionado con regulación individual, sistema de audio individual, sistema de video, sistema de video individual; 5. bar, cena fría y caliente, merienda, desayuno, refrescos, vino, whisky y champaña, café y té

3. Historia: Una breve historia política de Guinea Ecuatorial

Possible Answers: 1. Francisco Macías Nguema y Teodoro Obiang Nguema Mbasogo; 2. treinta y cuatro años; 3. Depende. El país tiene los ingresos per cápita más altos de África, pero el 78% de la población vive bajo el nivel de pobreza. 4. Mientras los ecuatoguineanos viven en pobreza, el presidente es rico. 5. Verbos en pretérito perfecto: ha sido, ha dicho, ha tenido, se ha convertido; Infinitivos: ser, decir, tener, convertirse

4. Tecnología: La Universidad Nacional de Guinea Ecuatorial

Possible Answers: 1. Verbo en pretérito perfecto: ha enviado; Infinitivo: enviar 2. Malabo, Fernando Pó; 3. La meta es crear una red entre las facultades de la universidad para expandir los campos de investigación sobre la realidad de este país tan pequeño. 4. ecuatoguineano, ecuatoguineana; 5. El gobierno cubano apoya la Facultad de Medicina en la Universidad Nacional de Guinea Ecuatorial y envía sus doctores para enseñar allí.

5. Arte: La música de Guinea Ecuatorial

Possible Answers: 1. F, Se usan ha sido y han tenido. 2. C; 3. C; 4. F, Las mujeres con voces preciosas participan en el coro. 5. F, La danza ibanga es la danza más erótica.

En tus propias palabras

Answers may vary.

Así es la vida

1. usuarios; 2. sitio web; 3. página; 4. buscador; 5. navegador; 6. emoticono

CAPÍTULO 12: LOS HISPANOS EN ESTADOS UNIDOS

Presentación personal

Possible Answers: 1. Julie no necesita una visa porque es ciudadana estadounidense. 2. Los mexicanos necesitan una visa para viajar a Estados Unidos. 3. Es como visitar otras partes del mundo porque hay restaurantes y tiendas de muchas culturas diferentes.

SECCIÓN 1: La inmigración

Palabra por palabra

12.1-01 ¿Cuál es su nacionalidad?

1. alemana; 2. canadiense; 3. francesa; 4. marroquí; 5. brasileña; 6. jamaicano; 7. portugués

12.1-02 Las definiciones

1. e; 2. b; 3. h; 4. f; 5. a; 6. g; 7. d; 8. c

12.1-03 Sinónimos y antónimos

1. ciudadano / ciudadana; 2. minoría; 3. manifestación; 4. ley / leyes; 5. desigualdad; 6. empleo; 7. protestar; 8. inmigrante

12.1-04 La marcha por la igualdad

1. a; 2. b; 3. a; 4. c; 5. c

12.1-05 Mi compañero de trabajo

Possible Answers: 1. Vivian no tiene doble ciudadanía porque los puertorriqueños son ciudadanos de Estados Unidos. 2. El compañero emigró de México. 3. La hija es ciudadana de Estados Unidos. 4. Es difícil conseguir una visa de trabajo porque se necesita tener un talento especial. 5. Es esencial pagar por un permiso de trabajo.

Hablando de gramática I & II
12.1-06 ¿Qué opinas?

Possible Answers: 1. Creo que EE. UU. tiene mucho desempleo a causa de la crisis económica. 2. Sugiero que aprendas español porque hay muchos hispanos en EE. UU. 3. Es importante que el gobierno use los impuestos para mejorar el país. 4. Pienso que los ciudadanos de EE. UU. son gente amable y siempre apoyan las causas importantes. 5. Insisto en que las leyes protejan a todos los ciudadanos de un país, incluso a los inmigrantes.

12.1-07 En la Universidad de Puerto Rico

1. asistiera, yo; 2. pidiera, el profesor; 3. quisiéramos, nosotros 4. discutiéramos, nosotros; 5. participaran, los estudiantes; 6. comentaran, los estudiantes; 7. pudiera, yo; 8. fuera, la vida

12.1-08 Una presentación

1. hubiera; 2. me preocupara; 3. me familiarizara; 4. explicaran; 5. contaran; 6. habláramos; 7. costara; 8. me mudara; 9. pudiera

12.1-09 Elena en EE. UU.

1. vendría, yo; 2. estaría, yo; 3. duraría, mi visa de periodista; 4. me quedaría, yo; 5. harías, tú; 6. obtendrías, tú; 7. visitarían, mis padres; 8. haría, yo

12.1-10 Tu perspectiva

Possible Answers: 1. Yo iría a… 2. Yo me mudaría a… 3. Nosotros lucharíamos por la igualdad. 4. Los ciudadanos protestarían. 5. Yo volvería a EE. UU.

12.1-11 El proceso para ser residente

1. b; 2. a; 3. c; 4. a; 5. b

12.1-12 El examen de ciudadanía

1. quería ser ciudadana y poder votar; 2. fuera fácil; 3. si fuera una periodista famosa; 4. estudiaría más la historia de Estados Unidos; 5. tomaran el examen de ciudadanía

SECCIÓN 2: La comunidad hispana

Palabra por palabra
12.2-01 Una breve autobiografía

1. Nació en Los Ángeles, pero pasó gran parte de su niñez en México porque aunque sus padres eran estadounidenses, ellos también eran de ascendencia mexicana. Es chicano, bicultural, binacional y bilingüe. 2. Es chicano, bicultural, binacional y bilingüe. 3. Tanto sus hermanos como él han logrado (*achieved*) un buen nivel de vida. / Tanto sus hermanos como él han logrado un buen nivel de vida. 4. Aunque ha sufrido discriminación racial durante la vida, cree que las raíces de uno son muy importantes y que uno debe aprender sobre sus antepasados. 5. Nació en Los Ángeles, pero pasó gran parte de su niñez en México porque aunque sus padres eran estadounidenses, ellos también eran de ascendencia mexicana. Es chicano, bicultural, binacional y bilingüe. 6. Nació en Los Ángeles, pero pasó gran parte de su niñez en México porque aunque sus padres eran estadounidenses,

ellos también eran de ascendencia mexicana. 7. Sin embargo, para él, el nivel socioeconómico no es tan importante como la herencia cultural.

12.2-02 La encuesta sobre la comunidad estadounidense

1. raza; 2. bilingüe; 3. ascendencia; 4. lengua materna; 5. hispanohablantes; 6. raíces

12.2-03 Español 315: Sociedad y política

1. el perfil; 2. una activista destacada; 3. un sindicato; 4. la jubilación; 5. el rechazo; 6. la discriminación

12.2-04 Una prueba de vocabulario

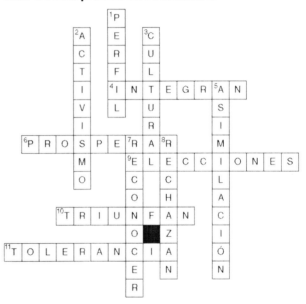

12.2-05 Las nuevas generaciones

1. c; 2. b; 3. c; 4. b; 5. b

12.2-06 La herencia cultural

Possible Answers: 1. Dolores ayudó en la organización de los trabajadores agrícolas. 2. Un mexicoamericano es un ciudadano estadounidense de padres mexicanos. 3. Los mexicoamericanos son bilingües y/o biculturales. 4. Los cubanoamericanos han mantenido su identidad cultural. 5. Son bilingües para triunfar y tener éxito.

Hablando de gramática I & II
12.2-07 Una charla con una profesora

1. Te ofendes; 2. me ofendo; 3. te sientes; 4. te volviste; 5. Me volví; 6. te frustras; 7. me frustro; 8. me frustran; 9. te deprimes; 10. te pones; 11. te deprime; 12. Me deprimen; 13. me deprimo; 14. me pongo; 15. te irritan; 16. te tranquilizan; 17. Me tranquilizo;

18. me pongo; 19. me pongo; 20. se hizo; 21. Me hice;
22. me alegro

12.2-08 Los profesores de Iliana

1. Se hizo; 2. se frustró / se aburrió; 3. Se volvió; 4. nos
aburrimos; 5. me pongo; 6. me deprimo / me irrito /
me frustro; 7. me frustro / me irrito; 8. se frustra /
se irrita / se deprime; 9. se alegra; 10. se ponen;
11. se tranquilizan / se alegran; 12. se ponen; 13. me
aburro / me confundo / me preocupo; 14. se ofende;
15. nos confundimos / nos estamos confundiendo /
estamos confundiéndonos; 16. se aburren / se irritan;
17. preocuparte; 18. nos hacemos / nos hicimos

12.2-09 Dolores Huerta: ¿Una niña común y corriente?

1. se levantaba; 2. se vestía; 3. iba; 4. aburrían; 5. se
divertía; 6. despertar; 7. peinar; 8. se frustró; 9. se
preocupó

12.2-10 ¡Muchas preguntas!

1. a; 2. d; 3. e; 4. g; 5. f; 6. b; 7. c

12.2-11 ¡Muchas respuestas!

1. todos mis profesores me asignan muchos ensayos;
2. tengo ningún profesor que me dé muchísima tarea;
3. conozco a otros estudiantes que estén tan estresados
como yo; 4. mis amigos pueden pasar tiempo conmigo
cuando estoy deprimida aunque no viven conmigo / mis
amigos pueden pasar tiempo conmigo cuando estoy
deprimida; 5. tengo ningún lugar en mi casa donde
pueda hacer yoga para relajarme; 6. mis compañeros de
casa no quieren hacer yoga conmigo; 7. hay personas
en mi familia que me llaman todos los días

12.2-12 El español en Estados Unidos

1. b; 2. b; 3. c; 4. a; 5. b

12.2-13 Los hispanos en California

Possible Answers: 1. Norma puede comprar comida típica
de cualquier país hispano. 2. Norma puede hablar en
español en oficinas con trabajadores hispanohablantes
o intérpretes. 3. Norma se pone feliz cuando escucha
español en las calles. 4. Norma se irrita porque las
personas piensan que come tacos todos los días. 5. Norma
no conoce a nadie que no coma tacos en California.

¿Cómo es…?

Possible Answers: 1. F, La lengua es una característica
de la raza. 2. C; 3. F, El padre de Sotomayor no
hablaba inglés. 4. C; 5. F, Algunos críticos piensan que
sus raíces tienen una influencia en su trabajo.

Entérate
1. Pasatiempos: Adelante Mujeres

Possible Answers: 1. Verbos en condicional: podrías,
ayudarías, planificarías, coordinarías, darías,
trabajarías, gustaría; Infinitivos: poder, ayudar,
planificar, coordinar, dar, trabajar, gustar; 2. Verbos en
imperfecto del subjuntivo: trabajaras, fueras, quisieras,
vivieras; Infinitivos: trabajar, ser, querer, vivir; 3. Sería
una buena oportunidad para un/a estudiante de español
porque podría practicar su español y ofrecerse como
voluntario/a la vez. 4. Me gustaría más trabajar con
Adelante Agricultura porque me interesa la agricultura
y me gusta cultivar comida. 5. No me gustaría trabajar
con Adelante Educación porque no me gusta enseñar.

2. Sociedad: Una encuesta de los hispanos en Estados Unidos

Possible Answers: 1. Verbos en el modo subjuntivo:
hablen, aprendan, tuviera, tuvieran; Infinitivos: hablar,
aprender, tener, tener; 2. El 79% de los inmigrantes
hispanos dice que inmigraría a Estados Unidos otra
vez si tuviera que tomar la decisión de nuevo.
Y: …que la gran mayoría de los que inmigraron de
otro país vendrían a Estados Unidos de nuevo si
tuvieran que revivir su historia. 3. En cuanto a raza: el
36% se identifica como "blanco", el 3% se identifica
como "negro" y el 51% se identifica como "hispano/
latino" u "otra raza". 4. el 52%; 5. Creo que la
opinión es favorable porque el 79% de los inmigrantes
dice que inmigraría a Estados Unidos otra vez si
tuviera que tomar la decisión de nuevo.

3. Política: La reforma migratoria

Possible Answers: 1. Verbos en condicional: traduciría,
aprobaría, podría, reformaría, instituiría, obligaría,
tendría, estaría, crearía, establecería, podrían;
Infinitivos: traducir, aprobar, poder, reformar, instituir,
obligar, tener, estar, crear, establecer, poder; 2. Verbos
en imperfecto del subjuntivo: fuera, ocurriera,
pudieran; Infinitivos: ser, ocurrir, poder; 3. Depende.
Si la persona entró a EE. UU. antes de los dieciséis
años y cumple con varias condiciones, solo tiene
que tener el estatus de IPR por cinco años. Si entró
después de los dieciséis años, tiene que tener el estatus
de IPR por diez años. 4. El tercer párrafo presenta
varias condiciones que tienen que ver con la seguridad
fronteriza mientras mucho del resto de la propuesta
tiene que ver con los beneficios y oportunidades
para los inmigrantes no autorizados. 5. No se sabe
todavía. Es solo una propuesta de ley y la Cámara de
Representantes todavía no ha aprobado esta ley. Solo
el Senado la ha aprobado.

4. Tecnología: El control de pasaportes automatizado

Possible Answers: 1. Verbo en imperfecto del subjuntivo: pudiera; Infinitivo: poder; 2. La Agencia de Servicios Fronterizos de Canadá y la Oficina de Aduanas y Protección Fronteriza de EE. UU. crearon el control de pasaportes automatizado. 3. El control de pasaportes automatizado sirve como agente de inmigración. El viajero toca la pantalla táctil para contestar y proveer la información requerida. 4. Dos ventajas son la eliminación de la tarjeta de declaración, lo cual reduce el uso de papel, y la posibilidad de contestar las preguntas en varias lenguas. 5. Dos desventajas son el costo de los quioscos y las colas para usarlos.

5. Arte: Sandra Cisneros

Possible Answers: 1. Verbo en condicional: interesaría; Infinitivo: interesar; 2. Los padres de Sandra Cisneros se mudaban mucho entre EE. UU. y México cuando era niña. También Sandra Cisneros era la única chica con seis hermanos. 3. Un chicano es alguien mitad estadounidense y mitad mexicano. 4. Se trata de una chica que se llama Esperanza que se muda con su familia a una casa pequeña. Esperanza tiene vergüenza de donde vive, pero muestra cariño por la gente del barrio. 5. Me interesaría porque… / No me interesaría porque…

En tus propias palabras

Answers may vary.

Así es la vida

1. nos han discriminado; 2. ilegales, criminales; 3. poder; 4. el color de nuestra piel; 5. licencia; 6. un ID; 7. impuestos; 8. el inglés; 9. un gringo; 10. raza; 11. chicano; 12. trabajador; 13. un mejor futuro; 14. triunfar

CPSIA information can be obtained at www.ICGtesting.com
Printed in the USA
BVOW04n1458080815

411600BV00011B/6/P

9 781118 514740